Klaus Brill
Deutsche Eiche
made in China

Klaus Brill

# Deutsche Eiche
## made in China

Die Globalisierung am Beispiel
eines deutschen Dorfes

Karl Blessing Verlag

**FSC**
**Mix**
Produktgruppe aus vorbildlich
bewirtschafteten Wäldern und
anderen kontrollierten Herkünften
Zert.-Nr. SGS-COC-1940
www.fsc.org
© 1996 Forest Stewardship Council

Verlagsgruppe Random House FSC-DEU-0100
Das für dieses Buch verwendete
FSC-zertifizierte Papier *EOS* liefert Salzer, St. Pölten.

# Inhalt

1  Das Kaff, der Kosmos ........................  9
Reifenhandel, Totenglöcklein, Wirtshausluft –
was man an einem beliebigen Freitag
beim Gang durchs Dorf erleben kann

2  Das alte Haus am Reitersberg ...................  33
Die Abenteuer der Baugeschichte und der Heimatforschung –
Orte, Unorte und andere Fragen der Identität

3  Auf den Spuren der Nerze .....................  55
Eine Wanderung durch Wald und Flur und die abenteuerliche
Reise der Buchen – wie die Natur sich wandelt

4  Hoffmanns Erzählungen ......................  79
Ein Schinken im Rauchfang und ein Satellit am Himmel –
die bizarren Krisen der Landwirtschaft

5  Fleischkäse für Scholkowo ....................  105
Warum Alsweiler kein Lebensmittelgeschäft mehr hat, und wie
ein saarländischer Handelskonzern die Russen beglückt

6 Hollywood im Wiesental ...................... 131
Was die Filmindustrie, die Ostseepipeline und
Gottlob Bauknecht mit dem Dorf zu tun haben


7 Das Handwerk der sozialen Fantasie ............ 151
Vom Pflaumenmus zum Dorfmodell – wie das deutsche
Vereinswesen und die ländliche Kultur in Gefahr geraten


8 Kirmes in Kabbesfield ......................... 177
Wie junge Leute mit neuen Comics und alten Traditionen
umgehen – der Bruch der Generationen


9 Eine Mühle in Malawi ......................... 197
Fair handeln und sich informieren: Die Kirche bleibt im Dorf,
doch ihre Arme reichen über Kontinente hinweg


10 Unser Mann am See Genezareth ............... 221
Abwandern, zuwandern, dableiben und die Enkelkinder in
Singapur besuchen – die multikulturelle neue Heimat


11 Im Wurzelwerk der Demokratie ............... 249
Der Ortsvorsteher, der Bürgermeister und der Kampf um die
Dorfschule – Wechselfälle der Kommunalpolitik

12 Das Netz der kurzen Wege . . . . . . . . . . . . . . . . . . . . . 271
Wie ein Ministerialbeamter, ein Professor und andere verhindern
wollen, dass das deutsche Dorf untergeht


13 Bis das letzte Lied verhallt . . . . . . . . . . . . . . . . . . . . . 297
Der MGV 1880 Alsweiler und der Niedergang des deutschen
Männergesangs – historischer Exkurs in die Gegenwart


14 In der Tiefe des Vergessens . . . . . . . . . . . . . . . . . . . . 317
Morgendliche Dialektübung und nächtliche Lichterwirrnis –
eine Autofahrt durchs Dorf


Nachbemerkung . . . . . . . . . . . . . . . . . . . . . . . . . . . . . 341

Literaturhinweise . . . . . . . . . . . . . . . . . . . . . . . . . . . . . 343

# 1 Das Kaff, der Kosmos

Reifenhandel, Totenglöcklein, Wirtshausluft – was man an einem beliebigen Freitag beim Gang durchs Dorf erleben kann

Eines Tages, nach langen Vorarbeiten und Erwägungen, ging ich durch den Ort. Schon im Morgengrauen, als ich auf die Türschwelle meines Elternhauses trat und hinauf zum Schaumberg schaute, lag in der Luft das dumpfe Singen, das die Rotation von Autoreifen auf Asphalt erzeugt. Ein paar Vögel fingen an zu tschilpen, ein paar Fenster waren schon erleuchtet. Aus Kaminen stieg steil der Rauch, und hell hing noch der halbe Mond im Novemberfirmament. Bald darauf war im Tal ein einsamer, verdrückter Hahnenschrei zu hören, der keine Antwort erhielt und sich nur wenige Male wiederholte. Wann hat hier im Dorf zuletzt der Tag mit jenem auftrumpfenden, lärmenden Wechselgesang der Hähne begonnen, den ich drei Jahre zuvor im Urlaub auf einer Estancia in Uruguay zum ersten Mal seit vielen Jahren wieder gehört hatte?

Raureif lag auf den Gräsern am Pfädchen zur Birkenstraße, droben stand eine Frau und wartete darauf, abgeholt zu werden. Stumm lag zur Seite der Birkenhof, früher eine Gaststätte, später wohnten deutschstämmige Aussiedler aus der früheren Sowjetunion darin, jetzt waren es Wohnungen. Gegenüber stand das unscheinbare Haus der Telekom, eine Schaltstation für die Telefonverbindungen in alle Welt.

Auf der Hauptstraße keuchte bremsend ein Lastwagen den Berg von Tholey herab, hinter ihm staute sich eine Pkw-Schlange. Außer mir ging niemand zu Fuß, aber vor dem Autohaus, das als ein blauer Klotz am früheren Standort der alten Schule liegt, ließ Heinz, der Seniorchef, der den Betrieb aus dem Nichts aufgebaut hatte, schon kurz nach sieben Uhr rollend das Garagentor herab und fuhr in einem Kleinwagen davon.

Ich verließ die Hauptstraße und ging ins Tal hinunter zum Heggeborre, früher einer der Dorfbrunnen. Hier schäkerten vor Zeiten die jungen Männer, wenn sie am Bach die Kühe und die Pferde tränkten, mit den jungen Frauen, die hier das Wasser holten. Inzwischen hatte man dem Heckenborn einen neuen Trog gemauert, aber jetzt, im Herbst, lag Laub darin, kein Wasser rann, die Sitzbank war mit schwarzem Filzstift beschmiert.

Es war morgenfeucht und novembergrau, aber noch nicht kalt. Kein besonderer Tag, dieser Freitag, er sollte es nach meiner Vorstellung auch ganz und gar nicht sein. Willkürlich hatte ich ihn ausgesucht, frei von aller Absicht, nur nach anderen Verpflichtungen im Terminkalender kalkulierend. Ich wollte mich dem Zufall überlassen, der Momentaufnahme und der beiläufigen Begegnung. Einfach einen Tag lang kreuz und quer durch die Straßen und die Fluren laufen und versuchen, das Dorf mit frischen Augen zu sehen.

Das Dorf als Prinzip und als weltgeschichtliche Idee – das faszinierte mich. Immerhin lebte trotz rasch fortschreitender Verstädterung immer noch die Hälfte der Menschheit im Dorf, bis zum Jahr 2006 war es noch die Mehrheit gewesen. In Deutschland gibt es rund 30 000 Dörfer, in der EU mehr als 140 000. Für die ganze Welt wird ihre Zahl auf 1,5 bis drei Millionen geschätzt, davon je ein Drittel in China sowie in Indien-Pakistan-Bangladesch. Exakte Zahlen sind nicht aufzutreiben, auch nicht in Deutschland, und schon das belegt, dass diese Lebensform seit Langem zu den missachteten gehört.

Als Reporter war ich durch viele Dörfer und Städte gelaufen. In Deutschland, in Skandinavien, Italien, Frankreich, Tschechien, auf dem Balkan, in den USA und anderen Ländern hatte ich etwas vom Leben ihrer Bewohner zu erfassen versucht. An der Donau in Rumänien hatte ich erst vor Kurzem bei einer Überschwemmung Dörfer gesehen, deren Einwohner sich noch aus den Erträgen von Ackerbau und Viehzucht rundum selbst versorgten und mit ihren Tieren eng in einer winzigen Hofstelle lebten, wie die Menschen in Alsweiler vor 100 Jahren. Und den Broadway, die 33 Kilometer lange Hauptstraße von New York City, hatte ich als eine Aneinanderreihung Hunderter von Dorfstraßen empfunden, wenngleich mir klar war, was unverwechselbar auch Stadt war an dieser Agglomeration. Und dass die Stadt als Organisationsmodell ihre eigene, größere Bedeutung für die Entwicklung der Menschheit hat, steht außer Zweifel.

Mich reizte am Dorf die Überschaubarkeit, und mich leitete die Erfahrung, dass auch große Städte sich bei näherem Augenschein aufteilen in einzelne Wohnviertel, Straßenzüge, Nachbarschaften, die wiederum etwas Dörfliches an sich haben. Den Vatikan hatte ich als globales Dorf porträtiert, auch das UNO-Hauptquartier; der Prager Hradschin und das Fürstentum Monaco waren mir als dörfliche Systeme einer speziellen Spielart erschienen, nicht anders die frühere Regierungswelt in Bonn und das historische Versailles. Geschlossene Gemeinschaften waren es, deren Türen offen standen. Gehäuse für ein paar Hundert oder Tausend Menschen, die auf begrenztem Raume miteinander lebten und einander nahe waren, im Guten wie im Bösen. Wie auf einem Schiff, wie in einem Amt, in einer Universität, in einer Redaktion. Oder eben in einem europäischen Dorf an der zweiten Jahrtausendwende.

Jetzt also wollte ich mit der Neugierde und dem völkerkundlichen Sensorium des Auslandskorrespondenten mein eigenes Heimatdorf erkunden, das in den dreieinhalb Jahrzehnten meiner Abwesenheit fundamentale Veränderungen durchgemacht hatte. Bei gelegentlichen Besuchen hatte es mich immer wieder fasziniert zu sehen, welche Metamorphosen, teils erfreulich, teils bedauerlich und teils abstrus, sich vollzogen. Sehr konkret und detailliert, so schien mir, konnte man hier mit Händen greifen, was in aller Welt als der Prozess der Globalisierung beschrieben und erörtert wurde und was mich in meinem Beruf nachhaltig beschäftigte.

Wie unzählige andere Dörfer in aller Welt befand sich auch Alsweiler in einer ökonomischen und kulturellen Transformation von historischem Ausmaß. Gleichzeitig lebten alte Traditionen fort, blieb unverwüstlich die eine oder andere Angewohnheit in Kraft, unter Älteren jedenfalls, beispielsweise das Nachrichtensystem, das sich der Form der zwanglosen Plauderei bediente, vulgo: des Tratsches.

Binnen Stunden nach meiner Ankunft aus Prag hatte ich zwei Tage zuvor von meiner Mutter, meiner Schwester und einer Reihe von Freunden und Bekannten gleich erfahren, was wichtig war in diesen Tagen im Dorf. Zwei Mitbewohner waren gestorben und würden beide an diesem Freitag beerdigt: Nourersch Klaus, der nette Busfahrer, kaum über 50, er hatte Krebs; und eine alte Frau, vor Jahren mit der Tochter zugezogen, sie war lange krank, die Familie hatte sie gepflegt. Außerdem war dieser Freitag, der 10. November 2006, der Tag vor dem Martinstag. Aus diesem Anlass sollte, das hatte mir Paul, der Ortsvorsteher, erzählt, am Abend für die Kinder des Dorfes ein großer Martinszug stattfinden, mit Fackeln und Feuer und Tombola im katholischen Pfarrheim.

Als ich jetzt in der Morgenfrühe am Kirmesplatz vorbeikam, sah ich, dass dort für das Martinsfeuer bereits ein Holzstoß aufgeschichtet war. Auf der Hauptstraße herrschte weiterhin reger Verkehr. Ich ging in einen der beiden Bäckerei-»Shops«, um Kaffee zu trinken und ein Schokocroissant zu essen, das konnte man jetzt also in Alsweiler auch. Schüler kamen herein, junge Frauen, die ich nicht kannte. Ein Mann im knallbunten Neoprenanzug, mit Baseballkappe und Turnschuhen, versorgte sich mit Brötchen. Das kleine Geschäft, eine der über 60 Verkaufsfilialen der Großbäckerei Gillen aus dem Nachbarort Bliesen, öffnet morgens schon um 5.30 Uhr, wie die junge Verkäuferin erzählte. Als Erste kommen die von der Nachtschicht, die auf dem Weg nach Hause für die Frau frische Backware mitnehmen. Und dann die Männer von der Frühschicht, die sich daheim allein keinen Kaffee kochen können, wie die Verkäuferin fröhlich lästerte. Kleines Grinsen im Raum, draußen auf dem Parkplatz wurde es hell.

Raschen Schrittes ging ich zum Dorfausgang in Richtung Winterbach, an einem Auto vorbei, das mit laufendem Motor vor einer Haustüre stand, ohne Insassen. Man vertraute hier noch auf die Ehrbarkeit der Vorüberkommenden. Ich bog bergan in den alten Wendalinusweg ein, und als ich die Kuppe auf der »Hääd« (Heide) erklommen hatte, war es gerade acht Uhr. Strahlend ging die Sonne auf und legte wohltätig ihren Glanz auf das weite Panorama der Hügelketten, Wälder und Fluren, wie für einen Hobbyfotografen bestellt. Auf den Traktorenspuren im Wintergetreide taute der Raureif, Vögel piepten im Feld, Raben flogen krächzend auf.

Diese Aussicht wollte ich unbedingt genießen an diesem Tag. Unbedingt wollte ich das Dorf so vor Augen haben, wie es von der Geschichte geformt worden ist: im Kessel liegend vor der majestätischen Kulisse des Schaumbergs, von dem Alsweiler nur drei Kilometer entfernt ist. Das Dorf, die Kirche, die Baum- und Häusergruppen waren so mit einem Blick zu erfassen vor dem Hintergrund der über tausendjährigen Benediktinerabtei Tholey, des ältesten urkundlich bezeugten Klosters auf deutschem Boden. Die Abtei und der Berg – nichts hat so sehr das Schicksal aller umliegenden Orte bestimmt wie diese beiden Konstanten des Daseins, und bei zahllosen anderen Dörfern in Europa war es mit anderen Bergen, anderen Klöstern und anderen Herren, die dort saßen, erkennbar das Gleiche. Bis zur Französischen Revolution jedenfalls, und bis zur Globalisierung.

Dabei gab es auch vorher schon Wandlungsprozesse, die in kurzer Zeit eine lange bestehende Lebensform hinweggedrückt und durch eine andere, die aus der Ferne kam, ersetzt oder mit ihr verschmolzen hatten. Gerade hier auf der »Hääd« konnte man das fühlen. Auf dem Höhenrist verläuft eine alte Römerstraße, schon vor zwei Jahrtausenden war dieser scheinbar vergessene Weltenwinkel an das umfassendste infrastrukturelle Netz der Antike angeschlossen. Nach Rom waren es von hier fünf Tage im Botengalopp, aus Rom kamen Legionäre und Kaufleute hoch, im Gleichschritt marsch oder auf hochrädrigen Karren.

Ich schaute im frühen Lüftchen nach rechts und nach links: hier ging es weiter nach Augusta Treverorum, heute Trier, dort nach Argentorate, heute Straßburg. Ein Fahrrad- und Wanderweg war ausgewiesen, seit Kurzem wurden hier neu belebte Pilgerstrecken vorbeigeführt, teils auf mittelalterlichen Routen. Zwei Aussiedlerhöfe lagen in der Nähe, und wenn der Blick in Richtung Argentorate ins Weite schweifte, erfasste er unweigerlich auch drei jener nacktgrauen Windkraftanlagen, durch die sich die Berliner fortschrittlich-ökologische Politik der zweiten Jahrtausendwende in Landschaftsbilder übersetzt hat. Berlin ist übrigens von hier doppelt so weit entfernt wie Paris.

Josef hielt an, er war unterwegs in die Kreisstadt St. Wendel zum Augenarzt. Josef ist Jäger, früher ging er in der Morgendämmerung hinaus. Heute kommt kein Wild mehr her, wie er erzählte, nur einige Feldhühner gibt es noch auf den Fluren hier oben. Vorige Woche war er in Eiweiler auf der Jagd, 60 Schützen und ein halbes Dutzend Treiber, nichts geschossen. Kein Wildschwein, keinen Hasen, kein Reh, nur ein Damhirschkalb, es wurde x-fach durchlöchert, und ein Hund hatte einen jungen Fuchs geschnappt. Früher, sagte Josef, hat man bei einer solchen Jagd 60 bis 70 Hasen geschossen, aber Feldhasen gibt es ja kaum noch, aus vielen Gründen. Rehe, die gibt es, die kommen immer näher an die Häuser und in die Gärten und fressen alles weg. In Marpingen sind auf dem Friedhof nach jeder Beerdigung innerhalb von drei Stunden die Blumen weggefressen.

Der Tag fing gut an, mit Geschichten, schon morgens um halb neun auf freiem Feld. Jeden Tag, an dem man durch den Ort geht, hört man Geschichten, die es alle wert wären, aufgeschrieben zu werden. Fügt man sie zusammen mit dem, was sich auch in einem Dorf an historischem Wissen ansammelt und an Aktualitäten zu recherchieren ist, so ergibt sich das Bild einer kleinen Welt mit tausenden subtilen Verästelungen. Ein Abbild der großen Welt, so wie der Filmemacher Edgar Reitz im fiktiven Hunsrück-Ort Schabbach oder der Schriftsteller Gabriel García Márquez im kolumbianischen Aracataca sich ihr dörfliches Universum zum Exempel genommen hatten. Der polnische Reporter Ryszard Kapuściński, ein Besucher vieler Dörfer auf allen Kontinenten, hat diese Art der Annäherung in den schlichten Satz gegossen: »In einem Tropfen ist die ganze Welt enthalten.«

In diesem Geiste ging ich an diesem milchigen Novemberfreitag, der sich allmählich zu einem angenehmen Herbsttag mauserte, durchs Dorf – als »Foreign Correspondent« in der Heimat, der in der kleinen Welt die große suchte. Es sollte, wie dieses ganze Buch, ein Gang durch die Gegenwart werden, bei dem auf jedem Meter der Blick auch scharf auf das dahinter sich verbergende Vergangene gerichtet ist, auf die Veränderungen, Verwandlungen, Verwerfungen. Auf das gewöhnliche Leben, dessen Wesensmerkmale sich erst enthüllen, wenn man den Vergleich zu etwas anderem hat, im Raum und in der Zeit. Die Sensationen des Alltäglichen nahm ich ins Visier – und die Gegenwart des Historischen.

Auf dem Rückweg ins Tal fiel mir auf, wie unregelmäßig die Landschaft gegliedert ist. Leicht raschelten die Blätter im Wind, während ich den Weg in die Lindensiedlung einschlug. Dieser Ortsteil war erst 1967 angelegt worden, 152 Baustellen. Viele Auswärtige zogen her, aber auch junge einheimische Familien. Jetzt kehrte sich die Entwicklung um. Edgar, ein pensionierter Kommunalbeamter, der zu ihnen gehörte, sagte einmal: »Wir haben hier vor 30 oder 40 Jahren zusammen gebaut und zusammen Kinder in die Welt gesetzt. Die Kinder haben zur selben Zeit den Führerschein gemacht und die Straßen zugeparkt, nach der Berufsausbildung sind sie zusammen abgehauen. Wir bleiben allein zurück, und in 15 Jahren leben wir hier in einer Geistersiedlung. So wird das auch in vielen anderen Wohngebieten sein.« Wie zahllose andere Dörfer Europas verliert Alsweiler dramatisch an Einwohnern. Ende 2006 waren es noch 2 198.

Am Ortsausgang nach Marpingen kam ich ins Grübeln darüber, welch seltsame Kontraste in den Niederungen des Alltags mitunter der Aufeinanderprall von lebensgieriger Gegenwart und stumm schwindender Vergangenheit erzeugt. Da warb einerseits ein Schild für die »Roundabout Tour St. Wendel«, bei der für acht Euro am 11. 11. in 25 Kneipen 25 Live-Bands zu hören sein sollten, und in der Nähe lockte ein Plakat zu einer »Mega Deko Mega Show Mega Animation« mit RTL II ins Bosaarium am Bostalsee, ein Ferienzentrum 20 Kilometer nördlich des Dorfes. Andererseits wurde auf die seit über 30 Jahren bestehende Partnerschaft Alsweilers mit der lothringischen Gemeinde Bertrichamps bei Lunéville hingewiesen – mit einem Lothringer Kreuz, das auch deshalb hier zu Recht seinen Platz hat, weil Alsweiler ja selber fast 500 Jahre lang zum Herzogtum Lothringen gehörte. Einerseits fiel vom Marpinger Weg der Blick ins liebliche Wiesental des Alsbachs, wo ein Ententeich und eine Koppel mit zwei Schafen vor dem Weichbild der Pfarrkirche ein nachgerade süßliches Idyll erzeugten – doch es verdunstete andererseits sekundenschnell, als unweit davon im Schaufenster des Reifenhandels Eckert, dem »authorized dealer« von Avon Tyres, sich ein englischer Spruch ins Auge drängte: »Why run with the also-rans when you can run with the winner«.

Da war sie, die Globalisierung, die große Mischmaschine mit ihren marktgängigen Modernismen. Alles mega. Knallige Parolen, knallige Farben, auch am Kreisel waren sie nicht zu übersehen. Elfriede hatte dort bis zum Jahr 2000 das letzte Lebensmittelgeschäft im Ort geführt. Andere Läden waren schon früher eingegangen, längst kauften die Leute in den Großmärkten von Marpingen, Tholey und St. Wendel ein; einen eigenen Großmarkt gab es nicht im Ort. Elfriedes Schaufenster waren lange blind gewesen, jetzt wurde in grellem Gelb-Weiß auf den »Rampen-Markt« in Oberthal hingewiesen, »Ihr Service-Discounter«. Eine Handynummer als Kontakt. Das gegenüberliegende Lokal Trapp war seit Anfang 1999 geschlossen. Die Schwestern Angela und Luise, die das Wirtshaus jahrzehntelang führten, hatten einmal erzählt, wie früher hier die sogenannten Gängler zum Haustürhandel kamen, mit Koffern voller Nähseide, Schnürsenkel und Gewürze.

Am Kreisel setzte ich mich auf die Bank der Bushaltestelle, um den Autos zuzusehen. Als Kinder hatten wir das öfter getan. Wir machten einen Wettkampf daraus, ob mehr Fahrzeuge aus der Tholeyer oder der St. Wendeler Richtung kämen, und ob diese oder jene Marke öfter zu sehen wäre. Es war in der JoHo-Zeit, als das Saarland unter dem in Alsweiler verwurzelten Ministerpräsidenten Johannes Hoffmann ein teilautonomes Gebiet war und unter französischer Oberhoheit stand. Meine Mutter hatte noch ihren Pass aus dieser Zeit: République Française, Nationalité: sarroise. *OE 8* war damals das Kennzeichen des Kreises St. Wendel, bis 1957. Die beste Zählzeit waren jene Sonntage, an denen aus Luxemburg, Frankreich und Deutschland Tausende Zuschauer zum internationalen Motorradrennen nach St. Wendel fuhren. Die damaligen Rekorde würden heute lächerlich erscheinen, heute fahren jeden Tag schätzungsweise mehr als 22 000 Autos durch Alsweiler, und es gibt niemanden mehr, der das als aufregendes Schauspiel empfindet.

Das Auto hat das Leben auf dem Dorf radikal verändert, ebenso wie das Fernsehen und das Internet, überall in der

Welt. Entfernungen wurden verkürzt und unwichtig, Warenströme umgelenkt, Versorgungsnachteile beseitigt. Dorfbewohner in Europa sind heute um ein Vielfaches besser informiert und beweglicher als ihre Vorfahren. Wie die Städter haben jetzt auch sie leichten Zugang zu Konsumgütern, Nachrichten und Unterhaltungsprogrammen, die mehr und mehr eine einheitliche Weltgesellschaft formen.

Allerdings hat diese Art der Einebnung des Stadt-Land-Gefälles in zahllosen Dörfern eine spürbare Verminderung der Lebensqualität zur Folge. Der Wandel der Strukturen und der Lebensstile ist mit Rationalisierungs- und Konzentrationsprozessen verbunden, zudem geht er in Deutschland einher mit einem unumkehrbaren Rückgang der Bevölkerung. Geschäfte, Post- und Bankfilialen, Gasthäuser und Schulen schließen, mancherorts wird sogar die Kirche außer Betrieb gesetzt. In der Ortsmitte stehen Häuser leer, und Immobilienpreise sacken ab. Altgediente Versorgungsnetze fallen brach, Geschäftsumsätze gehen zurück, nur der Autoverkehr nimmt weiter zu.

Regelrechte Wüstungserscheinungen machen sich breit. Es geht inzwischen schlechthin »an die Substanz des Dorfes«, wie einer der bekanntesten deutschen Dorfforscher, der Essener Geografieprofessor Gerhard Henkel, meint. »Wir haben eine besondere Phase der Dorfauflösung«, sagt auch Carl-Hans Hauptmeyer, Professor für Geschichte in Hannover. In Bleiwäsche bei Paderborn veranstalten die beiden regelmäßig ein Dorf-Symposion, bei dem die genannten Erscheinungen vielfach analysiert werden, auch mit ihrer Wirkung auf das kulturelle Leben.

Die Kultur wird im Dorf vor allem von Vereinen getragen (in Alsweiler sind es 37), und einige von ihnen kämpfen ums

Überleben. Gesangvereine schlafen ein, Sportvereine spannen sich mit Gleichgesinnten im Nachbarort zusammen, um überhaupt noch eine Mannschaft auf die Beine zu bringen. Dörfliche und regionale Eigenheiten, von der Mundart und den heimischen Kochrezepten angefangen, werden immer mehr verdrängt, vieles scheint dem Untergang geweiht. Alsweiler macht keine Ausnahme in diesem Panorama des Umbruchs, viele Fragen und Probleme sind hier sogar besonders deutlich sichtbar.

Aber sie haben ihre Zeit, an diesem Freitag gab es Wichtigeres. »Gehst du auch auf die Beerdigung von Klaus?«, fragte Gisela, als ich ihren Schreibwaren-, Zeitungs- und Bastelladen in der Dorfmitte betrat. Rudi, der Nachbar, wirkte besorgt. Er betrieb auf der gegenüberliegenden Straßenseite, gleich neben dem Back-»Shop« und dem Wirtshaus »Zum Storze«, eine Getränkehandlung. Die Leute kauften jetzt weniger Bier, sagte Rudi. Saisonbedingt. Im Sommer, zum Schwenkbraten und zum Grillen 30 bis 40 Kästen am Wochenende, jetzt im November nur zehn. Und neuerdings hatte Lidl die Eineinhalb-Liter-Flasche Cola für 0,69 Euro im Angebot – »da kann ich nicht mithalten«. Wann ist eigentlich in Alsweiler die erste Flasche Coca-Cola verkauft worden?

Die Hübelstraße ging ich zügig hinauf, ich wollte zum Schützenhaus außerhalb des Ortes, aber weil es auf Mittag zuging, machte ich am Umspannwerk kehrt. Die Trafos summten wie eh und je. Mein Vater hatte hier als Starkstromelektriker der VSE regelmäßig zu tun und mich als Kind einmal mitgenommen, um mir aus angemessener Entfernung die Schalttafeln und Transformatoren zu zeigen. Ich habe von ihm einen uralten Plan der regionalen Verteilernetze geerbt, mit Buntstift sind darauf die Leitungsstrecken eingetragen, sicher

ist er längst überholt. Die Vereinigte Saarländische Elektrizi-
täts-Gesellschaft, man kannte sie nur als VSE, ist inzwischen
im Mehrheitsbesitz der RWE Energy AG und hat sich mit anderen Energieversorgern versippt. Es geht um Synergieeffek-
te, Wachstumspotenziale, Kostenmanagement und internationalen Wettbewerb, wie man auf der Website der VSE AG jetzt
lesen kann.

Die Stromversorgung ist internationalisiert. Als einmal
halb Europa einen Stromausfall erlitt, weil die Firma E.on an
der Ems für eine Schiffspassage eine Hochspannungsleitung
abgeschaltet hatte, war auch das nördliche Saarland betroffen.
Gewöhnlichste Dinge, die man täglich benötigt, werden heutzutage aus großer Ferne über kontinentale Netze herangeführt.
Die Filiale der Kreissparkasse im Dorf ist ein anderes Beispiel
dafür. Jeder Bankautomat ist eine Globalstation, jede Sparkas-
sentür der Zutritt zur Wall Street oder doch zur Frankfurter
Börse, jedes Telefon ein Datenterminal, jedes Kabel ein uner-
lässlicher Versorgungsstrang, dessen Ausfall auch in Dörfern
das Leben für eine Weile zum Stillstand bringen würde.

Auf dem Rückweg ins Dorf kam ich mit Heinz ins Gespräch, dem Kfz-Meister, der in diesem Ortsteil zu tun hatte.
Natürlich würde er am Nachmittag auf die Beerdigung gehen.
Klaus hatte bei ihm eine Lehre gemacht und war dann Chauf-
feur bei der Post geworden. Wir plauderten über die Kfz-
Werkstatt und das Autohaus. In einem Schuppen des Elternhauses, in dem die Mutter als Kriegerwitwe lebte, hatte Heinz
als junger Bursche angefangen, wie er erzählte. Er nahm mich
im Auto mit zurück ins Dorf. Zum Mittagessen hatte meine
Mutter Fisch bereitet, dazu Kartoffelsalat nach altem Hausre-
zept, mit Zwiebeln, Sahne und Speck. Früher aß man freitags
immer Fisch.

Die doppelte Beerdigung war ein großes Ereignis, das halbe Dorf war auf den Beinen, wie man so sagt. Zuerst sollte Klaus beigesetzt werden, dann die gemeinsame katholische Messe stattfinden, danach war die Bestattung der Frau vorgesehen. Weithin hörte man hell das Glöcklein der kleinen Friedhofskapelle läuten, in der die Verwandten und engsten Freunde von Klaus sich versammelt hatten. Vor dem Gebäude war es im Wortsinn schwarz von Menschen, als die Trauerfeier begann. Alle trugen dunkle Kleider, manche den feinen Anzug oder das Kostüm, andere etwas Gewöhnlicheres, sie hatten vielleicht nur schnell ihre Arbeit unterbrochen. Viele bekannte, manche unbekannte Gesichter, wie bei Beerdigungen üblich.

Dem Trauerzug, der sich formierte, trug die katholische St.-Barbara-Bruderschaft in Bergmannsuniform die Fahnen voran, die Messdiener folgten mit dem Kreuz, dann der junge Pfarrer mit seinem Buch und die Familie. Den Sarg beförderten die Kameraden des Jahrgangs zum offenen Grab. Herbert als ihr Sprecher war sehr bewegt, als er sagte: »Wir sind stolz, dass wir deine Freunde sein durften.« Die St.-Barbara-Bruderschaft senkte die Fahnen, der Pfarrer sprach die Fürbitte »für den aus unserer Mitte, der dem Toten als Nächster folgen wird«. Seine Grabrede ging teilweise unter im Fahrgeräusch der Autos von der nahen Straße nach Winterbach und im Lärm eines Tieffliegers.

Die Kirche war voll wie nur sehr selten noch in jüngerer Zeit. Werktags finden gar nicht mehr täglich Frühgottesdienste statt, wie ich erfuhr, auch an Sonntagen ist das Schiff meist nur halb gefüllt. Aber jetzt war kaum noch Platz in den Reihen. Unter etlichen früheren Dorfbewohnern, die inzwischen woanders lebten und zur Beerdigung wieder einmal hergekommen waren, war Arnold. Wir hatten als Gymnasiasten und Studenten im Wirtshaus über Gott und die Welt diskutiert, nun stand er im eleganten Anzug und Mantel im Pulk der Männer unter der Empore. Ein Jahrgangskamerad von Klaus. Arnold lebte in Marburg und war Vertriebsleiter im Computergroßhandel geworden, Riesenumsätze, harte Bandagen. Er sei Buddhist geworden, erzählte er später, es könne sein, dass er bald nach Frankreich gehe.

Als ich nach dem Trauergottesdienst ins Lokal »Morsche Klos« trat und einen Blick auf das tosende Gewirr warf, erfasste mich jene innere Anspannung, die nur eine rammelvolle Kneipe oder eine dicht gedrängte Festgesellschaft erregen kann, in der man mindestens drei Viertel der lebhaft durcheinanderredenden Gäste kennt. Auch in Alsweiler ist dergleichen nur bei besonderen Anlässen zu erleben, an der Kirmes oder bei Beerdigungen, aber dann entfaltet die dörfliche Gesellschaft in kürzester Zeit einen ihrer größten Vorzüge: ihre soziale Vielschichtigkeit und ihre ungeheure Vitalität. Jeder ist willkommen, jeder trinkt und redet mit, jeder wirft ein Witzwort ins Gemenge und erholt sich beim Gelächter, das ein anderer erzeugt. Der herrschende Umgangston ist in diesen Breiten und bei diesen Anlässen der Scherz, bei Beerdigungen natürlich in gedämpfter Form, jedenfalls in den ersten Stunden. Man wird doch wohl einen Spaß verstehen. Man wird doch mal was sagen dürfen, was nicht so gemeint ist. Man muss doch mal ein bisschen »dumm schwätzen« dürfen.

Es gibt unzählige Geschichten zu hören aus den unterschiedlichsten Lebensbereichen und Berufen, auch an normalen Kneipentagen. Die Angst des ICE-Lokführers vor dem Selbstmörder, das Leiden des Vermessungsingenieurs an der Baukonjunktur, die neuesten Trends in der Kaninchenzucht, die neuesten Pläne der Marpinger CDU. Einer aus dem Dorf, der geht bald mit der Bundeswehr nach Afghanistan, als Elektriker, sie haben ihn angerufen, dann soll er sich in Acht nehmen vor den Taliban und dem Opium. Zwei andere waren ebenfalls mit der Bundeswehr in Afghanistan. Und der Georg, der Mann von der Hedi, ist im Sommer mit dem Thomas, seinem Sohn, sechs Wochen durch China gefahren, der Sohn kann Chinesisch. Und wo bist du denn dran? Natürlich duzt man sich im Dorf, man kennt sich ja.

Die Welt ist klein, die Luft vibriert, mit jeder Stunde werden die Wangen röter, die Äderchen der Augen auch. Das Brabbeln schwillt an zu einer scheppernden, schlingernden Symphonie der Vergnüglichkeit, die Ersten gehen schon, und immer öfter fällt japsend die Tür zur Toilette ins Schloss. Klaus und Heidrun lassen hinter ihrem Tresen den Zapfhahn nicht ruhen, und der andere Klaus, der heute beerdigt worden ist, wie schade, dass er jetzt nicht mehr mit anstoßen kann.

Jedes Kaff ist ein Kosmos, hier kommt es zum Vorschein, aber das wissen nur die, die dort einmal gelebt haben und die außer seiner Enge auch seine Weite und seine Tiefe kennen. Mitten in Europa liegt ein unbekannter Kontinent, die Welt der Dörfer. Sie kommen in der großen Öffentlichkeit nur selten vor, und doch ist jedes Einzelne von ihnen ein Universum. Man sollte nichts geben auf die herablassenden Urteile der Kleinstädter, die sich erhaben fühlen, und noch viel weniger auf die klischeedummen Gruselstorys jener leichten Kavallerie des Journalismus, die in Dörfern nur zu Zugunglücken, Familiendramen, Neonazi-Umtrieben oder Marienerscheinungen einfällt und immer nur an der obersten Fläche bleibt.

Im Inneren sind dörfliche Gesellschaften fast nie uniform und verstockt, sie schotten sich nur nach außen ab, wenn man ihnen fühl- und verständnislos oder aggressiv entgegentritt. Verallgemeinernde Aussagen lassen sich indes dazu kaum treffen, denn hunderttausend Dörfer sind hunderttausend verschiedene Dörfer, und ganz gewiss ist die ländliche Mentalität in Bayern oder Mecklenburg entschieden anders geprägt als beispielsweise im Saarland, wo die Einflüsse aus dem romanischen wie dem germanischen Kulturraum und das Leben im tausendjährigen Kraft- und Spannungsfeld zwischen Deutschland und Frankreich vielleicht eine größere Offenheit und Beweglichkeit befördert haben. Auch eine leichtere Lebensart, die Sprichworte wie dieses gebiert: Hauptsach, gudd gess, geschafft ham mir schnell.

Doch auch im Saarland war das Dasein lange eingeschnürt durch die Weisungen der Kirche und der weltlichen Obrigkeiten. Abgeschiedenheit und gegenseitige soziale Kontrolle taten ein Übriges dazu, dass sich viele Menschen im Dorf in ihrer persönlichen Freiheit eingeschränkt fühlten, und viele verließen es deshalb. Längst hat sich aber ein fundamentaler Wandel vollzogen. Auch in Alsweiler sind die Zeiten vorbei, in denen jeder noch jeden kannte und in denen es unvorstellbar gewesen wäre, dass ein Mann und eine Frau unverheiratet zusammenleben oder ein Ehepaar sich scheiden lässt. Überlieferte Moralvorstellungen verlieren ihre Gültigkeit, die Autorität des Pfarrers, des Bürgermeisters, des Lehrers und anderer Honoratioren schwindet dahin, wo nicht persönliche Integrität und Tüchtigkeit eine andere, neue Art von Ansehen generieren. Die Forderung nach Gleichberechtigung der Frauen ist auch im Dorf längst angekommen.

Die Toleranz hat zugenommen, die frühere soziale Enge löst sich im Geflimmer der Bildschirme, in der Auseinandersetzung mit neuen Ideen und nachwachsenden Generationen teilweise auf – ebenso drohen freilich jene soziale Sensibilität und Kompetenz zu vergehen, die die Dorfbewohner zu besonderer Rücksichtnahme und besonderen Gemeinschaftsleistungen befähigten und beflügelten. Dass die katholische Kirche an Zuspruch verliert, die Familien an Zusammenhalt einbüßen, die Kneipen sich leeren und immer mehr Vereine mit immer weniger ehrenamtlich engagierten Aktivisten zurechtkommen müssen – es sind die Spielarten des gleichen gesellschaftlichen Phänomens. Dem Zwang der Vorzeit folgten nicht unbedingt die Freiheit in Verantwortung und das selbstbestimmte Engagement, sondern oft die Bequemlichkeit und Beliebigkeit, manchmal die Verweigerung oder gar Verwahrlosung. Und es folgte die rasante Vermehrung der Auswahlmöglichkeiten. »Wir leben in einer Multioptionsgesellschaft«, sagt Otmar Weber, Regierungsamtsrat im saarländischen Umweltministerium, der sich dort mit dem ländlichen Raum befasst. Man wohnt woanders, als man arbeitet, und die Vergnügungen der Freizeit sucht man regelmäßig wiederum an anderen Orten.

Die Fundamente des Lebens ordnen sich neu, indes vollzieht sich die Transformation in Stufen, weshalb in verschiedenen Milieus und verschiedenen Generationen verschiedene Aggregatzustände gemeinschaftlicher Möglichkeiten parallel nebeneinander existieren mögen. Die Ungleichzeitigkeit hat sich in neue Formen ergossen, und was in dem einen Dorf schon desolat sein mag, ist im anderen vielleicht noch intakt. Ganz sicher geht es in hohem Maße heute um die Chancen, die jungen Menschen in einem Dorf zur Entfaltung ihrer Talente geboten werden.

Die Generation der 50- bis 60-Jährigen, der der verstorbene Klaus angehörte, ist aufgewachsen in sozialen Verbänden, fand sich zusammen in Sport- und Musikvereinen oder bei Gruppenstunden der katholischen Jugend. Klaus gehörte zum »Team 70«, einer Gruppe von Freunden, die gemeinsam Fahrten unternahmen und Probleme lösten. 13 Mann waren sie gewesen, Jahrgang 1952/53. An diesem Freitagnachmittag hockten sie nach der Beerdigung im Nebenzimmer von »Morsche Klos« tiefernst zusammen, tiefschwarz gekleidet.

An einem anderen Tisch saßen Krämersch Maria, Dicke Mathilde und Meiands Paul. Sie gehörten alle drei zum Jahrgang 1922, dessen verbliebene Mitglieder einmal im Monat bei »Morsche Klos« zusammenkamen, um zu plaudern. Keine dörfliche Generation hat je zuvor in der Geschichte einen solchen weitreichenden Umbruch der Lebensverhältnisse mitgemacht wie die ihre. Nicht nur der Nazizeit und der Weltkriege wegen. Die Kindheit dieser Menschen, die heute über 80 sind, war noch bedroht von Armut und Seuchen, der Hunger war ihnen so wenig fremd wie die frühe Verpflichtung zur Mitarbeit im Garten und auf dem Feld. Die Hauptstraße des Ortes wurde, als sie heranwuchsen, gerade erst gepflastert. Gerade erst waren Elektrizität und fließendes Wasser verfügbar, an Auto und Telefon war für die meisten noch lange nicht zu denken. Das Fernsehen trat erst nach der Jahrhundertmitte in ihr Leben, die Zaubereien des Internets am Ende, sie blieben ihnen fremd.

Frauen kamen, von Ausnahmen abgesehen, bis in die Sechzigerjahre meist nur bei Wallfahrten ins Ausland, Männer nur im Krieg. Erst im Alter wurde das anders, durch Busausflüge im Verein, durch die Kinder. Ihre Söhne, Töchter und Enkel nutzen Flugzeug und Computer wie andere Erdbewohner auch, eins aber können die Alten doch noch immer besser: erzählen. Sie haben einfach mehr erlebt, und sie leben weiter in der Geborgenheit der mündlichen Überlieferung. Auch für Alsweiler gilt jenes afrikanische Sprichwort, das besagt: Wenn ein alter Mensch stirbt, ist es, wie wenn eine Bibliothek ab-brennt.

Es war schon dunkel geworden draußen, ich lief an der Pfarrkirche und dem historischen Hiwwelhaus, dem Kultur-zentrum des Ortes, vorbei den Reitersberg hoch. An der Kir-che waren gerade die beiden Tafeln mit den Namen der Gefal-lenen der beiden Weltkriege erneuert worden, sie waren aus schwarzem Granit der Sorte »Nero Impala« gefertigt. Das Material stammte aus Steinbrüchen in Afrika. Über den Hafen von Rotterdam und einen Großhändler in Italien war es an eine Firma in Schwemlingen bei Merzig/Saar gelangt, von der der Bildhauer in Marpingen es bezogen hatte.

Wahrscheinlich käme man aus dem Staunen nicht heraus, wenn man wüsste, aus welchen Erdteilen die Materialien stammen, die heutzutage in einem beliebigen Dorf in Europa verwendet werden. Woher kamen die Grabsteine auf dem Friedhof, woher die Särge, woher die Baustoffe am extrava-ganten neuen Haus des jungen Arztes, droben am Ortsrand? Woher die Äpfel bei Aldi und die krassblauen Kerzen in einem der Vorgärten? Aus welcher asiatischen Leuchtstofffabrik die starken Lampen, die auf dem Schaumberg das große Denkmal anstrahlten?

Man sah den Turm wieder gut vom Sportplatz aus, man hörte vom Marpinger Weg her auch wieder stärker das durch-dringende Sirren der Autoreifen. In der Turnhalle der Schule brannte Licht, die Sportlerkneipe war geöffnet. Es hatte keinen Sinn, jetzt noch hinüber zum Gewerbegebiet zu gehen, wo früher die Drahtwarenfabrik gestanden hatte, die dem neuen Weltmarkt schon vor drei Jahrzehnten nicht mehr gewachsen

war. Inzwischen hatten sich in den Hallen neue Firmen angesiedelt. Wohin lieferten sie ihre Ware?

Ich ging die »Schlawerie« hinunter, ein seltsamer, sehr
saarländischer Name für einen Ortsteil. Die Endung deutet auf
französischen Ursprung hin. Johannes Naumann, ein befreun-
deter Historiker aus Thalexweiler, hatte mir erzählt, dass der
Begriff »Schlawerie« in etlichen saarländischen Städten und
Gemeinden ein Siedlungsgebiet am Ortsrand bezeichnet, in
dem sich Anfang des 19. Jahrhunderts die Jenischen und andere Außenseiter niedergelassen hatten. Heute war nichts mehr
davon zu spüren.

Auf der »Schlawerie« fiel ich Kurt in die Hände, und das
war gut so. Kurt, ein pensionierter Fernmeldebeamter, fuhr das
Auto in die Garage. Er kam gerade von einem Vortrag des
Obst- und Gartenbauvereins in Hasborn. »Gehen wir in den
Keller«, sagte er nur, nachdem er mir die Hand gegeben hatte,
Widerrede kam nicht infrage. Was folgte, war schon lange
ausgemacht zwischen uns, nur hatte ich bei meinen terminge-
drängten Aufenthalten in Alsweiler bisher noch nie die Zeit
gefunden, in Kurts Keller einmal die selbst erzeugten Schnäpse und Fruchtweine zu kosten, die in vielen Flaschen, dick-
bauchigen wie schmalen, auf dem Boden und in den Regalen standen. »Probieren wir sie alle durch?«, fragte Kurt. Er
erwartete offenbar keine Antwort. Kurt hatte die Fruchtwein-
produktion nur begonnen aus Verärgerung darüber, dass die
Früchte und Beeren aus dem Garten nicht mehr so recht gefragt waren, und er wollte das gute Zeug nicht verkommen
lassen.

Wir kosteten. Ich mäßigte mich, ich wollte unbedingt
noch, auch wenn es schon auf Mitternacht zuging, die Eindrü-
cke dieses Tages notieren. Dieser Tag, an dem ich als kultur-

historischer Gegenwartsinspizient durch den Ort gegangen war, hatte trotz aller Zufälligkeiten eine Überfülle von Impressionen gebracht. Ich fühlte mich in meinen Überlegungen, die ich aus dem Erlebnishorizont des langjährigen Großstadtbewohners angestellt hatte, bestätigt.

Das Dorf als weltgeschichtliche Idee und Lebensform, die in Europa vor etwa 6 000 Jahren mit dem Übergang der Menschen vom Nomadentum und der Wildbeuterei zu Ackerbau, Viehzucht und Sesshaftigkeit in die Geschichte trat, ist an einem Wendepunkt angekommen. Erst unmerklich, dann immer kräftiger hat nach der Industrialisierung und der Motorisierung jetzt die Globalisierung ins Leben der Menschen auf dem Land eingegriffen. Altes geht unter, Neues kommt auf, Menschen ziehen fort, andere wandern zu. Bewahrenswertes wird gerettet oder vergessen, ein neues Lebensgefühl und neue Formen des Zusammenlebens machen sich breit.

Ein neuartiges Nomadentum greift um sich, und es stellt sich die Frage, ob und wie das Dorf unter den Bedingungen der Globalisierung erhalten bleibt als ein Ort besonderer Lebensqualität. Die Nähe zur Natur, die Stille, die reine Luft sowie die Direktheit und Vielfalt menschlicher Kontakte üben nach wie vor eine große Faszination auch auf Menschen in den Städten aus. Idyllische Winkel und historische Bauten sind vielerorts für neue Nutzungs- und Verdienstmöglichkeiten im Tourismus und im Kulturbereich erschlossen worden. Vielleicht liegt überhaupt auf diesem Sektor noch am ehesten die Chance, die Bewahrung der Tradition in sinnvoller Weise mit dem unaufhörlich sich Bahn brechenden Neuen zu versöhnen.

Die frische Luft tat gut nach den Schnäpsen und dem Stachelbeerwein. Nachdem Kurt mich die Treppe hinaufgeführt hatte, umgab mich die klare Nacht mit ihrer besänftigenden

Unendlichkeit. Ich begegnete niemandem mehr. Als ich auf die Türschwelle trat und hinauf zum Schaumberg schaute, hatte ich in den Ohren das dumpfe Singen, das die Rotation von Autoreifen auf Asphalt erzeugt. Die Vögel schliefen, ein paar Fenster waren noch erleuchtet. Hell hing der halbe Mond im Novemberfirmament.

# 2 Das alte Haus am Reitersberg

Die Abenteuer der Baugeschichte und der Heimatforschung – Orte, Unorte und andere Fragen der Identität

Es war kalt und feucht an jenem Samstagvormittag, als wir
zum ersten Mal das Speiersch Haus am Reitersberg betraten,
um uns ein Bild von der Herausforderung zu machen, die dort
auf uns wartete. Edgar Kreuz, der zur alteingesessenen Spei-
ersch-Familie gehört, hatte den Verein für Heimatkunde auf
die zunehmende Baufälligkeit des Anwesens aufmerksam gemacht und gesagt: »Wenn man da noch etwas untersuchen
will, dann muss man es bald tun, sonst ist es zu spät.« Das
Haus drohte einzustürzen, an mehreren Stellen war die Dach-
haut undicht geworden, und es drang Nässe ein. Zusammen
mit Edmund Groß, dem Bauexperten des Vereins, der sich als
Architekt seit Langem für den Denkmalschutz im Dorf engagierte, hatte Edgar zunächst bei einer Erstinspektion geklärt,
ob das Gebäude noch begehbar sei. Danach berichteten die
beiden von Staub und Spinnweben, die sich in allen Räumen
über die verlassenen Einrichtungsgegenstände gelegt hätten.
Ihre Kleider waren stark verdreckt.

Seit 1978 stand das Haus schon leer, nachdem die letzte
Bewohnerin, Edgars Großtante, gestorben war. Man wusste
davon im Dorf, aber das graue, zweistöckige Gemäuer geriet
bald in Vergessenheit. Im Wirtshaus kam hin und wieder je-

mand darauf zu reden, dass dieses Speiersch oder Speichersch Haus, wie der Name schon verriet, früher einmal der Zehntspeicher des Dorfes gewesen war. Vor der Französischen Revolution hatten die Bewohner Alsweilers hier jenen Anteil ihrer Feldfrüchte abzuliefern, der dem Kloster Tholey als Grundherrn zukam. Richtig erforscht aber war die Sache nicht.

Uns allen waren die höhnischen Kommentare noch in Erinnerung, die vor zehn Jahren die Sanierung des benachbarten historischen Hiwwelhauses begleitet hatten. »Wozu noch so viel Geld ausgeben für das alte Gelump, sprengt's in die Luft, dann ist Ruhe« – in Tausenden deutschen Dörfern waren nach dieser Art in den vergangenen Jahrzehnten diejenigen verlacht und ausgeschimpft worden, die ein altes Gebäude zu retten versuchten. Drohte uns jetzt im Fall des Speiersch Hauses das Gleiche noch einmal? In der Kneipe wurde schon gelästert, Skeptiker fragten nach den Kosten einer Sanierung. Und wie sollte das Bauwerk denn genutzt werden?

Aber so weit waren wir noch nicht. Erst einmal wussten wir alle viel zu wenig über dieses Speiersch Haus, und an diesem winterlichen Samstagvormittag, dem 4. Februar 2006, wollten wir, mit Anoraks und Kopfbedeckungen gerüstet, das Objekt erst einmal gründlich in Augenschein nehmen. Wir waren zu elft, darunter sechs Mitglieder des Vereins für Heimatkunde, eines Geschichtsvereins, dem auch ich seit 1985 angehörte. Paul Schäfer, der Ortsvorsteher, war ebenfalls dabei, der Marpinger Bürgermeister Werner Laub stieß später dazu. Außerdem waren als Experten ein Historiker und zwei Architekten zugegen.

Als Edgar Kreuz die Tür des Speiersch Hauses aufschloss, wehte uns der Modergeruch einer abgesunkenen Zeit entgegen. Im Schein der Taschenlampen tasteten wir uns hinein, öffneten die Fensterläden und ließen die Sonne herein. Durch Myriaden von Staubkörnern fiel ihr Licht auf Schränke, Betten, Sitzmöbel, Geschirr, Besteck und Gerät, die seit drei Jahrzehnten vor sich hin dämmerten. In der Mitte des Hauses befand sich eine steile Stiege, deren Bretter zu brechen drohten. War es noch eine Leiter oder schon eine Treppe? Im ersten Stock fiel der Blick auf Einmachgläser. In einem der Zimmer war der Boden mit uralten Eichenbohlen bedeckt, die sich leicht wölbten. Mehr als zwei Stunden gingen wir durch die Räume, staunten, spekulierten und diskutierten. Am Ende waren wir uns einig, dass das Haus zunächst entrümpelt, dann sein Bauzustand und historischer Wert untersucht werden sollten. Bürgermeister Laub und Ortsvorsteher Schäfer bekundeten ihr Interesse an dem Projekt. Es war ein Glück, dass diese beiden Kommunalpolitiker und später ebenso der Ortsrat von Alsweiler auf der Seite der Heimatforscher standen. In der Auseinandersetzung mit Politikern aus Marpingen sollte sich später zeigen, dass manche Entscheidungsträger noch immer meinten, der Erhalt des Alten koste zu viel Geld.

Gerade im Saarland war und ist das Bewusstsein des eigenen kulturellen Profils eher schwach ausgeprägt, wenn man vom folkloristischen Getue um die Lyonerwurst und den saarländischen Schwenkbraten absieht. Dies ist kein Zufall in einem Landstrich, dessen Bewohner sich im Hin und Her zwischen Frankreich und Deutschland zwar eine gewisse fröhliche Flexibilität und Offenheit zu eigen gemacht haben, andererseits aber auch einen stillen Minderwertigkeitskomplex hegen und keinesfalls den Neuerungen der Moderne im großen Deutschland hinterherhinken wollen. Im Bausektor hatte dies zum Teil verheerende Versäumnisse und Zerstörungen zur Folge. Kaum ein Dorf im Saarland kann sich an Charme und

Schönheit mit den hübschen kleinen Orten in der Pfalz, in Franken oder manchen Teilen Frankreichs messen, zu schweigen von den Alpenländern oder Italien.

Es dominiert die Konturlosigkeit, vor allem in den zahlreichen Neubaugebieten, die am Rand der Dörfer in die Streuobstwiesen hineingetrieben wurden. »In der ganzen Republik sind sie einander nun zum Verwechseln ähnlich«, wie Professor Heinz Quasten, der langjährige Direktor des Instituts für Landeskunde im Saarland, klagte. Und Werner Feldkamp, der Gründer der Kulturlandschaftsinitiative St. Wendeler Land, diagnostizierte, das Leben in den Dörfern nehme immer stärker urbane Züge an, eine »Imitatkultur« habe sich breitgemacht.

Man hat dies sicher weniger den dörflichen Bauherren anzulasten als den Architekten, Stadtplanern, Baustoffhändlern, Kulturpolitikern und Journalisten, die die Moden der Geschichts- und Gesichtslosigkeit erzeugten und verbreiteten und die regionalen Traditionen missachteten. Ebenso jenen Denkmalschützern, die nicht beizeiten aufklärten und einschritten. Sie ließen der Beliebigkeit ihren Lauf. Bis 1977 gab es im Saarland nicht einmal ein Denkmalschutzgesetz. Die Menschen hätten früher »keinen Sinn für Denkmalschutz« und »kein Gespür für die alte Substanz« gehabt, sagt Edmund Groß, der Bauexperte des Vereins für Heimatkunde, der als Architekt die Untere Bauaufsichtsbehörde und die Untere Denkmalschutzbehörde des Landkreises St. Wendel geleitet hatte. »Da hat man 08/15 gebaut.« Für die Häuslebauer, die sich ihr Geld in harter Arbeit zusammensparten und die meisten Arbeiten mit Unterstützung von Verwandten und Freunden selber erledigten, stand meist das Kostenkalkül im Zentrum aller Überlegungen.

Andererseits hat es keinen Sinn, einem Dorf jede Neuerung zu verweigern, wenn der Wandel der Lebensverhältnisse alte Bedürfnisse erledigt und neue erzeugt, die sich auch baulich niederschlagen. Schon um 1900 wurde dem deutschen Dorf das Totenglöcklein geläutet und »die untergegangene Dorfherrlichkeit« beweint, als die Industrialisierung zum ersten großen Höfesterben führte. Schon damals endete die Zeit, in der die Wirtschaft überwiegend Landwirtschaft war. Erstmals gab es jetzt in Deutschland mehr Industriearbeiter als Bauern.

Gerade im Saarland war dies überall zu spüren. In Alsweiler wie in anderen Dörfern der Region gerieten die Landwirte ins Hintertreffen gegenüber den Bergleuten und Hüttenarbeitern, die nur noch landwirtschaftlichen Nebenerwerb als sinnvoll ansahen. Frauen und Kinder wurden eingespannt, die Ziege wurde zur »Bergmannskuh«. Häuser benötigten nur noch kleinere Ställe und Scheunen, später entfielen sie ganz. So bleiben drei Luftbilder, die ein schwäbischer Flugpionier am 24. Juli 1935 von Alsweiler aufnahm, erhalten als Dokumente dieses Übergangs: Breite Bauernhäuser mit mächtigen Scheunentoren sind ebenso zu sehen wie die kleineren Bergmannshäuser. Hier und da blitzt noch Fachwerk auf, und schon sind auch die ersten neuen Gebäude ohne regionale Prägung zu sehen.

Vollends veränderten seit dem Zweiten Weltkrieg der Niedergang der Landwirtschaft und der wachsende Wohlstand das Gesicht des Dorfes. Sein bäuerlicher Charakter verlor sich immer mehr. Die Scheunentore wichen den Garagentüren, die kleinen Scheibenkarrees der pflegeleichten, großflächigen Fensterfront. Es triumphierten der glatte Putz und der rechteckige Winkel, die steinernen Zeugnisse früherer Lebenswelten verschwanden, auch wenn sie hohe Handwerkskunst und wertvolle Materialien in sich bargen. In großem Umfang wurde Altes abgerissen, und heute sind in Alsweiler nur noch einzelne Gebäude im klassischen regionalen Stil des südwestdeutschen Quereinhauses erhalten.

»Versunkene Welten« nannte deshalb der Verein für Heimatkunde Alsweiler 2004 ein Buch über die dörfliche Baugeschichte. Die Auflage von 600 Exemplaren war rasch ausverkauft, fast in jeden Haushalt fand das Werk also Eingang. Historisches Interesse war demnach bei einem großen Teil der Bevölkerung Alsweilers durchaus vorhanden, das zeigte sich auch bei anderen Publikationen. Ein Band über die 200-jährige Geschichte der Pfarrei St. Mauritius Alsweiler und eine Sammlung dörflicher Anekdoten erreichten noch höhere Auflagen.

Der Impuls dieser Aktivitäten war der gleiche wie beim Projekt Speiersch Haus: retten, was noch zu retten ist. Vor aller Augen wurden ja hergebrachte Lebensformen und ihre Erzeugnisse verdrängt durch neue Waren, Informationen und Lebensstile, die keinerlei Bezug mehr zum eigenen Dorf hatten, sondern weltweit austauschbar waren. Professor Hans Blotevogel, der Leiter des Fachgebiets Raumordnung und Landesplanung am Institut für Geografie der Universität Duisburg, hat diesen Vorgang einmal sehr treffend als »räumliche Entankerung der Lebensbezüge« charakterisiert und bemerkt: »In der Ära von Globalisierung und räumlicher Entankerung der Lebensbezüge gewinnen regionale Identitäten eine neue Funktion als Katalysatoren der soziokulturellen Stabilisierung und Integration.« Mit anderen Worten: Für ihr Zusammenleben brauchen die Menschen etwas Gemeinsames, Greifbares aus dem nahen Umfeld, und dafür ist in neuer Form das gute alte Heimatgefühl durchaus brauchbar. Dies sei, so Professor Blotevogel, »nicht identisch mit hinterwäldlerischer Rückwärtsgewandtheit« und müsse auch nicht zwangsläufig – könne aber durchaus – mit Fremdenfeindlichkeit und Abgrenzung einhergehen.

Ein kleiner Ort wie Alsweiler kann demgemäß seine Identität und seine Lebensqualität nur bewahren, indem er sich seiner Eigenarten bewusst wird. Dazu braucht es vor allem die Auseinandersetzung mit der Vergangenheit. »Nie zuvor in der Geschichte haben sich die Lebensbedingungen in unserem Kulturkreis so rasch und grundlegend gewandelt wie in den vergangenen Jahrzehnten«, hieß es in einer Resolution, die der Verein für Heimatkunde Alsweiler 2004 auf seiner Jahreshauptversammlung verabschiedete. »Wir leben heute ganz anders als unsere Großeltern, und künftige Generationen werden wieder ganz anders leben. Sie werden uns dankbar sein, wenn sie von uns möglichst genau erfahren, wie es früher einmal war.«

Die Dorfbewohner wurden aufgerufen, historische Dokumente, Aufzeichnungen, Fotos, Kochrezepte, Gebrauchsgegenstände und Erinnerungsstücke aller Art dem Dorfarchiv zu überlassen, und tatsächlich trug der Appell reiche Frucht. Frühere Mitarbeiter der Lokalzeitung stellten ihre gesammelten Artikel zur Verfügung, eine Frau machte das umfangreiche Privatarchiv ihres verstorbenen Mannes zugänglich, das im heimischen Keller ein großes Regal mit Leitzordnern füllte. Andere Einwohner übergaben Fotos, Briefe, Aufzeichnungen oder Gebrauchsgegenstände.

Auch bei Veranstaltungen zur Ortsgeschichte war der Zuspruch recht stark. Vielen Menschen war offenbar bewusst, dass da etwas behandelt wurde, was mit der bedrohten Seele des Dorfes zu tun hatte. Und viele ordneten in diese Kategorie auch die Bemühungen um das Speiersch Haus ein.

Nach dem ersten Besichtigungstermin gingen mehrere Monate ins Land, in denen mit dem Besitzer über eine Übertragung gesprochen wurde. Es gab Einwände, Zusagen, Schwierigkeiten und neue Hoffnungen, es gab Einvernehmen und Rückschläge, aber nach etlichen Bemühungen ging es dann doch voran. Mitte Oktober 2006 trafen wir uns wieder an einem Samstag in alten Kleidern zu einer zweiten Inspektion. Beim Zug durch die Zimmer entdeckten wir in den Schränken viele Kleider und Hausrat. Im Dachstuhl fanden sich eine Schafschere und ein verstaubtes Hämmerchen aus Messing mit einem langen Holzstiel von der Art, wie sie von Steigern im Bergwerk benutzt wurden. Spinnfäden hafteten an unseren Kleidern und Haaren.

In der Bevölkerung fand das Projekt, als es nun bekannt gemacht wurde, durchaus Unterstützung, auch in der Kneipe. Zwei Bautechniker erklärten sich bereit, mitzuwirken. Freilich waren hier und da auch die alten Einwände und Flüche zu hören. Bei vielen solcher Gespräche – im Wirtshaus, auf der Straße oder am Küchentisch – verband sich der Rückblick in die Vergangenheit mit Reflexionen über den rasanten Wandel der Gegenwart, und es entspannen sich oft interessante Diskussionen. Die Menschen im Dorf hatten die Veränderungen der vergangenen Jahre sehr aufmerksam registriert. Viele waren darüber verunsichert, die meisten auch sehr neugierig. In großer Zahl fanden sie sich im Pfarrheim ein, als dort der Apotheker Thomas Jung die von ihm geschaffene Website für Alsweiler präsentierte, die schon 1999 als eine der ersten dörflichen Homepages in Deutschland Aufsehen erregte. Das Internet war da, wie überall stürzten sich die Menschen hinein.

Außerdem ergaben sich nie gekannte Möglichkeiten des Reisens. Für die Saarländer spielte dabei eine wichtige Rolle, dass in der Nachbarschaft, im Hunsrück, der frühere US-Militärflughafen Hahn für den zivilen Luftverkehr geöffnet wurde. Die irische Billigfluglinie Ryanair siedelte sich im April 1999 dort an und lockte mit Flügen, so preiswert wie nie zuvor. So wagten auch drei Pensionäre aus Alsweiler ein kleines touristisches Abenteuer. Sie buchten ein Ticket für 40 Euro, fuhren am Tag des Ereignisses in aller Frühe mit dem Auto die 60 Kilometer nach Hahn, flogen nach Bergamo, um dort Mittag zu essen, spazieren zu gehen und Rotwein zu trinken, und nach der Rückkehr am selben Tag konnten sie spätabends in der Dorfkneipe schon von dieser Gaudi erzählen. Reisen nach Rom, früher ein lange vorbereitetes, einmaliges Erlebnis, wurden jetzt zum harmlosen Trip, der sich kostengünstig wiederholen ließ. Mehrfach hatte der zeitweise in Alsweiler amtierende Vikar Bernd Seibel von dieser Möglichkeit Gebrauch gemacht, um einen Freund im Vatikan zu besuchen – frühere Generationen von Dorfpfarrern hätten davon nicht zu träumen gewagt. Und viele andere Leute aus Alsweiler, zumal die jüngeren, steuerten viele andere Ziele an, auch mit »Last-Minute-Offers«. Man hörte von Leuten, die in exotische Fernen düsten. Ein junges Paar unternahm eine Hochzeitsreise auf die Malediven.

Mich elektrisierte vor allem die Nachricht, dass ein junger Mann aus Alsweiler zur Silvesterfeier 1999 nach New York geflogen war, um dort auf dem Times Square die Ankunft des neuen Jahrtausends zu erleben. Jetzt war mir endgültig klar, dass der dörfliche Horizont in nie gekannter Weise aufgerissen war. In alle Ritzen des Alltags drang der Umschwung der Verhältnisse. Alles wurde schneller, vieles auch einfacher und billiger. Man fuhr mit dem Auto immer weitere Strecken zum Einkaufen und in Urlaub, man telefonierte problemlos in der Welt herum. Immer mehr junge Leute aus Alsweiler verließen das Dorf, ergriffen neue, unbekannte Berufe und ließen sich in fremden Städten nieder; mehr als ein Dutzend lebte sogar im Ausland.

Gleichzeitig vollzog sich eine Umwertung vieler Werte, wie vor allem ältere Menschen bemerkten. Die hergebrachten Regeln galten nicht mehr. Kontakte schliefen ein, Haltepunkte und Institutionen gingen verloren. Gaststätten schlossen, Vereine schrumpften. »Alsweiler geht rückwärts«, sagte Wolfgang Simon, ein Vermessungsingenieur, der seit Langem in der Pfarrgemeinde und in vielen Vereinen aktiv ist.

In Alsweiler wie in Tausenden anderer europäischer Dörfer ist spätestens seit der Jahrtausendwende ein Prozess im Gange, der sich mehr und mehr als ein Niedergang offenbart, vor allem im Geschäftsleben. Weltwirtschaftliche Konkurrenzkämpfe und Konzentrationsvorgänge haben in den kleinen Orten vieler Länder zu schweren Verlusten geführt. Geschäfte gingen ein, in Alsweiler erst der Textilladen, dann verschiedene Lebensmittelhandlungen, und als im Jahr 2000 im letzten klassischen Einzelhandelsgeschäft die Lichter ausgingen, beruhigte sich über Jahre nicht die Empörung vieler Menschen über diesen Gang der Dinge.

Für die Versorgung mit Gütern des täglichen Bedarfs sind heute nur noch eine Metzgerei und zwei Bäckereien geblieben – als Filialen größerer Betriebe oder Ketten. Auch die Poststelle lebt nur noch im Kleinstformat in einem Back-»Shop« weiter. Ferner gibt es eine Apotheke, einen Getränkemarkt, einen Zahnarzt und zwei Ärzte sowie die Zweigstelle der Kreissparkasse. Bis 2005 unterhielt auch die Volksbank eine Filiale, deren Schließung war dann ein weiteres Fanal des Rückschritts.

Vollends wurde 2005 die Ankündigung des saarländischen Kultusministeriums, die Schule in Alsweiler außer Dienst zu stellen, als kapitaler Schlag gegen die dörfliche Autonomie empfunden, zumal im Nachbarort Marpingen, der auch der Sitz des Bürgermeisters der Großgemeinde ist, gleichzeitig eine neue Schule gebaut werden sollte. Und 2007, zwei Jahre nachdem man mit einem großen Fest das 200-jährige Bestehen der Pfarrei St. Mauritius Alsweiler gefeiert hatte, kündigte zudem der Trierer Bischof eine innere Neuordnung der Diözese an. Alsweiler sollte seinen Pfarrer verlieren und einen Verbund mit Marpingen und Urexweiler eingehen. Zug um Zug wurde das Dorf so seiner Selbstständigkeit und Bedeutung beraubt.

Hinzu kamen der Rückgang der Bevölkerung und der Wegzug vieler junger Leute, der berühmte »demografische Wandel«, der sehr viele Dörfer in Europa vor ungekannte Herausforderungen stellt. Öffentliche Einrichtungen, von der Schule und der Kanalisation angefangen, sind nur noch mit vermehrtem Aufwand zu unterhalten oder aber zum Schrumpfen verurteilt. Vor allem brauchen weniger Menschen auch weniger Wohnraum, und in Alsweiler ist das mit Händen zu greifen: Häuser bleiben unbewohnt, sie verwittern und verfallen, vor allem im Ortskern und entlang der Hauptstraße. Die Immobilienpreise stürzen ab, Kredite werden von den Banken neu berechnet.

Schon Ende 2006 standen im Ort 68 der insgesamt 806 Häuser leer. In 343 weiteren Häusern und Wohnungen lebten Menschen, die älter als 70 Jahre waren, zumeist allein. Also war abzusehen, dass sich der Leerstand in den nächsten Jahren noch erheblich vergrößern würde – ein Phänomen, das in den allermeisten Dörfern in Deutschland zu beobachten war.

Die Dramatik dieses Vorgangs wurde mir bewusst in einem Gespräch mit Albert Schneider, einem gebürtigen Marpinger, der schon lange in Alsweiler lebt; im Hauptberuf ist er der Leiter des Ordnungsamtes der Gemeinde Marpingen. Albert Schneider kennt sich in beiden Dörfern bestens aus und hat ein phänomenales Personengedächtnis. »Ich kann in ganz Alsweiler und Marpingen mit dir rumfahren, ich zeige dir in jedem Haus, wer mit wem verwandt ist und wann die Häuser leer stehen«, sagte er beim Gespräch in seinem Dienstzimmer. »Ich kann sie dir alle aufzählen.«

Und er zählte sie auf, ging die Straßen durch, nannte die Namen der Bewohner, umriss die Verwandtschaftsverhältnisse, stellte seine Prognose. Hier ein Mann im Pflegeheim, das Haus steht jetzt schon leer, dort dasselbe; daneben: die Frau im Pflegeheim, der Mann jetzt 89 Jahre alt. An der Hauptstraße ist eine Frau gestorben, das Haus haben Türken gekauft; der Nachbar baut am Ortsrand, an seinem Haus hängt schon seit längerer Zeit ein Schild mit einer Telefonnummer für Kaufinteressenten, der Verkauf wird schwer. Anderswo lebt noch ein altes Paar oder eine einzelne Person in einem Riesenhaus, »so geht das immer weiter«, wie Albert sagte. Da noch eine Familie, die Kinder sind längst weggezogen, später einmal ist da »nix mehr«, meinte er. »Und so ist es mit jedem zweiten Haus.«

Was früher die Regel war, ist jetzt die Ausnahme: dass ein Familienwohnsitz von Generation zu Generation vererbt wird, dass eines der Kinder das Haus übernimmt und die Geschwister ausbezahlt. Heute ergibt sich meist eine andere Situation: In einer Familie ist der Mann schon gestorben, die Frau lebt nun allein im großen Haus in der Ortsmitte, die Kinder haben am Dorfrand neu gebaut oder sind fortgezogen. Stirbt nun die Mutter auch noch, dann wird das Haus verkauft – an Ausländer, falls es überhaupt weggeht.

Die damit verbundene Entfremdung ist inzwischen ebenso ein durchgängiges Phänomen wie die unterschwellige Verödung der Dorfkerne, die in jedem leer stehenden Haus mit einer eingeschlagenen Fensterscheibe oder einem wild ins Kraut schießenden Brennnesselbusch beginnen kann. Laut dem letztverfügbaren Mikrozensus von 2002 waren in den ländlichen Kreisen Deutschlands schon damals 9,8 Prozent aller Wohnungen ungenutzt. Auch Kleinstädte sind betroffen, manchmal härter als jedes Dorf.

Früher als anderswo hat man im Saarland darauf reagiert. Die CDU-Landesregierung legte 1999 einen Landesentwicklungsplan Siedlung vor, der die drastische Beschränkung von Neubaugebieten vorsah mit dem Ziel, der Verödung im Ortsinneren entgegenzuwirken. Demnach sollten in Marpingen jedes Jahr nur noch zwei Wohnungen, in den Ortsteilen Alsweiler, Berschweiler und Urexweiler gar nur noch eine Wohnung je 1000 Einwohner neu gebaut werden dürfen. Die Vorgaben wurden als revolutionär empfunden, im ganzen Land erhob sich Protest. Marpingens Bürgermeister Werner Laub wehrte sich mit dem Argument, die Gemeinden würden »zu stark gegängelt«. Und Alsweilers Ortsvorsteher Paul Schäfer lehnte den Verzicht auf Neubaugebiete ebenfalls ab. Beide fürchteten, junge Leute würden nicht mehr zuziehen oder abwandern.

Andererseits war da der Leerstand, man musste sich mit der Sache auseinandersetzen. Es war auch ein innerer Zusammenhang zum Speiersch Haus gegeben. Erstens war das Bauwerk selbst ein besonders drastischer Fall von Leerstand und Verödung. Und zweitens standen in seiner unmittelbaren

Nachbarschaft zwei weitere alte Häuser leer. Schon seit Jahren war ja auch die Sanierung des Dorfkerns geplant, seit Juli 2002 lag ein Konzept für die Dorferneuerung auf dem Tisch, das zwei Diplomingenieure der Ingenieurgesellschaft für angewandte Raum-, Grün-, Umwelt- und Stadtplanung (Argus Plan) in Illingen im Auftrag der Gemeinde erarbeitet hatten und das jede Menge Ansatzpunkte zu konkreten Schritten bot.

Unumwunden benannten die Autoren »zahlreiche negative Sanierungsbeispiele« in Alsweiler und plädierten für einen weitgehenden Verzicht auf die Ausweisung immer neuer Neubaugebiete am Ortsrand. Erst sollten im Inneren die Baulücken geschlossen und alte, leer stehende Häuser neu genutzt werden, beispielsweise für ein Seniorenwohnhaus, wo eine Wohngemeinschaft entstehen könnte. Nach Ansicht der Experten fehlte es in Alsweiler auch an einem attraktiven Jugendtreff, vor allem aber an einem zentralen Aufenthaltsbereich in der Dorfmitte, wo sich die Menschen treffen könnten, wenn sie in der Nähe ihre Besorgungen erledigten. Als Ausgleich für den Verlust der Lebensmittelgeschäfte wurde die Gründung einer Service-Agentur vorgeschlagen. Der Verkauf bestimmter Lebensmittel und die Direktvermarktung landwirtschaftlicher Erzeugnisse sollten mit Kopier- und Kurierdiensten verbunden werden.

Um den dörflichen Charakter des Ortes zu bewahren, empfahlen die Illinger Planer die Entsiegelung von Garagenzufahrten und die Neupflanzung alter Hausbäume, ferner den Erhalt der Streuobstwiesen sowie die Anlage von Hecken und Gehölzstreifen auf der Feldflur. Auch die Bewahrung und Pflege der alten Bausubstanz, jenseits des Hiwwelhauses und der Kirche, seien »für die Stärkung der Identität des Dorfes von großer Bedeutung«, hieß es weiter. Alsweiler, das in seinem

Talkessel »eine äußerst attraktive Lage« einnehme und mit seinem ausgeprägten Vereinsleben »ein äußerst aktives und intaktes Gemeinschaftsleben« aufweise, komme durchaus für den Aufbau eines sanften Tourismus infrage.

Dabei durfte man sich freilich keinen Illusionen hingeben. Mit den hübschen alten Orten der klassischen Feriengebiete konnte das Dorf nicht konkurrieren, dafür war es nicht attraktiv genug. Außerdem existierte da ein Problem, das die Qualität des Lebens stark beeinträchtigte und das auch von den Illinger Stadtplanern als rundum negativ vermerkt wurde: der Verkehr. In ganzer Länge wird Alsweiler von der Bundesstraße 269 durchschnitten, und diese ist besonders stark auch von Lastkraftwagen befahren. Langfristig bleibe, hieß es in dem Argus-Gutachten, nur die »Verlagerung der Verkehrsquellen des überörtlichen Durchgangsverkehrs« – also der Bau einer Umgehungsstraße, für die es aber weit und breit keinen Ansatz und keine baldige Realisierungschance gab.

Auch diese wachsende Belästigung durch den Verkehr gehört eben zu den Risiken und Nebenwirkungen der Globalisierung. Nichts hat das Leben auf dem Dorfe und wohl auch das, was der amerikanische Journalist und Dorfexperte Richard Critchfield als »die universale Kultur des Dorfes« bezeichnet hat, in den vergangenen Jahrzehnten so stark verändert wie das Auto.

Auf allen Kontinenten nahm die Motorisierung sprunghaft zu. War das Kraftfahrzeug, ob als Personenwagen, Traktor oder Lastwagen, nicht gerade für die Bewohner entlegener, kleiner Orte das ideale Fortbewegungsmittel, das die Nachteile der Abgeschiedenheit überwand? Öffnete es nicht den Zugang zu neuen Welten, machte es nicht unabhängiger, erlaubte es nicht neue Wirtschaftätigkeit gerade auf dem Land?

Lange, bevor der Begriff der Globalisierung in Umlauf kam, gab die Verbreitung des Autos ein Beispiel dafür, was damit gemeint ist. Entfernungen wurden weniger wichtig, Waren konnten immer schneller und bequemer über immer größere Strecken transportiert werden. Und die Automodelle der verschiedensten Herstellerfirmen waren selber die besten Beispiele dafür, wie erfolgreiche Erfindungen sich früher oder später auf dem ganzen Erdball durchsetzen.

In Alsweiler war das erste Auto um 1903 aufgetaucht, auf Vollgummireifen rumpelte es eines Sommertages von Tholey herunter in den Ort hinein. Die Kinder bekamen schulfrei und stellten sich an die Straße, um die Ankunft des neuen Zeitalters zu begrüßen.

30 Jahre später verzeichnete das saarländische Kraftfahrzeug-Adressbuch für Alsweiler fünf angemeldete Kraftfahrzeuge: einen Lastwagen, einen Lieferwagen, einen Personenwagen und zwei Motorräder.

Nach dem Zweiten Weltkrieg wurde Heinz Schlick zum Pionier der neuen Epoche. In einem Schuppen seines Elternhauses hatte er als junger Mann mit der Reparatur von Autos begonnen. 1965 gründete er seine eigene Kfz-Werkstatt, 1970 verkaufte ihm der Gemeinderat das alte Schulhaus an der Hauptstraße nach Tholey, damit er dort eine Werkstatt nebst Tankstelle einrichten könne. Die alte Schule, 1886 erbaut, musste samt ihren Nebengebäuden und dem Schulhof weichen. Er habe sie »schweren Herzens« abgerissen, sagt Heinz, »ich bin noch heute ein bisschen traurig«. Wo früher die Klassenräume waren, stehen jetzt die neuesten Automodelle im Schaufenster. Tankstelle und Büros befinden sich dort, wo einst der Schulhof lag, auf dem vor Zeiten auch zur Kirmes ein Autoscooter aufgebaut wurde. Ein hübsches Bild der alten

Schule, gemalt von dem Alsweiler Musiker Wolfgang Trost, hat Heinz Schlick in seiner Wohnung über einer braunen Kommode aufgehängt.

Hunderte von Dorfbewohnern erwarben bei ihm ihr erstes Auto, einen VW Käfer, einen Simca-Talbot oder einen Peugeot. Und seine Tankstelle wurde zum dörflichen Depot für jenen Treibstoff der modernen Zeit, der aus den Erdölquellen des Nahen Ostens oder Nigerias und Venezuelas nach Rotterdam geschafft und dann in irgendeiner Raffinerie zu Benzin und Diesel umgewandelt und in alle Winkel des Kontinents transportiert wurde.

Parallel dazu wurden Garagen gebaut. Die Dorfstraße, bis 1930 nur geschottert und dann gepflastert, erhielt nun eine Asphaltdecke und wurde verbreitert, die Misthaufen waren bald nur noch eine ferne Erinnerung. Es setzte jene Beschleunigung ein, die ein Hauptmerkmal unserer heutigen Lebensform geworden ist. Sie war und ist mit Lärm verbunden. »Die Leute können vielfach, was ich bedauere, die Stille nicht mehr ertragen«, sagt Wolfgang Trost, studierter Kirchenmusiker und Hobbymaler, der auch den Männergesangverein dirigiert. Früher summten sonntags Bienen unter den Kastanienbäumen, auf der Hauptstraße störte kaum ein Auto das Gegacker der Hühner und das Geläut der Glocken. »Das war eine feierliche Stille, die war einfach großartig«, sagt der Musiker.

Sie wird sich nie wieder einstellen. Heute liegt über dem Dorf auch am Sonntagvormittag das Geräusch der Autos. Meine Mutter, schon über 80 Jahre alt, aber noch sehr rüstig, erzählte mir, wenn sie sonntags morgens in die Messe gehe, dann sei sie ganz allein auf der Straße. »Früher war die ganze Straße voller Leute, die zum Hochamt gingen.« Heute hingegen besuchen junge Menschen seltener den Gottesdienst, ältere lassen sich im Auto hinbringen. Wochentags spielte sich früher bei schönem Wetter das Leben zu einem guten Teil im Freien ab: Hier stand einer in der Tür, dort saß jemand auf der Bank, ein Dritter arbeitete im Garten, und viele Menschen gingen zu Fuß. Heute bleibt meine Mutter, wenn sie zum Friedhof oder zum Metzger geht, meist die einzige Person, die sich zu Fuß durchs Dorf bewegt. Das menschliche Maß, der Schritt der Füße, hat seine Geltung verloren; man rechnet in Autominuten.

Wie in Tausenden anderer Ortschaften ist auch in Alsweiler die Dorfstraße zu einem jener »Un-Orte« geworden, die der französische Anthropologe Marc Augé als Ausprägungen der gegenwärtigen »Übermoderne« analysiert hat. Schnellstraßen, Autobahnkreuze, Flughäfen, Tankstellen, Einkaufszentren oder Parkhäuser sind solche Durchgangsstationen, die keinem konkreten Raum und keiner spezifischen Kultur mehr zugehören, sondern weltweit verbreitet sind und sich alle gleichen. Sie dienen den umherhastenden Menschen zu bestimmten Zwecken und Funktionen, aber sie sind keine Orte der Begegnung mehr, wie es früher die Dorfstraße in noch höherem Maße war als die Kneipe oder der Kaufladen. Heute hält man einen kleinen Schwatz allenfalls auf dem Weg zum Parkplatz und am Eingang zum Geschäft. Bei jedem Einzelnen sinkt damit das Maß der örtlichen Information und Anteilnahme. Wir leben im Transit. Gerade auf dem Land ist der Tag angefüllt mit Bewegungen von einem Ort zum anderen, meist im Auto. Die einstige Beschaulichkeit ist endgültig dahin.

Wie sehr gerade Alsweiler vom Verkehr der Straße mitgenommen wird, hat schon vor mehr als 20 Jahren der Lehrer Richard Becker mit 14 Schülern der Realschule Marpingen untersucht. Am meistfrequentierten Punkt des Ortes zählten sie am 14. Juli 1987 tagsüber knapp 10 000 Fahrzeuge. Auf

24 Stunden umgerechnet, ergab dies fast 14 000 Autos. Seither hat der Verkehr in Deutschland allgemein um rund 60 Prozent zugenommen. Hochgerechnet ergäbe sich heute für Alsweiler also ein Verkehrsaufkommen von mehr als 22 000 Autos am Tag – in der Stoßzeit alle zwei Sekunden ein Fahrzeug. Übrigens haben die Schüler ein Jahr später erneut eine Umfrage in 298 Haushalten veranstaltet und gefragt, ob die Bewohner den Erhalt der Altbausubstanz befürworteten. 76,5 Prozent antworteten mit Ja.

Für das Forschungsprojekt Speiersch Haus war es eine gute Nachricht, als diese Zahlen im Herbst 2007 bekannt wurden. Mittlerweile waren dendrochronologische Bohrproben aus den Dachbalken genommen und untersucht worden. Demnach war das Speiersch Haus wohl im Frühjahr 1734 erbaut worden. Es war also gut 20 Jahre jünger als das benachbarte Hiwwelhaus und war wie dieses offenbar zuvor bei den verheerenden Kriegen des 17. Jahrhunderts zerstört und danach wieder aufgebaut worden. Die Erforschung ging weiter. Die Jugendfeuerwehr half, das Gebäude restlos zu entrümpeln. Und die Feuerwehr erklärte sich bereit, im Speiersch Haus ebenso wie im Hiwwelhaus einmal die alten Hausbrunnen zu öffnen und hinunterzusteigen – vielleicht würde man vergessene Schätze oder jedenfalls wichtige Hinweise auf die Geschichte der Häuser finden.

Aber erst stand noch ein Ausflug in den Bliesgau auf dem Programm, den der Verein für Heimatkunde schon lange geplant hatte. Er führte nach Wolfersheim, in einen jener wenigen Orte im Saarland, die ihre historische Bausubstanz noch in ganzen Ensembles bewahrt haben. Viele der alten Bauernhäuser im Ort sind dezent und geschmackvoll restauriert und in gedeckten historischen Farben neu gestrichen worden. Die wenig befahrene Dorfstraße hat man komplett neu gestaltet, Bürgersteige gepflastert und Plätze neu gefasst. In Beeten vor den Häusern zog man Rosen und Lavendel, nach alter Tradition wurden auch wieder Linden, Kastanien und Nussbäume gepflanzt, Letztere vor den Stalleingängen, wo sie verlässlich die Fliegen fernzuhalten pflegten. Im Ganzen ergab sich ein Bild des kleinräumigen Wohlbefindens, der produktiven Friedfertigkeit und der Harmonie, wie es einem Dorf so gut ansteht.

Bernd Brill, der zweite Bauexperte des Heimatkundevereins, hatte vor Jahren eine wissenschaftliche Untersuchung in Wolfersheim begleitet und legte jetzt beim Rundgang dar, wie alte Häuser ihren Reiz aus der beständigen Wiederholung bestimmter Muster und den dabei eingehaltenen Rhythmen entfalten. »Gestalt und Gestaltqualität hat etwas mit Ordnung zu tun«, sagte er. Wie in der Musik werde ein bestimmtes Thema mehrmals aufgegriffen und dabei variiert, sodass sich daraus eine bestimmte Spannung ergebe. Und bei den Bauernhäusern von Wolfersheim war diese alte, verborgene Schönheit durch eine fachgerechte Restaurierung wieder hervorgeholt und zur Geltung gebracht worden. »Diese Art von Häusern findet man in Alsweiler auch, wenn man die Eternitplatten aufmacht«, fügte der Architekt an.

Es besteht kein Zweifel, dass in Alsweiler wie in den meisten saarländischen Orten das alte, harmonische Dorfbild längst verloren ist, entfremdet durch gesichtslose Neubauten oder entstellende Veränderungen. Aber es gibt noch einige Partien im Dorfkern, die einen Einsatz lohnen. Und es gibt eine Reihe von Bürgern, die offen sind für Diskussionen. Ein Wandel in der Bewertung dieser Fragen macht sich bemerkbar, »das Bewusstsein ist schon da«, wie der Architekt Brill meint.

Aber es braucht auch Geld, und es braucht Diskussionen über den richtigen Weg. Für das Rawersch Haus, gleich neben dem Speiersch Haus und dem Hiwwelhaus gelegen, kam jede Hilfe zu spät. Seit Jahren hatte es leer gestanden, Teile der Wand waren herausgebrochen, Kaufinteressenten schreckten vor der Höhe der notwendigen Investitionen zurück. An einem Freitagmorgen im Oktober 2008 rückte der Bagger an. Zielstrebig rupfte er mit seiner langen Schaufel an den Dachbalken und brachte die Wände zum Einsturz. Zweihundertjährige Eichenbalken ragten aus dem Schutt hervor, sie wurden von einem Traktor an einem langen Drahtseil herausgezogen. Ein Helfer des Baggerfahrers spritzte Wasser auf das staubende Geröll. Auf einem gegenüberliegenden Hügelchen standen Nachbarn und Passanten und sahen zu. Im Dorf erregte der Vorgang kein größeres Aufsehen.

# 3  Auf den Spuren der Nerze

Eine Wanderung durch Wald und Flur und die abenteuerliche
Reise der Buchen – wie die Natur sich wandelt

Ob Armin mich an jenem Tag, als wir durch Wald und Flur
gingen, einfach nur hinhalten und foppen wollte oder ob ihm
wirklich der Name jener rätselhaften Pflanze nicht mehr ein-
fiel, kann ich auch im Nachhinein nicht sagen. Jedenfalls zupf-
te er, als wir am Hang vor dem Langwieswald auf einer leicht
verwilderten Wiese standen, von einem größeren Strauch oder
Baum eine seltsam verschrumpelte Frucht herunter und sagte
grinsend: »Was ist das? Das müsstest du eigentlich wissen.«

Das bräunliche Gebilde, das er mir erst vor die Augen hielt
und dann in die Hand drückte, hatte etwa die Größe und Form
einer kleinen Tomate und fühlte sich hart und rau an. Es zerfa-
serte am oberen Ende, eine Reihe von Zotteln ordnete sich um
eine stark zerfurchte Vertiefung, die eine gewisse Ähnlichkeit
mit einem Auge hatte. »Die werden später noch dicker und
dann teigig«, sagte Armin und schaute mich erwartungsvoll an.

Irgendwann vor vielen Jahren hatte ich so etwas schon
einmal gesehen und vielleicht auch den Namen dieser Pflanze
gekannt, aber jetzt mochte ich nicht einmal vage Vermutungen
anstellen. War es eine wilde oder seltene Obstart, konnte man
das essen oder war es ungenießbar? »Man benutzt das zum
Keltern oder für Schnaps«, sagte Armin.

Offenbar handelte es sich um eine uralte, selten gewordene Kulturpflanze, die bei den Bauern einst in hohem Ansehen stand. »Ich habe dir gesagt, dass man Schnaps davon machen kann«, sagte Armin, noch immer erwartungsvoll lächelnd. Der Name der Frucht aber, auf die wir immer wieder zurückkamen, fiel während dieses ganzen Nachmittags nicht, weil auch er selber ihn angeblich auf einmal nicht mehr erinnerte. Nur mit einem mundartlichen Ausdruck dafür rückte er am Ende nach ein paar Stunden des Lästerns und Lauerns heraus: »Hondsärsch.«

Es sollte sich dann später noch zeigen, dass diese Pflanze, deren Frucht die saarländischen Bauern also als Hundsarsch bezeichneten, durchaus ein gutes Beispiel für die Betrachtungen war, die wir an diesem durchwachsenen Augusttag anstellen wollten. Unser Ziel war, bei einem sommerlichen Streifzug durch Äcker, Wiesen und Wälder um Alsweiler zu beobachten, in welcher Weise sich der rasante Wandel der dörflichen Lebensverhältnisse in den vergangenen Jahrzehnten auf die umgebende Natur ausgewirkt hatte. Denn diese Natur war ja seit Jahrhunderten vom Menschen geprägt und bewirtschaftet worden, sie konnte gar nicht unberührt geblieben sein. Auch die Landschaft hat ihre Geschichte und ist den Metamorphosen der Neuzeit unterworfen wie das Dorf.

Ich konnte mir für eine solche Expedition keinen besseren Führer vorstellen als Armin Neis, den ich seit vielen Jahren als ewig neugierigen, ewig sammelnden und ewig mit Korrespondenzen in alle Welt befassten Natur- und Heimatforscher kannte. Schon 1980 hatte der Elektroingenieur zusammen mit Freunden eine Jugendgruppe für Natur- und Vogelschutz gegründet. Sie wuchs rasch, schloss sich dem Naturschutzbund Deutschland (NABU) an und erntete 1985 große Anerkennung für die Erstellung eines Artenschutzkonzeptes für Alsweiler,

das mit dem Sven-Simon-Preis der »Welt am Sonntag« ausge-
zeichnet wurde. So gelangten die Nachwuchsökologen aus
dem Dorf ins Axel-Springer-Haus nach Berlin und sogar in die
»Tagesschau«, in der Heimat wurden sie vom Landrat und vom
saarländischen Umweltminister empfangen. Mittlerweile war
Armin im halben Saarland als Vortragsreisender unterwegs.

Für unsere kleine Erkundung hatte er grünliche Knicker-
bocker, ein grün kariertes Hemd, robuste Wanderschuhe und
eine dunkle Mütze angezogen. Über seiner Schulter hing eine
Tasche, um den Hals ein Fernglas, der unerlässliche Begleiter
aller Vogelkundigen. Kaum dass wir das Dorf durch die Langwiesstraße verlassen hatten, sahen wir ein Reh und ein Kitz,
die recht nahe an die Siedlung herangekommen waren. Im
weiteren Verlauf der Wanderung erläuterte Armin mir immer
wieder, was sich vor unseren Augen regte und für einen Laien
nicht unbedingt auf Anhieb erkenntlich war. Die bunten Blüten, die sich hinter Eichen und Brennnesseln zeigten, waren
Mädesüß und Windröschen, anderswo stand bei Brombeer-
und Holunderbüschen die Lambertsnuss, und durch die Lüfte
näherte sich in rasantem Wellenflug ein grüner Specht.

Bald standen wir vor einer Schutthalde, auf der sich allerlei Pflanzen- und Tiergesellschaften neu angesiedelt hatten.
Eine kleine, feine Wildnis war entstanden, man nannte dies
eine Ruderalfläche, wie Armin erklärte. Hier hatten wir auch
vor Augen, was passiert, wenn Äcker oder Wiesen von den
Menschen aufgegeben werden: Erst wachsen hohe Gräser,
dann bilden sich Staudengesellschaften, und am Ende kommt
der Wald. In Alsweiler wie in vielen anderen Dörfern war
dieser Prozess in den Talauen mit bloßem Auge zu erkennen:
Büsche und Hecken machten sich breit, schossen in die Höhe,
versperrten die Sicht, eroberten die Hänge und Wiesen.

»Die Verbuschung, die ist leider Gottes da«, sagte Armin. Bennje, der Schäfer aus dem Dorf, hatte bis vor einigen Jahren regelmäßig solche Flächen mit seiner Herde abgegrast. Stauden kamen deshalb gar nicht erst auf, die Verbuschung unterblieb, aber Bennje ist im Jahr 2003 gestorben. Er war der Letzte in einer langen Reihe von Schäfern im Dorf, die seit dem Mittelalter den Bann beweidet hatten. »Das ist jetzt leider Gottes verloren«, sagte Armin, »es ist kein Nachfolger da.«

Wir gingen am Tennisheim vorbei, gegen dessen Bau die NABU-Ortsgruppe sich vergebens gewehrt hatte. Rainfarn wuchs am Weg, viele Schlehen gab es dieses Jahr, man machte früher Schnaps daraus. Im Gras piepten die Zwergmäuse, eine Wespe kreuzte auf. »Nichts machen«, sagte Armin, »nicht hauen, sonst wird die wild.« Plötzlich trat er an einen Strauch heran, riss ein paar weiße Kapseln davon ab und warf sie auf den Boden – es knallte ein wenig. »Die gehören nicht hierher«, rief Armin mit gelinder Verärgerung in der Stimme, »das nennt man eine Florenverfälschung, bei Tieren heißt es Faunenverfälschung.« Nach seiner Meinung handelte es sich um japanisches Springkraut oder chinesische Eibe, die irgendein Ignorant hierhergebracht hatte.

Ein ähnlicher Fall war die Herkulesstaude, der sogenannte Riesenbärenklau aus dem Kaukasus, dessen Samen irgendein Imker vor einigen Jahren auf einem Flurstück in Alsweiler ausgesät hatte, weil er auf gute Nahrung für seine Bienen hoffte. »Jetzt haben wir damit ein unheimliches Problem, nicht nur in Alsweiler«, sagte Armin. Auch der Kirschlorbeer, den er am Boden entdeckte, »das ist kein heimisches Gehölz«. Und er erzählte, wie er in Südbrasilien, an der Küste von Santa Catarina, am Neujahrstag einmal Lorbeerblätter erhielt – als

Glücksbringer. In Brasilien war er mehrfach gewesen, um die Spuren ausgewanderter Verwandter zu verfolgen.

Nach kurzer Zeit schon waren wir also auf unserem Gang durch Felder und Wiesen auf ein Phänomen gestoßen, das man getrost der historischen und der aktuellen Globalisierung zurechnen kann. Immer schon sind ebenso wie die Menschen und ihre Erzeugnisse auch die Pflanzen und Tiere über weite Entfernungen gewandert, und eine Vielzahl von Faktoren entschied darüber, wo sie heimisch wurden. Den Ausschlag gaben vor allem das Klima und die Nahrungsbedingungen, die sich allerdings immer wieder änderten. So wanderten schon am Ende der Eiszeit vor rund 10 000 Jahren die Feldhasen, Lerchen, Rebhühner und Wachteln aus dem Süden in unsere Breiten herauf.

Am Beginn der Neuzeit, vor 500 Jahren, setzte nach der Entdeckung Amerikas »ein globaler Austausch von Pflanzen und Tieren ein, die vordem aus geografischen Gründen weit voneinander getrennt gelebt hatten«, wie Professor Josef H. Reichholf, ein bekannter Zoologe aus München, sagt. Damals gelangten nicht nur die Kartoffel, die Tomate, der Mais, der Tabak, der Kakao, der Zucker und der Kaffee aus Südamerika nach Europa, sondern in der Gegenrichtung wurden mit den Schiffen der neuen Kolonialherren auch europäische Arten verpflanzt, etwa das Pferd, die Ziege, die Ratte und die Maus. Übrigens auch gefährliche Krankheiten wie Malaria, Pocken, Röteln und Tuberkulose, die Millionen Indios das Leben kosteten.

Die Beispiele zeigen schon, dass der globale Austausch auf beiden Kontinenten bis ins letzte Dorf reichte, und er ging in den vergangenen Jahrhunderten stetig weiter. Der Kartoffelkäfer und die Bisamratte kamen ebenfalls aus Amerika zu uns, der Fasan stammt ursprünglich aus Asien, die Rosskastanie ebenfalls, auch wenn sie vor der alten Mühle in Alsweiler steht, als habe sie immer schon hierhin gehört. Mitteleuropa ist seit Langem ein Mischgebiet.

Rund zehn Prozent aller Pflanzenarten in Deutschland sind sogenannte Neophyten, also Neuankömmlinge, und das sind rund 12 000 Arten. Sie stellen heute »eine wichtige Facette unserer heimischen Flora dar«, wie auch Professor Rüdiger Glaser, Geograf an der Universität in Freiburg, urteilt. Meist werden diese Fremdlinge als Samen unabsichtlich mit Waren oder Abfällen aus Übersee hergebracht, über Häfen, Flughäfen und Bahnhöfe zum Beispiel. Die weitere Verbreitung folgt dann oft den Strecken von Straßen, Flüssen oder Bahndämmen. Experten haben mittlerweile herausgefunden, dass die lästigen, invasiven Arten wie etwa die in ganz Deutschland verbreitete Herkulesstaude oder der Japanische Staudenknöterich Unkosten in vielfacher Millionenhöhe für ihre Beseitigung verursachen.

Wie steht es eigentlich mit dem Hondsärsch in dieser Hinsicht? Auch ein Neophyt, der nach der Entdeckung Amerikas mit irgendeinem Schiff herüberwanderte? Armin lachte wieder und bemerkte dazu nur, das Gewächs sei schon vor Jahrhunderten in unserer Region eingebürgert worden. »Ein Maulbeerbaum ist es nicht«, fügte er an, offenbar in Anspielung darauf, dass vor Zeiten im Saarland auch schon einmal chinesische Maulbeerbäume angepflanzt wurden, mit denen ein Saarbrücker Fürst im 18. Jahrhundert seine Bauern zur Zucht von Seidenraupen veranlassen wollte.

Wir waren auf unserem Gang über den Dorfbann mittlerweile an eine Stelle gekommen, wo an einem Hang oberhalb des Langwiesbaches vor etwa 1800 Jahren eine römische *villa rustica* gestanden hatte. Unser Freund Edmund Groß hat, als hier 1993 eine Ferngasleitung verlegt wurde, beobachtet, dass die Bauarbeiter eine Mauer angeschnitten hatten, und außerdem mehrere römische Dachziegel sichergestellt. Auch jetzt sah man in den Ackerfurchen immer wieder kleine Brocken von Ton auftauchen.

Im angrenzenden Fichtenwald, auf dessen Boden Sommerklee und Sternmoos wuchsen, führte Armin mich zu einem Dachsbau. »Die Füchse bauen die Höhlen, und die Dachse besetzen sie, oder umgekehrt«, erklärte er. Dieser Bau hier war »befahren«, wie das bei Fachleuten heißt, er wurde also von einer Dachsfamilie benutzt, man sah es an den Spuren im Umfeld der sechs Ausgänge. Außerdem lagen abgenagte Rotfichtenzapfen herum, die hatte wohl ein Eichhörnchen auf einem Baum genossen und dann hinabgeworfen.

Dass an dieser und einer anderen Stelle des Alsweiler Waldes noch Dachse lebten, war ein gutes Zeichen, denn das Tier ist im Bestand gefährdet und geschützt. Dachse sind seit Langem in Europa und Asien ansässig, heutzutage kaum noch beachtet. Auf dem Gebiet von Alsweiler hatten die jungen Naturschützer des NABU vor 20 Jahren auch Hermeline, Steinmarder, Rotfüchse, Siebenschläfer, Rehe und etwa 20 weitere Säugetierarten kartiert, dazu 114 Vogelarten, von denen damals 36 auf der saarländischen »Roten Liste« geführt wurden. Dazu gehörte noch nicht das Sommergoldhähnchen, das jetzt mit hohen leisen Tönen auf sich aufmerksam machte. Draußen auf dem Feld schrien Krähen. Ein vorbeiziehender Düsenjäger verursachte gellenden Lärm.

Natürlich, auch hier am Fuß des Schaumbergs braucht man nicht zu hoffen, bei einem Gang durch Wald und Flur noch auf die reine Natur zu treffen. Allenthalben ist die sogenannte

»anthropogene Überprägung« der Landschaft zu bemerken: Der Mensch hat allem seinen Stempel aufgedrückt. In Deutschland gibt es fast überhaupt kein natürliches, also gänzlich unbeeinflusstes Ambiente mehr. Nur 1,44 Prozent der Fläche gelten wenigstens noch als »naturnahe Ökosysteme«, nur 19,3 Prozent als »überwiegend halbnatürliche Ökosysteme«. Der Rest wird als naturfern eingeordnet, wenn nicht als naturfremd oder künstlich.

Von der Höhe aus fiel jetzt der Blick auf die Talaue vor dem Weiherwald. Sie war früher weit gestrecktes Weideland, jetzt aber stark mit Büschen und Sträuchern zugewachsen. Wie alle anderen Talauen in Alsweiler steht sie unter Naturschutz. Sie ist Teil eines Umweltprojekts, das die Einrichtung einer »Wasser-Wildnis« zum Ziel hat. Am saarländischen Flüsschen Ill und seinen Nebengewässern, darunter der Alsbach, werden seit 1992 Wiesen und Äcker aufgekauft oder eingetauscht, systematisch korrigierte man die Missgriffe vergangener Jahrzehnte, entfernte Ufermauern und Rohre, beseitigte Betonrinnen, machte Begradigungen rückgängig und öffnete Dämme. Die Auen sollten wieder als Überflutungsgebiete dienen und für natürlichen Schutz gegen Hochwasser sorgen. Bald kehrten verschwundene Tiere und Pflanzen in die neuen Biotope zurück, die man gezielt verwildert hatte. So entstand das größte Naturschutzgebiet des Saarlandes. 1994 siedelte man auch wieder Biber an – angestammte Ureinwohner des alten Europa, die aber verdrängt worden waren.

Im Nachbarort Berschweiler, ebenfalls ein Ortsteil von Marpingen, nutzte man ein altes Landschulheim, um ganze Schulklassen zum Abenteuerunterricht in ein neuartiges Naturerlebniszentrum zu locken. Die »Biberburg« fand auch außerhalb des Saarlandes so viel Anklang, dass deren Bildungskonzept von der UN-Organisation für Erziehung, Wissenschaft und Kultur (UNESCO) unter jene Projekte aufgenommen wurde, mit denen die Vereinten Nationen von 2005 bis 2014 ihre Weltdekade der »Bildung für nachhaltige Entwicklung« mit Leben füllen. Unversehens war das Alsbachtal ein Teil jenes weltumspannenden Aktionsprogramms »Agenda 21« geworden, mit dem 1992 in Rio de Janeiro 179 Staaten die »nachhaltige Entwicklung«, also den schonenden Umgang mit der Umwelt, propagiert hatten. Auch eine Art Globalisierung.

Aber noch viel aufregender war, was Armin mir jetzt auf unserem Gang durch die Fluren in einer Wiese am Rand des Weiherwaldes zeigen wollte. Eine Reihe von Weiden stand dort wie in einem Kreis beisammen, Salweiden, Korbweiden und Küblerweiden, wie mein *cicerone* kundig bemerkte. Beim Näherkommen waren auch Sauergräser, große Ampfer und Brennnesseln zu erblicken, außerdem Mädesüß und Knöterich. Und in der Mitte des Ensembles befand sich, von außen durch die Weiden verdeckt, ein eingefriedetes Gehege, etwa vier mal fünf Meter groß. Der Maschendrahtzaun, der es begrenzte, war ursprünglich 1,50 Meter hoch gewesen, wie Armin erzählte, man hatte ihn auf etwa 60 cm gestutzt und an einer Stelle ganz entfernt – damit die Nerze sich davonmachen konnten.

Ja, hier waren tatsächlich Nerze gehalten worden, jene possierlichen, wendigen Kleinraubtiere aus der Familie der Marder, die man in Deutschland schon lange nur noch als exotische Lieferanten kostbarer Pelze kennt. Die Felle freilich stammen überwiegend vom Amerikanischen Nerz, auch Mink genannt, der meist in großen Farmen gehalten wird. Wir aber hatten es hier mit dem Europäischen Nerz zu tun, der früher fast den ganzen Kontinent besiedelte, vom Osten Spaniens bis an den Ural und von Mittelfinnland bis ans Schwarze Meer.

Heute leben nur noch ein paar Tausend Tiere frei in isolierten Gebieten, so in Nordspanien und Westfrankreich, im rumänischen Donaudelta sowie in Weißrussland und in Russland. Auch dort sind sie bedroht.

In Deutschland wurde der letzte Europäische Nerz 1925 gefangen, im Allertal in Niedersachsen. Im Saarland gab es die Art bis vor etwa 100 Jahren. Doch war sie im Grunde schon ein Jahrhundert vorher in Mitteleuropa weitgehend ausgestorben. So sagt es jedenfalls der Münchner Zoologe Josef H. Reichholf, der übrigens an den Ufern der Ill und des Alsbachs bei der Wiederansiedlung der Biber mitgewirkt hat. Vor knapp 100 Jahren wurde dann ebenfalls aus Nordamerika der Amerikanische Nerz oder Mink in Europa eingebürgert, zur Haltung in Farmen, der Pelze wegen. Manche Tiere entflohen aus den Käfigen in die Natur – wieder eine klassische Faunenverfälschung, wie Armin sagte. Und heute ist es gerade dieser stärkere, ungnädige Verwandte, der dem Europäischen Nerz und einer ganzen Reihe weiterer Kleintiere das Leben schwer macht, indem er sie bekämpft und ihnen die Nahrung wegfrisst. Auch dieser Vorgang grenzt in manchen Einzelheiten ans Absurde: In jüngerer Zeit verbreitet sich der Mink vor allem deshalb so übermäßig, weil immer wieder selbst ernannte Tierschützer bei nächtlichen Piratenangriffen in Zuchtbetriebe eindringen und Tiere freisetzen – so geschehen beispielsweise Ende Oktober 2007 bei Grabow nördlich von Magdeburg, wo nicht weniger als 17 000 Amerikanische Nerze aus den Käfigen in die Wildnis entkamen.

Und was hatte das mit Alsweiler zu tun? Sehr viel, wie Armin mir nun erläuterte. Ein Verein namens Euronerz e.V. wollte nämlich den Europäischen Nerz wieder ansiedeln, und zwar im Illtal und seinen Seitentälern. Dort war durch die Renaturierung ideale Vorarbeit geleistet, außerdem blieb der böse Mink diesem Teil des Saarlands bisher fern. So machten sich im Frühjahr 2006 mehrere Experten an ihr gewagtes Experiment: Sie wilderten 27 Europäische Nerze aus, in Berschweiler und in Alsweiler. Ein Jahr später folgten weitere 21 Tiere, schwangere Weibchen vor allem, die zunächst in verschiedenen Gehegen gehalten wurden und dann dort ihre Jungen zur Welt brachten. Diese sollten die neue Heimat als ihr angestammtes Ursprungsgebiet begreifen.

Vor einem solchen Gehege standen wir nun im Kreis der Weiden. Ein Wasserbecken befand sich darin, ein Haufen Äste und ein Kasten, in dem die Nerze sich verstecken konnten. Die Auswilderung des *mustela lutreola* am Weiherwald von Alsweiler war geglückt. Für die kommenden Jahre waren noch weitere Operationen geplant, denn vom Saarland aus sollte sich der Europäische Nerz wieder in ganz Mitteleuropa verbreiten.

Als wir nun weitergingen, um am Eingang des Weiherwaldes ein zweites verlassenes Nerzgehege zu suchen, kamen wir am Bruchelsbach an eine Furt – auch dies eine Renaturierungsmaßnahme. Hier war das Wasser früher durch ein Rohr gelaufen. Am Rand der Furt befand sich jetzt eine hölzerne Fußgängerbrücke. Armin erzählte, er sei hier neulich auch mit seinem Freund Jairo aus São Vendelino gewesen. Dieser hatte ihn besucht, seit Jahren hielten sie schon Verbindung, nachdem eine Gruppe aus der Kreisstadt St. Wendel Kontakte zu diesem São Vendelino aufgenommen hatte, einer Stadt im südbrasilianischen Bundesstaat Rio Grande do Sul, die einst von Auswanderern aus dem Raum St. Wendel gegründet worden war. Inzwischen war eine florierende Partnerschaft ins Leben gerufen worden.

Jairo war Bienenzüchter, und Armin hatte ihn am Eingang des Weiherwaldes zu dem hier gelegenen Bienenstand des Alsweiler Imkervereins geführt, um ihm die dort gehaltenen 24 Völker zu zeigen. Jairo wollte gleich ein paar begattete Königinnen mitnehmen nach Brasilien, und Armin hatte sie für ihn schon bestellt, aber als er sich beim Kreisveterinäramt um eine Ausfuhrgenehmigung bemühte, riet man ihm schärfstens von diesem Unternehmen ab. Eine solche Vermengung der Bienen führe erfahrungsgemäß nur zu Problemen. Tatsächlich ließ sich Jairo dann überzeugen und erzählte zum guten Schluss, sein Vater, auch er ein Imker, habe vor Jahren schon einmal Bienen aus Afrika nach São Vendelino bringen lassen – sie hätten sich als Killerbienen entpuppt, und der Vater sei aus dem örtlichen Imkerverein ausgeschlossen worden.

Verrückte Welt! Da ging ich nun mit Armin die vertrauten Wege meiner Kindheit entlang, durchstreifte die Wälder und Fluren meines weltenfernen saarländischen Heimatdorfes, und pausenlos kamen wir auf Dinge zu reden, die mit dem großen weiten Globus zu tun hatten. Wir befassten uns mit afrikanischen Killerbienen und brasilianischen Imkern, mit amerikanischen Nerzen und kaukasischem Riesenbärenklau, mit der UNESCO und dem »Hondsärsch«, der ja trotz seines heimatlichen Namens offenkundig auch irgendwann einmal von irgendwoher gekommen war. Und nicht immer war es der Mensch, der diese weltweiten Verbindungen hergestellt hatte.

In der Natur, zu der der Mensch nun allerdings gehört, war Globalisierung oder jedenfalls die ständige Bewegung über ganze Kontinente hinweg nichts Neues, sondern die Normalität. Man sah es an den einfachsten Dingen. Wo kam der Wind her, der den Regen von den Ozeanen hertrieb ins Alsbachtal? Man brauchte ja nur im Fernsehen die nachgezeichneten Ver-

schiebungen auf der Wetterkarte zu betrachten, um zu begreifen, dass natürliche und politische Grenzen für die Wolken
und die Hoch- oder Tiefdruckformationen ebenso leicht über-
windbar sind wie für die Vögel und Flugzeuge. Und wo floss
das Wasser hin, das uns da in der Furt im Bruchelsbach die
Stiefel nässte? Der Bruchelsbach fließt in den Alsbach, der
Alsbach fließt durch Alsweiler, Marpingen, Berschweiler und
Dirmingen in die Ill, die Ill fließt in die Theel, die Theel in die
Prims, die Prims in die Saar, die Saar in die Mosel, die Mosel
in den Rhein, der Rhein bei Rotterdam ins Meer – und irgendwo draußen im Atlantik, bei Island oder bei den Azoren, mischt
sich vermutlich das Wasser des Bruchelsbachs mit den Was-
sern der Moldau und der Elbe, der Seine, der Themse, der
norwegischen Fjorde, des amerikanischen Mississippi, des
brasilianischen Amazonas und des afrikanischen Niger ...

So war es seit Jahrmillionen und nicht erst, seit die Menschen vor ein paar Jahrzehnten den Ausdruck »Globalisierung« erfunden hatten. Schon immer, seit es sie gab, waren
Pflanzen und Tiere je nach klimatischen Bedingungen gewandert, ebenso die Menschen. Die Zeit der Sesshaftigkeit und der
dörflichen Abgeschiedenheit, die uns aus den vergangenen
Jahrzehnten als der Normalfall erscheint, hat in der Geschichte nur eine eher kurze Phase eingenommen, und die ist jetzt
offenbar auch schon wieder vorbei.

Zentnerschwere Ballen von Heu, in Kunststoffbahnen
verpackt, säumten unseren Weg, als wir nun den Weiherwald
verließen und wieder in Richtung Schaumberg marschierten.
Vom Umspannwerk in Alsweiler führten mächtige 380-kV-
Leitungen auf mächtigen Masten über die Hügel ins Unendli-
che, Richtung Trier. Wegweiser zeigten Strecken für Moun-
tainbikes an, und auf der Höhe stand neben einer Bank ein

riesiger Stein, ein Taunusquarzit aus dem Unterdevon, entstanden vor 350 Millionen bis 400 Millionen Jahren, wie ein fürsorgliches Schild verriet.

Wir waren jetzt in der Nähe von Tholey auf der alten Römerstraße angekommen, weit konnte man von hier ins Land hinausschauen. Eine Schulklasse kam uns aus Richtung Wareswald entgegen. In diesem Wald, der nur zu einem Teil noch auf dem Territorium von Alsweiler liegt, hatten in den 1970er-Jahren, zu Zeiten des deutschen Terrorismus, einmal Mitglieder der Roten-Armee-Fraktion Schießübungen abgehalten; es wurde erst später bekannt. Jetzt stand dort ein Bauwagen, es flatterten Wimpel, denn seit dem Jahr 2002 grub man jenen gallo-römischen *vicus* aus, der hier vor zwei Jahrtausenden bestanden hatte. Mehrere Häuser und ein kleiner Mars-Tempel waren schon freigelegt, erst unlängst hatte einer der Archäologen auch am Rand des Weges ein sogenanntes Pfeilergrabmal ausgemacht, an dem wir nun vorbeikamen. Wie in Rom an der Via Appia und wie überall im europäischen Kulturkreis der alten Römer, so waren auch hier die Toten außerhalb der Siedlung an der Ausfallstraße beerdigt worden.

Während wir auf der alten Römerstraße wieder in den Wald einbogen, riss Armin nun Grünzeug am Boden aus und hielt es mir unter die Nase: »Das hier ist Wasserminze, riech mal.«

Die Wasserminze ist alteuropäisch, kommt aber auch im Kaukasus und in Nordafrika vor. Dann rupfte er einen Stängel mit gelben Blüten aus, die sich unter seinen reibenden Fingern rot verfärbten – Johanniskraut. Ist weltweit verbreitet, außer in der Wüste und im ewigen Schnee.

Kaum waren wir in die schattige Geborgenheit des Waldweges eingetaucht, begegnete uns der nächste Bote der Globalisierung, ein rötliches, schleimiges, kriechendes Biest – die Spanische Wegschnecke. Eine Nacktschnecke. Eigentlich war es ungewöhnlich, dass wir sie hier trafen, denn überwiegend findet man sie in der Nähe von Siedlungen. Auch in Alsweiler klagte jeder, der noch einen Garten bewirtschaftete, über diese neue Landplage. Zu Hunderten, ja Tausenden machen diese Schnecken sich über den Salat her, da helfen keine Bierfallen und kein abendliches Absammeln mehr. Dagmar Morsch, die Vorsitzende des Vereins für Garten- und Blumenfreunde, hatte mir erzählt, sie habe an manchen Tagen so viele Schnecken in ihrem Garten eingesammelt, dass sie bei 500 das Zählen aufgegeben habe. Eigentlich hilft da nur die indische Laufente, die diese Schnecke frisst, und tatsächlich wurden auch in Alsweiler mehrere indische Laufenten angeschafft, die nun der Plage Herr werden sollen.

Professor Reichholf hat die Invasion der Spanischen Wegschnecke detailliert beschrieben. Wie der Name schon vermuten lässt, war sie in Spanien ansässig, wo sie gegen die Hitze und Trockenheit zu kämpfen hatte und nicht besonders auffiel. Ab 1960 etwa gelangte das Tier mit den damals einsetzenden Gemüseimporten von der Iberischen Halbinsel nach Süddeutschland, wo es sich allmählich verbreitete. Dank der höheren Feuchtigkeit gedieh es bestens und vermehrte sich explosionsartig. In breiter Formation drang die Spanische Wegschnecke von Bayern und Baden-Württemberg aus bald systematisch in andere Teile Deutschlands vor. Professor Reichholf hat eine äußerst interessante Erklärung dafür, warum sie sich gerade in Städten und Dörfern besonders wohlfühlt: weil dort inzwischen so viel Rasen gepflanzt und gemäht wird, und weil die Spanische Wegschnecke das feine, nahrhafte Schnipselgras offenbar besonders gerne mag. Auf der alten Römerstraße war dergleichen nicht zu finden, unser Exemplar hatte sich offenbar verirrt.

Im Wald zwischen Alsweiler und dem Nachbarort Bliesen stießen wir, noch immer der Römerstraße folgend, auf eine Einbuchtung, an der ein altes Wegkreuz stand, »errichtet zur Ehre Gottes«, wie darauf zu lesen war. Ein Bauer namens Peter Wagner war hier 1865 beim Pflügen zu Tode gekommen, ein aufgescheuchter Vogel hatte die Pferde erschreckt, sodass sie durchgingen und den Bauern am Lederriemen mitschleiften. Die Geschichte war früher im Dorf oft erzählt worden.

Nicht weit von hier hatte damals auch noch die »dicke Eiche« gestanden, ein knorriger, verwachsener Baum, mehr als 300 Jahre soll er alt gewesen sein, der älteste weit und breit. Teilweise war er schon abgestorben, im unteren Teil auch beschädigt. 2003 wurde er bei einem schweren Sturm zerstört. Albert Rauber, der stellvertretende Ortsvorsteher, schrieb damals im Gemeindeblatt, die Eiche sei ein Wahrzeichen des Dorfes gewesen. »Wie viele Treffpunkte mag sie erlebt haben?« Man werde sie »sehr vermissen«.

Ein Baum als Freund der Menschen, eine Eiche als Individuum, das für Jahrhunderte zum Leben eines Dorfes gehörte – so empfanden es die Leute von Alsweiler über Generationen. Heute verdunstet solches Denken, auch hier in den verschatteten Buchenschlägen des Blieserwaldes gelten die Gesetze einer Holzwirtschaft, die sich über alle Kontinente spannt. Auch aus saarländischen Dörfern werden heutzutage Eichen und Buchen nach China geliefert, im Container, zurechtgeschnitten auf 11,80 Meter Einheitslänge. Deutsche Eiche – made in China. Auch den deutschen Wald hat die Globalisierung voll erfasst, bis ins letzte Dorf und bis in die letzte Fichtenschonung hinein.

Wie ein Blitz hatte es mich getroffen, als der Förster Bernhard Paul mir vom Buchenschälfurnier für China, den irischen Hurling-Schlägern und den französischen Weinfässern erzählte. Bernhard Paul, 43 Jahre alt, befasste sich als »Produktionsförster« mit der Holzwirtschaft und war auch für Alsweiler zuständig. »Wenn Sie mir vor zehn Jahren gesagt hätten, dass wir Holz nach China verkaufen, hätte ich Sie für fast verrückt erklärt«, sagte der kräftige, bärtige Mann, der zu einer grünen Hose ein hellgraues Hemd trug. Vor zehn Jahren noch verkaufte der Saarforst überwiegend an Kunden im Umkreis von 100 Kilometern, Sägewerke oder Händler im Saarland und in Rheinland-Pfalz. Von ihnen bezogen die saarländischen Zimmerleute und Häuslebauer ihre Dachbalken. Hin und wieder war ein Sägewerk bei Savernes im Elsass unter den Abnehmern, man blieb jedenfalls in der Region. Nur die Preise waren schon seit den Fünfzigerjahren von der Entwicklung auf dem Weltmarkt diktiert, schon damals spielten auch Importe aus Billiglohnländern eine Rolle.

Inzwischen aber gibt es gar kein Laubholz-Sägewerk im Saarland mehr, nur noch Nadelhölzer werden hier in Bretter zerlegt. Freilich sind jetzt auch österreichische und skandinavische Holzverarbeiter an den Fichten aus Alsweiler, Marpingen oder Tholey interessiert. »Das sind Global Player«, sagte der Förster Paul. Es sind Giganten wie der »Großsäger« Fruytier aus Belgien, einer der Marktführer in Europa, oder der finnisch-schwedische Konzern Stora Enso, das zweitgrößte Forstunternehmen der Welt mit 45 000 Mitarbeitern in 40 Ländern.

Eichen aus Alsweiler, wertvolle Stämme, sind auch schon nach Frankreich für den Bau von Weinfässern geliefert worden. »Und wenn das dann an ein Sägewerk im Limousin geht«, meinte lachend der Förster Paul, »dann heißt es: Das ist aus der guten Limousin-Eiche gemacht, egal, ob die Eiche aus Alsweiler oder aus Limoges war.« Auch Eschen aus Marpingen fanden eine Verwendung, die sich kein einsamer Waldwanderer je träumen ließe. Eine ganze Lage wurde vor ein paar Jahren nach Irland verkauft. Eschenholz ist nämlich außerordentlich zäh und eignet sich deshalb zur Produktion von Schlagstöcken für ein altes keltisches Ballspiel namens Hurling. Ähnlich wie beim Feldhockey kämpfen zwei Mannschaften mit Schlägern, die am unteren Ende besonders breit sind, um einen Lederball.

Aber was ist das schon gegen den chinesischen Markt! Alles saugt er an, was man zum Bauen oder zur Produktion von Waren aller Art benötigt: Eisen, Stahl, Kupfer, Draht, Aluminium, Kunststoff – und Holz. Die Saugkraft reicht bis nach Alsweiler in den Espenwald. Vor allem Buchen stehen hier, und nach Angaben des Försters Paul ist es etwa sechs oder sieben Jahre her, dass aus dem Espenwald eine Reihe besonders schöner Buchenstämme zur Abholzung freigegeben und auf die jährliche Wertholzversteigerung des Saarforstes am Hofgut Menschenhaus bei Neunkirchen gebracht wurde. Dort wurden diese Stämme von Händlern fast komplett für den Export nach China erworben; einiges ging auch in andere asiatische Staaten. Buchenschälholz heißen solche Partien; mit chinesischen Patentverfahren kann man davon ein besonders dünnes Endlosfurnier herunterschälen, wie der Förster Paul sagt. »Dasselbe Holz kommt nachher zu Ihnen zurück in verarbeiteter Form, und dann kaufen Sie in China veredelte Buche aus Alsweiler hier irgendwo im Baumarkt ein.« Zum Beispiel in Form eines Möbelstücks.

Wie aber kommt die Buche aus dem Espenwald nach China? Ganz einfach: mit dem Container. Auch am Rand des Espenwaldes stellt man Container auf, »das ist der Normalfall«, sagt der Förster. 12,19 Meter lang sind die genormten Behälter im Innenmaß, und maximal nur 11,80 Meter dürfen deshalb die Stämme messen, die darin verladen werden. Später geht es von hier mit dem Lkw auf den Zug, dann aufs Schiff. Das Holz nimmt den Weg des Wassers.

Der Waldweg, den ich jetzt im Espenwald mit Armin von der hoch gelegenen Römerstraße her bergab ging, war ein naturkundlicher Lehrpfad, den die NABU-Ortsgruppe angelegt hatte. Am Wegrand standen hin und wieder Schautafeln, auf denen die heimische Flora und Fauna erläutert wurden, mal die Greifvögel und Eulen, dann die Ringelnattern und Molche oder die Pilze. »Mit Pilzen muss man heute sehr aufpassen«, sagte Armin. Es gebe nämlich eingewanderte Pilzarten, die giftig seien – und leider von bestimmten genießbaren einheimischen Arten kaum zu unterscheiden. Die Parasolpilze seien eine solche Spezies – sie kommen in allen Erdteilen vor.

Schon wieder der Globaleffekt! Man entkam dem Thema nicht, wenn man sich die alltäglichsten Dinge nur einmal intensiv betrachtete. Und das gerade hier im dörflichen Wald! Was war denn bodenständiger als ein alter Baum? Und was war deutscher als der deutsche Wald? Oder war diese Vorstellung nur eine schaumige, überholte Schimäre aus der deutschen Romantik, die wesentliche Fakten der Naturgeschichte ignorierte? Schließlich hat es ja einmal in Europa diverse Eiszeiten gegeben, die letzte erreichte vor 20 000 Jahren ihr sogenanntes Kältemaximum und endete erst vor etwa 10 000 Jahren. Damals war Mitteleuropa eine Tundra-Landschaft, erst bei steigenden Temperaturen wanderten allmählich jene Baumarten zu, die unsere heutigen Wälder bilden. Zunächst kamen Birke und Kiefer, später auch Hasel und Fichte, es folgten

Eiche, Ulme, Esche und Linde, und erst vor etwa 5 000 Jahren begann sich die bis heute dominierende Rot- und Hainbuche zu verbreiten.

Stets gab das Klima den Ausschlag dafür, ob irgendwo aus einem vom Wind hergewehten Samen ein Pflänzchen sprießen und neue Generationen erzeugen konnte. Genauso ist es auch heute, und gerade der derzeitige Klimawandel lässt schon jetzt auch eine Änderung der Vegetation erkennen. Die Erwärmung führt zu Wanderungsbewegungen: Mancher altbekannte Insasse unserer Umwelt verzieht sich, andere Pflanzen siedeln aus wärmeren Regionen zu uns über. Neuerdings sind im Saarland zum Beispiel wärmeliebende Schmetterlinge anzutreffen, die man früher nur aus Süddeutschland, dem Elsass und der Bourgogne kannte. Aus Südfrankreich und Südspanien wanderte der Orpheusspötter zu, eine Vogelart. Aus dem Elsass und dem Mittelmeergebiet kam das Einfache Leinkraut. »Letztlich ist nicht auszuschließen, dass – bei weiter steigenden Emissionen von Treibhausgasen – künftige Generationen an den Hängen des Bliestales nicht mehr auf Streuobstwiesen ihren Sonntagsspaziergang machen, sondern im Schatten von Olivenhainen«, meint Professor Olaf Kühne, Geograf und Direktor des Instituts für Landeskunde im Saarland.

Altvertraute Baumarten werden dagegen verschwinden, weil sie nicht mehr genug Wasser finden, so zum Beispiel die Fichte. »Die Fichte ist jetzt schon an vielen Standorten an ihren Grenzen angelangt«, sagt Bernhard Paul, der Förster. Nach seinen Worten könnten dafür dann die Pflaumeiche, die bisher nur an sehr trockenen Plätzen im Saarland eine Chance hat, oder die mit verunreinigtem Saatgut vom Balkan eingeschleppte Zerreiche sich breitmachen, denn die mögen das wärmere Klima sehr.

Die Ulme ist schon am Verschwinden; Armin kennt in Alsweiler keinen einzigen Standort mehr. Schon lange ist die Art gefährdet durch das »holländische Ulmensterben«. Über niederländische Häfen gelangte im Ersten Weltkrieg aus Nordamerika ein Pilz nach Europa, dessen Sporen sich an den Körper des einheimischen Ulmensplintkäfers heften. Und wenn dieser eigentlich harmlose Zeitgenosse sich dann zum sogenannten Reifungsfraß in die Krone einer Ulme begibt, greift dort der Pilz die Ulme an, die daraufhin alle Gefäße verschließt und sich so gewissermaßen selber das Wasser abdreht. Seit Jahrzehnten geht deshalb der Bestand an Ulmen zurück, in ganz Deutschland.

Auch die Zunahme sehr lästiger Allergien ist ein Thema, das in diesen Zusammenhang gehört. Aus Nordafrika und Südeuropa ist seit dem trockenen Sommer 2003 im Saarland der Schwammspinner im Anflug, ein Schmetterling, der sich in Eichenkronen wohlfühlt. Seine Raupe vegetiert in einem Gespinst, dessen Fäden vom Wind fortgetragen werden und bei Menschen extrem allergische, ja schockartige Reaktionen auslösen können. Im Saarland rückt deshalb, wenn in der Nähe eines Altersheims oder einer Kindertagesstätte ein solches Schwammspinner-Gespinst gesichtet wird, ein »Dienstleistungsförster« im Vollkörperschutz mit einem Gasbrenner an, um die Gespinste abzuflammen. »Das ist eine Art, die ich früher gar nicht gekannt habe«, sagt Bernhard Paul.

Und der »Hondsärsch«, den ich da weiter in meiner Tasche mit mir trug? Löst er auch Allergien aus oder ist er harmlos? Armin lachte weiterhin geheimnisvoll und ließ sich nichts Neues entlocken. Vor uns lag wieder ein Tal, dessen Grünland über und über mit dicken Büschen und Sträuchern besetzt war. Sollte man traurig sein darüber, dass hier die Arbeit von Generationen, die dieses Land kultiviert hatten, mehr oder weniger in der Verwahrlosung unterging? Oder holte sich nur die Natur mit gutem Recht zurück, was der Mensch ihr vor Langem entrissen hatte? »Wir leben in einer Kulturlandschaft und nicht in einer Naturlandschaft«, sagte Armin im Weiterwandern. »Dahin geht's nicht zurück, weil wir auch nie wieder auf die Bäume gehen.«

Über einen verwildernden Acker steuerten wir nun den Alsbach an, wo Armin mir noch etwas Besonderes zeigen wollte. Eine Brücke führte über den Wasserlauf, und darunter hatte er vor einiger Zeit einen Kasten befestigt – das Nest einer Wasseramsel befand sich darin. *Cinclus cinclus*, ein äußerst wendiges Vögelchen, das schwanzwippend über Steine balanciert und auf dem Gewässergrund hin und her laufen kann, um dort Insekten, Krebse, Würmer oder kleine Fische zu erhaschen. Hierzulande ist die Wasseramsel der einzige schwimmende und tauchende Singvogel, in ganz Deutschland bestandsbedroht, aber »wir haben den Bestand schon gut gestützt«, sagte Armin.

Es war ein kleiner Sieg gegen die Globalisierung, denn Globalisierung ist ja auch dies: dass durch die Eingriffe des Menschen in ökologische Kreisläufe die in einer bestimmten Region seit Langem heimischen Tiere und Pflanzen vertrieben werden und in weit entfernte Gebiete abwandern oder gar aussterben drohen, wie es beim Nerz der Fall war. Die Wasseramsel wurde gefährdet, weil man die Bachläufe verrohrte und ihr die Plätze nahm, wo sie früher ihre Nester gebaut hatte.

Ein anderes Beispiel war der Wanderfalke, der am weitesten verbreitete Vogel der Erde. Früher kam er überall vor, außer in der Antarktis, in Neuseeland und auf ein paar Karibik-Inseln, aber aus manchen Gebieten zog er sich zurück. Auch aus dem Kreis St. Wendel war er verschwunden, 2006 hat dort erstmals seit Menschengedenken wieder ein Wanderfalke gebrütet. Armin und seine Freunde hatten in waghalsigem Einsatz zusammen mit Bediensteten der Autobahnmeisterei ein paar schwere Edelstahlkisten unter Autobahnbrücken angebracht, wo sie Unterschlupf fanden.

Wir ließen die Wasseramsel hinter uns, in Sichtweite des Dorfes lag jetzt das Schützenhaus vor uns. Armin vergaß, ehe wir uns im Gastraum an den Tresen hockten und etwas zum Trinken bestellten, nicht zu erwähnen, dass das Schützenhaus über eine Biokläranlage verfüge. Nur über den »Hondsärsch« sagte er nichts, mehr als den mundartlichen Namen gab er nicht preis, weder hier beim kurzen Abschlusstrunk noch auf dem Weg zurück ins Dorf.

Ein paar Tage später schickte er mir eine E-Mail: »Die bis zu 8 cm im Durchmesser werdende Frucht heißt mit deutschem Namen Mispel und mit dem lat. bzw. wissenschaftlichen Namen *mespilus germanica*.« Eine Mispel also war es, die ich auf dieser Wanderung mitgeschleppt hatte. Ein schneller Blick ins enzyklopädische Lexikon belehrte mich, dass dieser »Hondsärsch« in Vorderasien heimisch war, aber schon um 700 vor Christus in Griechenland auftauchte, 500 Jahre später auch in Italien und Südfrankreich. Es handelte sich um eine Art wildes Obst; in unsere Breiten war es offenkundig von den Römern mitgebracht worden. Vor zirka 2000 Jahren. Tatsächlich hatte ja der Mispelstrauch nicht weit von jenem Platz gestanden, wo sich einst das römische Landgut befand.

Aber das war vielleicht nur einer jener vielen Zufälle, die uns auf dieser Weltumrundung durch die heimischen Wälder und Auen begegnet waren. Den »Hondsärsch« habe ich mir aufgehoben.

# 4   Hoffmanns Erzählungen

Ein Schinken im Rauchfang und ein Satellit am Himmel –
die bizarren Krisen der Landwirtschaft

Rosi kam, als ich geklingelt hatte, mit schnellen Schritten
von innen an die Haustür heran, zog sie auf und sagte:»Der
Adolf ist nicht da. Der Schildhammer hat angerufen, sie machen sofort die Frucht ab.« Es hing Regen am Himmel, vom
Schaumberg her näherte sich ein schwarzer Schauer, da durfte ein Bauer nicht lange fackeln. Adolf war deshalb, als der
Anruf kam, gleich losgefahren mit dem Traktor und dem
Anhänger.»Er ist auf der Hääd, der Schildhammer fährt ihm
mit dem Mähdrescher das Stück, das wir dort auf der Winter-
bacher Seite bei den Kastanien haben«, sagte Rosi.

Franz Schildhammer war einer der letzten Vollerwerbs-
landwirte im Dorf und lebte mit seiner Frau Annemarie und
deren Schwester Dorothea auf einem Aussiedlerhof auf der
Hääd, der großen Kuppe zwischen Alsweiler und Winterbach.
Das Gehöft nannte sich Marienhof. Es lag zwar nicht mehr auf
dem Territorium von Alsweiler, aber die meisten der zugehö-
rigen Felder, rund 40 von 60 Hektar, befanden sich auf der
Alsweiler Seite. Und Adolf Hoffmann, der als Hobbylandwirt im Rentenalter noch wie in alten Zeiten ein paar Felder
und Wiesen bestellte und Haustiere hielt, arbeitete regelmäßig
mit den Schildhammers zusammen. Man verstand sich, man

half sich, man scherzte, wenn man sich traf. Adolf pflegte sein
ganzes Leben lang in jeder Lage zu scherzen, und so hielt er
es jetzt auch mit 75 Jahren. Er war noch rüstig und kregel, die
Arbeit in der Landwirtschaft machte ihm elementaren Spaß.
»Das ist alles nur noch Hobby«, pflegte er zu sagen, »keine
Arbeit.«

Ich bestieg das Auto und durchquerte den Ort in Richtung
St. Wendel. Droben auf der Kuppe sah ich einen riesigen Mähdrescher an der Arbeit, allerdings nicht an der von Rosi bezeichneten Stelle, sondern in einem nahe gelegenen Feld. Es
war Franz Schildhammer, der erst noch einen eigenen Acker
aberntete. Er tat es mit einer Geschwindigkeit, die auf diesem
freien, sonst nur von den Fahrgeräuschen der nahen Straße und
dem Trällern der Feldlerchen beschallten Gelände die aufge-
wühlte Atmosphäre eines Autorennens erzeugte. Immer wieder
heulte der Motor auf, wenn Schildhammer auf seinem Fahrer-
sitz Gas gab, und im Nu legte das rüttelnde, schüttelnde Unge-
tüm ganze Bahnen von Getreide flach. Hinter sich ließ es nur
die kurzen Stoppeln zurück, auf die das gehäckselte Stroh nie-
derging. Wolken kleinster Spreupartikel tanzten darüber hin.
Das Erntegut verschwand, kaum dass es niedergewalzt war,
im Nichts. In Tausenden Teilen wurde es von ratternden Mes-
serbalken und rotierenden Förderschnecken, von Transport-
bändern, Dreschwerken, Schüttlern und Sieben in Sekundenschnelle befördert und bearbeitet. Und tief im Inneren dieser
vibrierenden Einmannfabrik füllte sich ein blechummanteltes
Reservoir mit Weizenkörnern.

Als ich hinter der Kuppe an das von Rosi beschriebene
Weizenfeld kam, hatte Adolf gerade den Traktor so in Position
gebracht, dass Schildhammer auf dem Anhänger mit einem
blechernen Rüssel die geernteten Weizenkörner würde ablas-

sen können. Adolf war besorgt wegen des drohenden Regens. »Ich hätte eine Plane mitnehmen sollen. Sonst wird das Korn nachher nass, wenn wir es heimfahren.« Kurz entschlossen bat er mich, ihn im Auto zurück ins Dorf zu bringen, damit wir aus seiner Scheune eine Abdeckung herbringen könnten. Wir sputeten uns, die Operation dauerte nicht länger als eine Viertelstunde. Doch als wir zurückkehrten, war das ganze Feld schon abgemäht, auf Adolfs Anhänger häufte sich der Weizen. Schildhammer war in unserer Abwesenheit mit seinem Mähdrescher da gewesen und war jetzt schon in der Nähe auf dem nächsten Feld zugange.

Wir fuhren zurück ins Dorf, stellten den Anhänger mit dem Weizen in Adolfs Scheune und hockten uns im Garten in eine mit Pflanzen umrankte Laube, die Adolf an der Scheunenwand eingerichtet hatte. Hier pflegte er mit Rosi, wenn nur das Wetter es zuließ, die Abende zu verbringen. Aufs Fernsehen waren die beiden nicht erpicht, sie schauten lieber über ihre Blumen, Kräuter und Gemüsepflanzen auf den Talgrund und die gegenüberliegenden Häuser. In dieser idyllischen Laube wollte Adolf mir einen alten Bauernkalender und alte Geldscheine aus der Zeit der Inflation von 1923 zeigen, die sein Vater ihm vermacht hatte. Und er erzählte Geschichten aus dieser Zeit.

Welch ein Epochensprung! Es war noch keine zwei Stunden her, dass wir die rasende Schnelligkeit des modernen Mähdreschers erlebt hatten. Franz Schildhammer hatte vorgeführt, dass ein Mensch in weniger als einer Viertelstunde ein ganzes Getreidefeld abernten und ausdreschen kann, geleitet von Laserstrahlen, die auf dem Schneidwerk in einem besonderen Gehäuse erzeugt werden, oder von einem vollautomatischen GPS-Funksystem, das mit einem Satelliten in Verbindung steht. Wir hatten uns von den futuristischen Zaubertricks des *precision farming* verblüffen lassen und tauchten jetzt im Anblick der alten Banknoten ein in eine Zeit, in der der gleiche Vorgang mehrere Wochen gedauert und den Einsatz vieler Arbeitskräfte erfordert hatte.

Die Mechanisierung der Landwirtschaft war zwar nach dem Ersten Weltkrieg nichts Neues mehr, auch in Alsweiler gab es schon eine Dreschmaschine. Aber immer noch war die Getreideernte ein zeit- und kraftraubender Prozess. Mit breiten Sensen, auf die ein hölzernes Gestell zum Auffangen der Halme aufgesetzt war, mähten die Schnitter vom Morgengrauen bis zum Mittagsläuten. Im Gürtel trugen sie das Schlotterfass, mit Wasser gefüllt, der Wetzstein klapperte darin. Frauen, die sich mit hellen Kopftüchern gegen Staub und Hitze schützten, nahmen die Halme in dicken Bündeln mit den Armen auf und banden sie mit gedrehten Strohstricken zu Garben. Diese Garben stellte man so zusammen, dass sie ein Häuschen bildeten, in denen die Kinder Versteck spielten. »Korekäschde« nannte man sie im Saarland, wochenlang standen sie im Sommer in langen Reihen auf den Feldern.

War das Getreide trocken, so wurde es ins Haus geholt. Man drosch es mit hölzernen Flegeln auf der Tenne aus den Ähren heraus, den Rest warf man in die Luft, damit der Wind die Spreu davontrage. Später stellten sich die Bauern eine Dreschmaschine in die Scheune; mancher Windmacher und manches Rüttelsieb haben sich bis heute staubbedeckt erhalten.

Schon lange sind sie aus dem Alltag verschwunden. Wenige Lebensbereiche haben in den vergangenen Jahrzehnten einen so grundlegenden Umbruch mitgemacht wie die Landwirtschaft, die doch in jedem Dorf Europas für Jahrhunderte die Basis allen Wirtschaftens war. Der Übergang vom

Nomadentum zur Sesshaftigkeit, die Ablösung des Jagens und Sammelns durch Ackerbau und Viehzucht war einst, vor 10 000 Jahren, in Mesopotamien der Ursprung der Agrikultur und des Dorfes. Um 1850 ermöglichte es die Erfindung des Kunstdüngers, die Erträge rasant zu steigern, und führte die Landwirtschaft auf eine neue Ebene. Und eine weitere Revolution vollzog sich in der zweiten Hälfte des 20. Jahrhunderts, also in den Jahrzehnten, in denen Adolf und Rosi ihre besten Jahre verlebten. Experten bezeichnen diesen Einschnitt als »Entagrarisierung« – dank neuer Technik konnten immer mehr landwirtschaftliche Produkte von immer weniger Menschen erzeugt werden. Immer mehr Höfe wurden aufgegeben, immer mehr alte Bauernhäuser umgebaut, immer mehr Dörfer wandelten sich.

Im Saarland fand auch eine Flurbereinigung statt, man legte kleine Grundstücke zu großen Flächen zusammen und siedelte die verbliebenen Höfe aus der Dorfmitte in die freie Feldflur aus. Der Marienhof der Schildhammers war ein solcher Betrieb. Neben den Vollerwerbsbauern blieben in Alsweiler ein halbes Dutzend Hobbylandwirte übrig, Leute wie Rosi und Adolf, die aus Freude am Pflanzen und Ernten von der alten Art der Selbstversorgung nicht abgehen wollten. Sie ernährten sich aus Feld und Garten, sie hielten Hühner und Kaninchen, zudem zwei Schweine, denen sie die Kartoffelschalen hinwarfen. Auf dem Speicher betrieben sie das Rauchhäuschen weiter, im Keller verwahrte Adolf ansehnliche Vorräte von Schinken, eingemachten Früchten und selbst gebranntem Schnaps.

Er genoss es, in verwunderte oder sehnsüchtige Augen zu blicken, wenn er im Wirtshaus beim Frühschoppen nach der Sonntagsmesse vor dem Aufbruch wie beiläufig erwähnte, er werde jetzt ein von Rosi zubereitetes Kaninchen aus eigener Schlachtung essen, dazu Salat aus dem eigenen Garten und Kartoffeln vom eigenen Feld. Denn dass diese Naturprodukte besser waren als das, was es im Supermarkt zu kaufen gab, dessen waren sich alle im Dorf bewusst. »Es ist ein Unterschied, du kannst es mir glauben«, versicherte Adolf mir lachend.

Er gehörte zu den Menschen, die vor Nahrungsmitteln Ehrfurcht empfinden. Keine Möhrenschale und keine Brotrinde wurden weggeworfen, man hob sie auf für das Vieh. 1930 geboren, war er in einer Zeit herangewachsen, in der manche Dorfbewohner noch Hunger litten, und in der man extrem sparte. Elektrisches Licht wurde nur in Ausnahmefällen am Abend benutzt. Adolf und sein Bruder mussten bei einbrechender Dunkelheit schlafen gehen. In der Küche sperrte man das Ofentürchen auf, damit das Feuer und die Glut den Raum nicht nur erwärmten, sondern auch erhellten. Im Advent und in der Fastenzeit kniete man davor an einem Stuhl nieder und betete den Rosenkranz. Einmal kam Beckersch Michel, der »Lichtmann« der Vereinigten Saarländischen Elektrizitätsgesellschaft (VSE), zum Ablesen des Zählers vorbei und wollte gar nicht glauben, dass im Hause Hoffmann so wenig Strom verbraucht worden war. Die Mutter musste verschiedene Lampen in verschiedenen Räumen anknipsen, damit »der Lichtmann« am Drehen der Zählerscheibe sehen konnte, ob das Gerät überhaupt funktionierte.

Die Kühe tränkte man, um Wassergeld zu sparen, am Bach, der noch in einer Furt die Dorfstraße kreuzte. Und Adolfs Vater brachte auch heraus, dass die Wasseruhr im Keller allerkleinste Mengen nicht messen konnte. So stellte er tagsüber einen Eimer unter den Hahn, den er nur so weit aufdrehte, dass die abgehenden Tropfen nicht mehr von der Uhr erfasst wurden – das Wasser fürs Vieh gab's also größtenteils umsonst.

An jenem Abend in der Gartenlaube, als wir den Weizen heimgeholt hatten, befassten wir uns mit dieser Zeit. Adolf packte die alten Geldscheine wieder in die Zigarrenkiste und nahm den Bauernkalender seines Vaters aus dem Jahr 1944 zur Hand. Lachend las er vor, was dort über den bäuerlichen Alltag festgehalten war. »Schwarze Kuh Minett gestiert«, hatte der Alte notiert. Und weiter vermerkt, welche Aktivitäten er Woche für Woche entfaltet hatte: säen, ernten, Bäume schneiden, Holz im Wald holen, Heu einfahren, die Geiß zum Bock bringen. Unter dem 30. November 1944 hieß es kryptisch: »Über die Kohlen gelaufen.« Wie Adolf erzählte, war dies eine verschlüsselte Nachricht darüber, dass an diesem Tag ein Schwein schwarz geschlachtet worden war.

Wie weit lag dies doch entfernt von dem, was heute ein Landwirt zu tun und zu beachten hat! Über Satellit lässt er mithilfe des Global Positioning System (GPS) die Position seines Mähdreschers bestimmen, und automatisch bemisst die Maschine dann ihre Fahrbahnen auf dem Feld. Und während noch vor einem halben Jahrhundert die meisten Bauern in Alsweiler ihre Erzeugnisse in der eigenen Verwandtschaft, im eigenen Dorf und der Region absetzten, ist heute jeder Landwirt eingebunden in ein internationales System der Vermarktung, der Abhängigkeiten und Kontrollen. Schon ehe die derzeitige Welle der Globalisierung die menschliche Ernährung weltweit veränderte, erlebte die Landwirtschaft in Europa auch eine politische Umwälzung mit teils fatalen Folgen. Das Ende des Zweiten Weltkriegs 1945 führte zu einer Neuordnung des Kontinents, und die Gründung der Europäischen Wirtschaftsgemeinschaft (EWG) im Jahr 1957 machte die Landwirtschaft zum bevorzugten Exerzierfeld der westeuropäischen Einigungsbemühungen. Brüssel wurde der Ort, an dem über das Wohl und Wehe von Millionen Bauern in Zigtausenden europäischen Dörfern entschieden wurde. Und Europas Landwirtschaft wurde ein gigantisches Agro-Business, das Milliarden an Steuergeldern verschlang und die Bauern ebenso wie die Verbraucher zu ferngesteuerten Objekten einer allumfassenden Regulierungswut machte. Heutzutage umfasst das gültige Agrarrecht der EU nicht weniger als 20 000 Textseiten.

Am Ausgangspunkt hatte die Sache noch ihre Logik und Berechtigung. Europas Landwirtschaft lag nach dem Krieg schwer danieder. Die EWG-Gründerstaaten Belgien, Niederlande, Luxemburg, Frankreich, Italien und die Bundesrepublik Deutschland wollten ihren Bürgern die Versorgung mit Lebensmitteln und ihren Landwirten ein passables Einkommen sichern. Außerdem sollte die notwendige Modernisierung gefördert werden, und zwar in großem Stil.

Die Eigensucht mancher Beteiligter, etwa der rabiaten französischen Bauern, sowie der Druck der Industrie- und Verbandslobby und die Hemmnisse der europäischen Entscheidungsprozesse führten jedoch zu absurden Verzerrungen. Erst reizte man mit Milliardensubventionen die Produktion an und schuf 22 verschiedene Marktordnungen für 22 verschiedene Produkte, so Milch, Fleisch, Eier, Gemüse, Hopfen oder Wein. Nach einiger Zeit stand man indes vor riesigen Überschüssen, den berüchtigten Milch- und Weinseen, den Getreide- und Butterbergen. Mit Milliardenaufwand wurden sie in Kühl- und Lagerhäusern aufbewahrt oder verramscht und vernichtet.

Gegen alle Regeln der Marktwirtschaft hielt man so die Preise künstlich hoch, erheblich über dem Niveau des Weltmarkts, auf dem die EWG-Bauern nicht konkurrenzfähig waren. Importe von außerhalb wurden mit einer Art Schutzzoll belegt, sodass Entwicklungsländer ihre Waren in der EWG und der später daraus hervorgegangenen EG beziehungsweise der EU kaum loswurden. Gleichzeitig führte man, um die Überschüsse abzubauen, Lebensmittel in andere Länder aus, häufig in die Dritte Welt. Die Exportfirmen kassierten dafür sogar Subventionen und boten dann im Zielland niedrigere Preise an – mit dem Effekt, dass dort die einheimischen Bauern in den Ruin getrieben wurden. Auf der Karibik-Insel Jamaika zum Beispiel brach so die Milchwirtschaft zusammen, im Kongo verdrängte eine Trockenmilch der Firma Nestlé die einheimischen Produkte. Im Senegal mussten 2002 rund 40 Prozent der Hühnerzüchter einpacken, weil sie gegen Billighühnchen aus der EU nicht mehr ankamen. In gleicher Weise wurden die senegalesischen Gemüsebauern von holländischen Zwiebeln und italienischem Tomatenmark überrollt. Brüssels Direktiven brachten also auch in den Dörfern Afrikas die hergebrachte Lebensweise an ihr Ende.

Ein seltsamer Schlamassel entstand auch innerhalb der EU. Da die Förderung starr an die erzeugten Mengen geknüpft war, waren Großproduzenten im Vorteil. 20 Prozent der Betriebe strichen 80 Prozent der Brüsseler Subventionen ein. Zu den Großempfängern gehörten in England die Queen, Prinz Charles und andere Herrschaften von altem Adel sowie Weltkonzerne wie Nestlé. In Deutschland kassierten, wie die Zeitschrift »Stern« 2007 berichtete, unter anderem Molkerei- und Lebensmittelunternehmen oder Golf- und Reitklubs.

Das Nachsehen hatten und haben die normalen Bauern, die über Jahre hin ums Überleben kämpften und beispielsweise ihre Milch bei Molkereien und Supermarktketten wie Aldi und Lidl zeitweise nur noch zu Knebelpreisen loswurden. Nach Angaben der Initiative für Transparenz bei den EU-Agrarsubventionen vom März 2008 erhielten in Deutschland 70 Prozent der landwirtschaftlichen Betriebe bis zu 10 000 Euro Unterstützung im Jahr von der EU und 0,5 Prozent mehr als 300 000 Euro. Die meisten kleineren Landwirte wären ohne diese Unterstützung in ihrer Existenz gefährdet gewesen, weil der Ertrag, den sie bei den Händlern erzielen, gemessen an den Kosten, viel zu niedrig war. Immer stärker geriet so jeder einzelne Bauer in jedem einzelnen Dorf in die Abhängigkeit von einer gigantischen, den halben Kontinent umfassenden Bürokratie, die ihrerseits immer wieder durch die Entwicklung auf dem Weltmarkt getrieben wurde.

Erst in jüngerer Zeit haben steigende Preise für Milch, Getreide und Fleisch die Lage der Bauern zeitweise verbessert – doch nur so lange, bis die ebenfalls steigenden Kosten für Diesel, Strom und Futtermittel den Gewinn wieder auffraßen. Auch dies war ein Effekt der Globalisierung. Der Grund für den Umschwung war nämlich eine erhöhte Nachfrage aus China, Indien und anderen asiatischen Ländern. Dort führte das immense Wirtschaftswachstum dazu, dass sich eine neue Mittelschicht mit bescheidenem Wohlstand herausbildete. Die Angehörigen dieser Mittelschicht wollten nun mehr Milch trinken und auch mehr Fleisch essen, unter anderem die Hähnchen von Kentucky Fried Chicken und die Frikadellen von McDonald's.

Gleichzeitig wirkte sich allmählich aus, dass die EU seit 1992 die gröbsten Übelstände korrigiert und 2003 eine grundlegende Wende in der gemeinsamen Agrarpolitik verkündet hatte. Überschüsse wurden abgebaut, etwa durch Prämien für die Stilllegung von Flächen oder durch die Einführung von

Höchstquoten für Milch, die jeder einzelne Bauer je nach Größe seines Betriebs einzuhalten hat und die erst im Jahr 2015 wegfallen sollen. Die Zahlungen wurden neu geordnet und auf direkte Betriebsprämien an die einzelnen Landwirte umgestellt. Außerdem gab es Auflagen für Umwelt- und Tierschutz, und auch die Entwicklung des ländlichen Raums spielte bei der Förderung jetzt eine wichtige Rolle. Die EU-Agrarausgaben wurden im Ganzen drastisch gesenkt.

Nach wie vor bleiben die Bauern, auch die Inhaber des Marienhofs auf der »Hääd« bei Alsweiler, natürlich eingebunden in ein einheitliches internationales Netz, das durch die Erweiterung der Europäischen Union auf 27 Mitgliedsländer ausgedehnt wurde. Und gerade in der Landwirtschaft wird der Rahmen heutzutage bis ins letzte Dorf vom Weltmarkt vorgegeben, auf dem die amerikanische Agroindustrie eine entscheidende Rolle spielt. Diese wird von der Regierung in Washington, allen Sonntagsreden über Freiheit und Marktwirtschaft zum Trotz, zum Teil noch stärker subventioniert als die europäische – mit grausamen Folgen für die Dritte Welt. Obwohl zum Beispiel die US-Farmer mit ihren gigantischen Maschinen die Baumwolle teurer produzieren als alle anderen auf der Welt, konkurrieren sie dank der Milliardenhilfe ihres Präsidenten die armen, allein auf ihrer Hände Arbeit angewiesenen Baumwollbauern im afrikanischen Burkina Faso in den Ruin. Die Preise auf dem Weltmarkt sind ins Bodenlose gefallen. Und in mexikanischen Bergdörfern war eine Zeit lang der subventionierte Mais aus den USA billiger zu haben als der, den die Bewohner bisher traditionell von den Bauern im eigenen Dorf erworben hatten. Unverschuldet und unverhofft standen solche Maisbauern vor dem Bankrott – auch das kann ein Effekt der Globalisierung sein. Später kehrten sich die Verhältnisse in aberwitziger Weise um: Mais wurde massenhaft für die Erzeugung von Biosprit eingesetzt, die Nachfrage stieg gewaltig an, und Anfang 2008 verdoppelten sich in Mexiko die Preise für die Tortillas, die beliebten Maisfladen, die dort das wichtigste Lebensmittel sind.

Jahrhundertealte Gewissheiten und Gewohnheiten werden durch solche Perversionen umgestülpt, in allen Dörfern der Welt. Auch in Alsweiler richtet sich der Preis für Mais oder Weizen nach dem, was rund um den Globus geschieht. Moderne heutige Landwirte wie Annemarie und Franz Schildhammer verfolgen die Entwicklung deshalb am Internet und in den Fachzeitschriften. Der Anstieg der Preise hat auch Spekulanten angelockt. Große internationale Hedgefonds, deren Verwalter im Auftrag ihrer Anleger stets Ausschau halten nach gewinnträchtigen Handelsobjekten, stiegen an den Warenterminbörsen in Chicago und anderswo in den Handel mit sogenannten *primary food commodities* (unbearbeitete Nahrungsmittel wie Weizen oder Früchte) ein, deren Preise sich prompt zwischen 2006 und 2007 verfünffachten. Endgültig hatte sich im weltweiten System der Vermarktung der Preis der Ware um Lichtjahre von ihrem Erzeuger entfernt. Das Nachsehen hatten und haben wie immer die Bauern, die wie ihre Vorfahren, wenn auch mit modernsten Maschinen, in ihren Dörfern das Land bestellen. Sie haben keine Kontrolle mehr darüber, was mit ihren Produkten geschieht.

Auf der anderen Seite haben auch die Verbraucher offenbar den Bezug zur Nahrungskette und zu den natürlichen Vertriebswegen verloren. Der Wandel der Lebensstile und Berufe sowie die Bequemlichkeiten, die ein Einkauf im Supermarkt mit sich bringt, haben zu einer Entfremdung geführt, die manchen älteren Menschen im Dorf noch heute völlig unerklärlich ist. Nichts taugt so gut wie ein einfacher Apfel, um zu zeigen, wie die komplexen Prozesse der Weltwirtschaft und der kulturhistorischen Wandlungen in deutschen Dörfern zu revolutionären Veränderungen geführt haben.

Wer heutzutage im Herbst in Alsweiler über die Dorfflur spaziert, wird beobachten, dass viele Apfelbäume zur Zeit der Ernte schwer an ihren Früchten tragen, so lange, bis die Äpfel nacheinander zu Boden fallen. Dort bleiben die meisten liegen und faulen – niemand ist mehr an ihnen interessiert. Und gleichzeitig fahren die Dorfbewohner nach Tholey zu Aldi, nach Marpingen zu Norma oder nach St. Wendel zum Globus-Großmarkt und kaufen dort glänzende, hübsch anzuschauende Äpfel aus Chile, aus Südafrika oder solche, die einen Aufkleber mit dem Aufdruck »Braeburn« tragen. Braeburn ist ein kleiner Ort in Neuseeland, nach ihm ist eine relativ junge Apfelsorte benannt, die 1952 von einem Obstbauern aus dem unweit davon gelegenen Dorf Upper Moutere entdeckt wurde. Der Mann fand einen Sämling dieser Zufallskreuzung am Wegrand und brachte ihn zu einer Baumschule in Braeburn. Von dort wird die Sorte »Braeburn« heute in die ganze Welt exportiert.

Auch Dörfer rücken einander durch die Globalisierung näher als je zuvor: Von Upper Moutere oder Braeburn nach Alsweiler ist der Weg heute sehr kurz, auch wenn er um die halbe Welt führt. Und wenn in Alsweiler spontan jemand wissen will, was es mit diesem Braeburn-Apfel, in den er gerade hineinbeißt, wohl auf sich hat, dann erfährt er es in Sekundenschnelle im internationalen Internetlexikon Wikipedia, ohne Garantie. Der Obstbauer, der den Sämling fand, habe O. Moran geheißen, ist dort zu lesen. Und auf der Karte von Google Earth kann jeder sich rasch auch ein Bild von der Gegend machen, in der Braeburn liegt: Es ist der Norden der Südinsel Neuseelands, das Meer ist nicht weit. Die Satellitenaufnahme zeigt ein Gebirge in der Nähe.

Adolf Hoffmann hat mit solchen Dingen nichts zu schaffen, die neue Technik überlässt er »den Jungen«, seinen Kindern und Enkeln. Wohl aber kann er genauestens beschreiben, was mit den Äpfeln in Alsweiler passiert ist, und wie man früher damit umging. Als Schuljunge war er im Herbst auf Geheiß des Vaters alle zwei oder drei Tage zu den Apfelbäumen am Helleborre (Hellenborn) gelaufen und hatte dort die gefallenen Früchte aufgesammelt. Die Mutter machte Apfelmus daraus. »Da ist kein Apfel liegen geblieben auf dem Boden, auch kein grüner.« Und in den Zeiten der Not nach dem Zweiten Weltkrieg wechselten er und der Vater sich morgens und abends darin ab, die Bäume zu bewachen. Damals gab es noch Apfeldiebe.

Und heute? »Die Äpfel bleiben doch unter dem Baum liegen und faulen, weil die Leute zu bequem sind, sie aufzuraffen – im eigenen Garten, kann man sagen.« Und warum? »Die Leute haben zu viel Geld, die brauchen das nicht mehr. Und dann ist es so: Beim Globus kriegst du die Äpfel doch so billig. Und das sind doch so schöne Äpfel, und die schmecken doch so gut!«, sagte Adolf bei unserem Gespräch, leicht die Stimme hebend. Dann setzte er sarkastisch hinzu: »Beim Teufel, sie sind aber gespritzt, im Jahr bestimmt 18 oder 20 Mal.« Gespritzt mit Schädlingsbekämpfungsmitteln? Woher wollte er das wissen? »Im Erwerbsobstbau«, sagte Adolf, das habe er nämlich mal auf einer Reise an den Bodensee erfahren, »die spritzen bis zu 20 Mal im Jahr die Äpfel.«

Wir schnitten das Thema dann auch an jenem Sonntagnachmittag im Februar 2008 an, als wir zusammen die Schildhammers auf dem Marienhof besuchten. Ich hatte das Gehöft noch nie betreten. Eine überwältigende Aussicht bot sich von hier auf das Massiv des Schaumbergs; Alsweiler lag davor im Kessel. Quer durch ein Feld verlief die alte Römerstraße.

Annemarie Schildhammer arbeitete gerade im Garten und hatte noch Erdkrumen an den Händen, als wir eintrafen. Deshalb hielt sie uns zur Begrüßung nur das Handgelenk hin. In der Nähe standen allerlei Ackergeräte sowie landwirtschaftliche Fahrzeuge und Maschinen beisammen, unter einer Baumgruppe lag Grünfutter-Silage in dicken Ballen am Wiesenrand. Die Hofhunde sprangen herum, auf einer Wiese liefen Hühner und Schafe, daneben stand ein Esel, der nach einer Weile sein störrisches »Iah« von sich gab.

In der Wohnküche setzten wir uns für einen langen Nachmittag auf die Eckbank, vor uns auf den Tisch stellte Annemarie zwei große Thermoskannen voller Kaffee. Dann holte sie mehrere alte Flurkarten heraus, auf denen die Felder der Schildhammers eingezeichnet waren. Vor der Flurbereinigung der Sechzigerjahre waren es, wie man daraus ersehen konnte, noch zahlreiche kleine Äcker und Wiesen verschiedenster Eigentümer gewesen, jetzt bildete das Ganze vier große Parzellen. Franz war noch irgendwo auf den Feldern unterwegs, aber auf dem Wandbord über der Eckbank sah ich eine grüne Kappe liegen, die sicher ihm gehörte. Es war eine amerikanische Baseballmütze, auf der ein Namenszug eingestickt war: John Deere. Der Landmaschinenhersteller. Der Weltmarktführer.

John Deere war ein Grobschmied aus dem kleinen Ort Rutland im US-Bundesstaat Virginia, der 1837 eine besondere Art von stählernem Pflug konstruierte. Er legte damit das Fundament für eine Firma, die erst Pflüge und nach dem Ersten Weltkrieg auch Traktoren herstellte. Das Unternehmen expandierte, 1956 übernahm es die Heinrich Lanz AG in Mannheim, die Herstellerin des legendären Lanz-Bulldogs. Und heute ist John Deere ein Konzern mit rund 50 000 Beschäftigten, davon mehr als 5 000 in Deutschland. Er betreibt 70 Fabriken und 35 Verkaufshäuser in elf Ländern auf allen Kontinenten. John Deere setzt Milliarden um und produziert außer Traktoren auch Forst- und Baumaschinen, Rasenmäher und Gerätschaften für die Golf- und Sportplatzpflege. Und Landmaschinen aller Art. Zum Beispiel Mähdrescher.

Natürlich war der Mähdrescher, auf dem Franz Schildhammer vor ein paar Monaten, im August, Adolfs kleinen Acker bei den Kastanien und die anderen Felder abgemäht hatte, ein Fabrikat der Firma John Deere gewesen. Sechs Meter ist das Schneidwerk breit, in einer Stunde legt die Maschine zwei Hektar Getreide flach und verarbeitet sie. Als Adolf und ich von unserem Erlebnis bei der Ernte erzählten und unsere Verwunderung über die Geschwindigkeit des ganzen Vorgangs äußerten, gab Annemarie im Scherz zurück:»Hätte der Adolf ein größeres Stück, hätte der Franz auch länger gemäht.«

Gleichwohl war ihr und ihrem Mann natürlich sehr bewusst, in welchem Maße das hohe Tempo der technischen Entwicklung die Landwirtschaft revolutioniert hatte. 1984, als die beiden heirateten und Franz auf dem Marienhof einzog, schafften sie einen Mähdrescher mit einem 2,10 Meter breiten Schneidwerk an. Franz hatte als gelernter Landmaschinentechniker sein Vergnügen am Umgang mit diesen Maschinen, und zur Erntezeit fanden sich nach und nach immer mehr andere Landwirte, die ihn mit der Bearbeitung ihrer Felder beauftragten. Ein Nebengeschäft entwickelte sich daraus, die Anfragen wurden zahlreicher und die Mähdrescher breiter. Alle paar Jahre erwarben die Schildhammers ein neues Gerät und verkauften das alte; man ging mit der Zeit, die immer neue Superlative hervorbrachte. »Wenn mir vor zehn Jahren jemand gesagt hätte, dass wir mal Acht-Meter-Maschinen bekämen, hätte ich ihm gesagt: Du bist bekloppt«, sagte Franz in lebhaftem Ton, als er an jenem Sonntag nach einiger Zeit von draußen hereingekommen war und sich zu uns an die Kaffeetafel gesetzt hatte.

Heutzutage erwerben die Schildhammers manche Ackergeräte, Landmaschinen und Ersatzteile über das Internet, und zwar in ganz Deutschland. Auch an Online-Versteigerungen auf eBay nehmen sie teil. Der allerneueste Mähdrescher von John Deere, Schneidwerkbreite acht Meter, Preis über 300 000 Euro, wurde nicht mehr gekauft, sondern geleast. »Mit dem Großen mähen wir in einer Stunde drei bis dreieinhalb Hektar weg«, sagte Franz. Macht 30 bis 40 Hektar am Tag. »Der läuft nur auf großen Parzellen und in großen Betrieben.« Und frisst 60 Liter Diesel die Stunde. Was noch ein Problem werden kann.

Im voll klimatisierten Cockpit sitzt ein Spezialist, ein Erntehelfer neuester Art, der gegen Bezahlung im Spätsommer und Herbst die Schildhammers unterstützt. Der Mann ist, wie Franz erzählte, ein Computerfreak und Elektroniker, der sich auf Lehrgängen weitergebildet hat. Er weiß mit all den Knöpfen, Tasten und Displays umzugehen, die ihm die wichtigsten Parameter anzeigen und die Steuerung der Aggregate erlauben. Mittels der Satellitenverbindung und des Global Positioning System (GPS), das auch für die Navigationsgeräte in Personenautos genutzt wird, sind Mähdrescher heute überall auf der Welt in der Lage, auf fünf Zentimeter genau ein Feld möglichst rational abzuernten und dabei präziser vorzugehen, als ein Mensch dies vom Cockpit aus steuern könnte. Der

Fahrer schaltet auf Automatik, und die Maschine exekutiert. Sie mäht, fördert, schüttelt, drischt und misst dabei die Menge und die Qualität der Ernte. Auf einem Chip wird alles gespeichert, auch die Beschaffenheit und die Bedürfnisse des Bodens. Setzt man den Chip später einem Düngerstreuer ein, so wird entsprechend gedüngt. »Zum Schluss kann man das Ding daheim in den PC stecken, und dann druckt der alles aus, was man braucht«, sagte Franz. In ein paar Jahren, das war für ihn klar, würde es weltweit Mähdrescher und Traktoren geben, auf denen überhaupt niemand mehr zu sitzen brauchte, weil die Maschine mit dem richtigen Softwareprogramm und dem Global Positioning System alles allein erledigen würde.

Was hatte das noch mit den Bauern der alten Zeiten zu tun oder auch nur mit Hobbybauern wie Rosi und Adolf, die sich selbst versorgten? »Wenn man heute Landwirt ist, muss man Tierarzt sein, da muss man Mechaniker sein, muss man Elektroniker sein, muss man Kaufmann sein, muss man alles sein«, sagte Franz. Ein Rundumunternehmer ist der Bauer, und ohne Computer kommt er schon gar nicht mehr aus. Wer heute einen modernen Kuhstall betritt, der sieht den Landwirt am Bildschirm, wie er für Mina, Tina und Lina die Futtermengen dosiert, die Milchmengen erfasst, die Medikamente notiert. Der holländische Schriftsteller Geert Mak, der ein wunderbares Buch über das friesische Dorf Jorwed geschrieben hat, in dem er selber groß geworden ist, erzählte einmal die schöne Geschichte von fünf Bauern, mit denen er in der Dorfkneipe saß und plauderte. Sie waren alle schon in Amerika gewesen, und einer hatte einen Sohn, der in Ottawa in Kanada studierte und sich vom Vater dorthin auf den Personal Computer alle Daten aus dem heimischen Kuhstall überspielen ließ. Einmal, als der Mann in die Kneipe gehen wollte, rief der Sohn ihn aus

Ottawa an und sagte ihm, bei einer bestimmten Kuh sei die dritte Zitze entzündet, er solle doch mal schnell noch nachsehen ...

Franz und Annemarie hatten für ihre rund 70 Kühe und Rinder, die teils zur Milchproduktion eingesetzt und teils zum Schlachten verkauft wurden, noch einen fast schon altmodischen Anbindestall mit einer Absauganlage. Größeres lohnte sich für sie nicht. Aber sie waren natürlich bestens im Bilde darüber, was es inzwischen für Betriebe mit bis zu 200 Kühen an Neuheiten gab: Melkstände, Melkstationen, Melkkarusselle, Melkroboter, Wunderwerke der Automation, in denen die Absaugvorrichtungen der Melkanlage sich mittels Laserstrahl von allein die Zitzen der Kuheuter suchten.

Adolf hatte so etwas bei seinem alten Freund Kurt gesehen, der vor vielen Jahren von Alsweiler ins Nachbardorf Theley gezogen war und dort solch einen supermodernen Bauernhof betrieb: Boxenlaufstall, Melkstand, Computerfütterung, Kühe mit Sensoren am Hals. »Dort kommst du hin, aber da kommst du nicht mehr heim«, sagte Adolf grinsend. Ihm war bei seinen vielen Besuchen auf Bauernhöfen aufgefallen, dass Landwirte, die heutzutage ja meist allein arbeiten, immer gerne zu einem ausgedehnten Schwatz aufgelegt sind, wenn mal einer wie er vorbeikommt. Ein Gläschen Schnaps inklusive.

Auch unsere Plauderei am Sonntagstisch im Marienhof zog sich munter in die Länge, und natürlich kamen wir auch auf die Weltpolitik zu reden, unvermeidlich bei diesem Thema. Dass da jetzt Urwälder in Indonesien abgeholzt wurden, um Biosprit für Europäer und Amerikaner daraus zu machen, dass da Palmöl aus Asien hergenommen wurde, um deutsche Kraftwerke zu betreiben – war das nicht eine Verirrung ökologischer Alternativplaner? Aber war es nicht auch verrückt, dass weltweit die harmlosen Kühe, wie sie da draußen beim Marienhof auf der Weide standen und furzten und rülpsten, durch diese Rülpser in einer Weise in globale Zusammenhänge eingriffen, die man für ulkig halten könnte, wenn sie nicht so ernst wären? Das Methangas, das bei der Verdauung in den Mägen der Rinder entsteht und eben mit dem Rülpser oder Furz ins All entweicht, heizt die Atmosphäre weit stärker auf als alles Kohlendioxid, das die Menschen mit ihren Autos produzieren.

Gleichzeitig fällt in den grünen Dschungeln am Amazonas immer mehr Regenwald der Rodung zum Opfer, und auch das hat zum Teil mit den Rindern, Schafen oder Ziegen in Europa zu tun. Sie erhalten nämlich als eiweißreiche Nahrung unter anderem tüchtig Sojabohnen, die eine gute Milchleistung garantieren. Dieses Futter aber wird auf jenen Flächen in Brasilien angebaut, die durch das Abholzen des Regenwaldes frei werden. Das ist der Grund, weshalb Rinder gelegentlich als »die größten Umweltschweine« betrachtet werden, so der US-Autor Jeremy Rifkin, und weshalb gerade der massenhafte Verzehr von Hamburgern aus Rindfleisch so gefährlich sein kann. Ein anderer ist im Übrigen, dass die gerodeten Urwaldflächen am Amazonas teilweise auch direkt zu Rinderweiden umgewidmet werden – der Hamburger und der Beefsteaks wegen.

Wieder so ein Beispiel dafür, dass heutzutage nichts so sehr in globalen Zusammenhängen steht wie das, was man für besonders urtümlich-dörflich zu halten geneigt ist: die Landwirtschaft. Es ist deshalb nur logisch, wenn auch im St. Wendeler Lokalteil der »Saarbrücker Zeitung« gelegentlich Überschriften zu finden sind wie diese: »Globalisierung rettet die

Bauern.« Das war im Oktober 2007, als die große Nachfrage auf dem Weltmarkt nach Getreide und Milch auch im St. Wendeler Land die Preise um bis zu 40 Prozent in die Höhe trieb. Seither rannten die Vertreter der großen Mühlen und andere Aufkäufer den Bauern die Türen ein, auch den Schildhammers auf dem Marienhof.

Schon im November 2006 war zu lesen, in Ländern wie Indien und China steige, weil dort die Wirtschaft wachse und immer mehr Menschen zu bescheidenem Wohlstand gelangten, die Nachfrage nach Fleisch. Um dieses zu erzeugen, brauche man Getreide, für die Fütterung der Rinder nämlich, was automatisch den Getreidepreis anhebe, damals von sechs oder sieben auf 14 Euro je Doppelzentner. Und als im Oktober 2003 im mexikanischen Badeort Cancún eine Gruppe von Entwicklungs- und Schwellenländern sowie die großen Industrienationen der Welt bei der Verhandlungsrunde der Welthandelsorganisation (WTO) eine Einigung verfehlten, da schlug sich auch dieses im Lokalteil St. Wendel nieder. Auf einer Sitzung des Kreisbauernverbandes in Bliesen berichtete nämlich Klaus Fontaine, der Präsident des Bauernverbandes Saar, darüber, was das Scheitern dieser Verhandlungsrunde in Cancún für die Bauern im St. Wendeler und Schaumberger Land bedeutete. In Cancún widersetzten sich die EU, die USA und Japan der Forderung der Entwicklungs- und Schwellenländer, ihre Märkte für deren landwirtschaftliche Erzeugnisse stärker zu öffnen – was für Europas Bauern eine scharfe Konkurrenz bedeutet hätte.

Von vielen Seiten ist solches Vorgehen scharf kritisiert worden, nicht nur von jenen jungen Leuten, die in Genua und Seattle demonstrierten und gemeinhin als Globalisierungsgegner bezeichnet werden. Auch der amerikanische Professor

Joseph Stiglitz, Nobelpreisträger für Wirtschaft, der in einem Armenvorort von Chicago aufwuchs und später Chefvolkswirt der Weltbank wurde, erklärte unumwunden: »Die Kritiker der Globalisierung werfen den westlichen Ländern Heuchelei vor, und die Kritiker haben recht. Sie haben arme Länder dazu gedrängt, Handelshemmnisse abzubauen, während sie gleichzeitig ihre eigenen Handelsschranken beibehielten, sodass die Entwicklungsländer ihre Agrarprodukte nicht in die Industrieländer ausführen können und so um dringend benötigte Exporteinnahmen gebracht werden. Dafür trugen die Vereinigten Staaten die Hauptverantwortung, und diese Tatsache hat mich empört. Als Vorsitzender des Wirtschaftssachverständigenrats von Präsident Clinton kämpfte ich entschieden gegen diese Heuchelei. Sie hat nicht nur den Entwicklungsländern geschadet, sondern auch die amerikanischen Verbraucher und Steuerzahler Milliarden von Dollar gekostet.«

Ein Thema, bei dem man kein Ende findet und das wie kaum ein anderes zeigt, in welche Art der Beschleunigung und weltumfassenden Abhängigkeiten wir geraten sind. Wenn Asiaten Lust auf Milch und Fleisch bekommen, steigen in Europa die Preise. Außerdem wächst ja die Weltbevölkerung, die Nahrung wird also immer knapper. Und die angespannte Lage wird noch dadurch erheblich verschärft, dass ein kleiner, aber wachsender Teil der Ackerflächen vor allem in den USA statt für Lebensmittel für nachwachsende Rohstoffe genutzt wird. Biosprit aus Mais, Reis, Weizen oder Raps soll die Abhängigkeit vom Öl verringern.

Da aber diese Grundnahrungsmittel aus all den genannten Gründen nun weltweit immer teurer werden, können die Armen sie sich nicht mehr leisten. So kehrte Anfang 2008 der Hunger in viele Länder zurück, deren Landwirtschaft zum Teil durch die vorausgegangene falsche Politik der eigenen Regierungen und der Industrieländer ruiniert worden war. Die Selbstversorgung war nicht mehr gewährleistet. In verschiedenen Staaten Afrikas, Lateinamerikas und Asiens kam es zu Hungerrevolten, in Haiti stürzte deswegen sogar die Regierung. Es drohten soziale und ökologische Katastrophen größten Ausmaßes, und irgendwie, das war das Unglaubliche, hing dies alles mit dem zusammen, was wir an diesem Sonntag auf dem Marienhof erörtert hatten.

Vom Kaffeetisch aus konnte man durchs Fenster bemerken, wie der Nachmittag verging. Wir redeten und redeten und redeten, gegen Abend kamen noch Verwandte der Familie Schildhammer aus Winterbach zu Besuch, und am Ende holte Annemarie die Satellitenfotos heraus, die sie von der Landwirtschaftskammer in Lebach geschickt bekommen hatte, im Auftrag der EU-Kommission in Brüssel. Anhand dieser Luftbilder wird Jahr für Jahr der sogenannte »Grafische Flächennachweis« erstellt. Die Behörde überprüft, für welche Äcker und Wiesen, die Hecken abgerechnet, die einzelnen Landwirte eine Flächenprämie zu bekommen haben und wie hoch diese ist. Ja, ja, die Bürokratie, »die bräuchten wir wirklich nicht«, seufzte Annemarie. »Der ganze schriftliche Kram«, sagte Franz. »Wir müssen sogar dokumentieren, wo man Mäuseköder oder Mäusegift hinlegt.«

Als wir uns gegen 19 Uhr von der Kaffeetafel erhoben und vor die Tür traten, war es draußen schon dunkel. Es war ein interessanter und amüsanter Nachmittag gewesen. Die Schildhammers hatten uns übrigens auch vom Raps erzählt, den sie auf einigen ihrer Felder pflanzten. Man fuhr ja jetzt Autos mit Biosprit aus Rapsöl. Der Raps hatte die Landschaft verändert, im Frühjahr glänzte sie ganz gelb. Die Schildhammers waren

Mitglied im Verein St. Wendeler Ölsaaten e.V., einer 1995 gegründeten Erzeugergemeinschaft, die ein Teil eines neuen Netzwerks unter dem Namen Kulturlandschaftsinitiative ist. Im St. Wendeler Land wird nämlich die Globalisierung nicht einfach hingenommen, wie später noch zu berichten ist.

Adolf und Rosi sind von solchen Projekten natürlich unberührt. Unbeirrt tun sie weiter das, was die Bewohner des Dorfes seit Jahrhunderten getan haben. Sie säen und ernten und ernähren sich davon. Auch im Zeitalter des totalen Wandels beharren sie auf ihrer urtümlichen Autonomie und machen sich alles selber: das Essen, die Wurst, den Schnaps, die Witze und die Musik. Sie singen im Gesangverein und im Kirchenchor, sonntags gehen sie spazieren. Ab und zu verreisen sie, mal mit dem Mandolinenverein nach Prag, mal mit einer Gruppe von Freunden nach Istanbul, Pauschalreise. Mittwochs geht Adolf in die Mandolinenprobe.

Die beiden gehören zu den Letzten im Dorf, die nach alter Tradition noch mit ihren Haustieren zusammenleben: Hühnern, Kaninchen, Schweinen. Adolf redet im Stall mit den Tieren, wenn er sie mit Kartoffelschalen und anderen biologischen Abfällen füttert. »Das macht etwas aus«, sagt er, »das Vieh hört das.« Jedes Jahr im Winter kommt der Metzger ins Haus, um die Schweine zu schlachten. Dann werden sie zerlegt, wird Wurst gekocht und Schweinskäse gemacht, »alles wie früher«, sagt Adolf. »Ich mache das, weil es mir Spaß macht, das ist mein Hobby.«

Manchmal im Winter, wenn sonst nichts zu tun ist, sitzt er in der Werkstatt im Keller auf einem Schemel und flicht Körbe. Er trug ein wollenes Käppi und hatte sich eine blaue Schürze umgebunden, als ich ihn dort einmal im Februar antraf. In der Hand hielt er einen Korb, an dem er gerade arbeitete. Adolf bat mich herein und holte aus dem Nebenraum eine Flasche selbst gebrannten Schnaps sowie zwei Gläschen. Ich blickte mich währenddessen in der Werkstatt um. Auf einem dunklen Brett, das an der Wand entlanggeführt war, lagen in sorgsamer, doch keineswegs pedantischer Ordnung unzählige Werkzeuge, Hämmer, Zangen, Meißel und Feilen, außerdem Schachteln und Dosen mit Nägeln und Schrauben. Äxte, Beile und Sägen hatten ebenso ihren Platz im Raum wie eine Batterie von Schraubenziehern.

Den Boden im Hof bedeckten Weidenzweige, nach Stärke geordnet, auch weiße darunter, die Adolf gekocht und entrindet hatte. Er zog damit Muster ins Flechtwerk ein. An der Wand hingen mehr als ein Dutzend Körbchen und Körbe, die Produktion der Saison, die gerade zu Ende ging. Rosi und Adolf würden sie an Freunde zum Geburtstag verschenken, gefüllt mit Schnaps und Blumen. »Früher war der Korb das Transportmittel für alles«, sagte Adolf und goss ein. Und heute? Na ja. Adolf schaute mich augenzwinkernd an: »Manchmal, beim Körbeflechten, wenn man so dasitzt, dann frage ich mich: Warum macht man den ganzen Blödsinn?« Er lachte dabei.

# 5 Fleischkäse für Scholkowo

Warum Alsweiler kein Lebensmittelgeschäft mehr hat, und
wie ein saarländischer Handelskonzern die Russen beglückt

Sage niemand, die Globalisierung sei etwas Schlechtes, wo sie
doch die saarländische Fleischwurst nach Tschechien und den
saarländischen Fleischkäse nach Russland bringt. 50 Kilometer nördlich von Moskau liegt Scholkowo, eine Stadt von rund
100 000 Einwohnern. Dort steht inmitten eines Parkplatzes ein
nagelneuer Supermarkt der Firma Globus, breit gestreckt und
blaugrau gestrichen. In leuchtendem Orange prangt der Fir-
menname in kyrillischer und lateinischer Schrift an der Front
des Hauses, daneben in Grün das Signet des Unternehmens,
ein stilisierter Erdball. Im Inneren des riesigen Gebäudes findet sich alles, was ein Selbstbedienungswarenhaus heutzutage
bietet: Waren, Waren, Waren, Zehntausende von Waren und
eine Batterie moderner Registrierkassen. Es gibt auch kleinere Verkaufsstände, zum Beispiel einen, an dem saarländischer Fleischkäse angeboten wird, genauso wie bei Globus in
St. Wendel: frisch hergestellt in der hauseigenen Metzgerei,
dick geschnitten und in die beiden Hälften eines Brötchens
gepackt, dabei nicht teurer als 1,20 Euro. Vor diesem Stand
stehen immer lange Schlangen.

Thomas Bruch lachte ein wenig, als er davon erzählte.
»So was war dort bisher völlig unbekannt«, sagte er. Wir saßen

an einem sommerlichen Sonntagabend in einem belebten St. Wendeler Restaurant. Der geschäftsführende Gesellschafter der Globus-Gruppe war zusammen mit seiner Ehefrau Graciela zu diesem zwanglosen Gespräch beim Abendessen gekommen. Wir kannten uns aus alten Tagen. Thomas Bruch und ich hatten neun Jahre lang am humanistischen Gymnasium Wendalinum die gleiche Klasse besucht, uns nach dem Abitur aber aus den Augen verloren. In den vier Jahrzehnten, die seither vergangen waren, hatte Thomas Bruch Betriebswirtschaft studiert und praktische Erfahrungen außerhalb des väterlichen Betriebs im Einzelhandel gesammelt, in Frankfurt, Aachen und Essen. 1978 trat der 27-Jährige in die väterliche Firma ein, zwei Jahre später auch in die Geschäftsführung. Damit rückte die fünfte Generation an die Spitze des traditionsreichen Familienunternehmens. Damals hatte die Firma elf Selbstbedienungswarenhäuser und 2 800 Mitarbeiter.

Jetzt aber waren es 22 000 Beschäftigte, fast achtmal so viele. Sie arbeiteten in 38 SB-Warenhäusern in ganz Deutschland, dazu 50 Globus-Baumärkten und neun Alpha-Tecc-Elektrofachmärkten. Außerdem gab es jetzt den neuen Hyper-Globus in Scholkowo, Ende 2006 eröffnet, weitere Häuser waren bei Moskau im Bau. In Tschechien waren seit dem Markteintritt 1996 mittlerweile ebenfalls elf SB-Warenhäuser entstanden, zwei weitere befanden sich im Bau. Auch die Tschechen wurden mit saarländischen Erzeugnissen beglückt, nämlich Fleischwurst, im Saarland Lyoner genannt. »Die stärkste Wurstsorte in Tschechien«, sagte Thomas Bruch. »Wir haben die Lyoner exportiert.«

Kein schlechtes Beispiel für das, was Globalisierung auch bedeutet: den Export von Waren und Dienstleistungen, die Schaffung neuer Arbeitsplätze in anderen Ländern, die Vermehrung und Sicherung bestehender Arbeitsplätze in Deutschland, die Erhöhung der Umsätze hier wie da, die Senkung von Preisen und neue Begegnungen mit fremden Menschen. Um beim Beispiel zu bleiben: Zwar werden bei Globus die Fleischwurst und der Fleischkäse nicht aus St. Wendel in die Welt hinausgekarrt, sondern nach saarländischem Rezept am Ort des Verkaufs von eigenen Metzgern aus dem Fleisch dort aufgezogener Tiere produziert. Es wandern also Fertigkeiten, Verfahrenstechniken, Kniffe, das sogenannte Know-how – und es kehrt Geld zurück. Auch andere saarländische Produkte treten via Globus die Reise nach Osten an. Zum Beispiel werden bei Globus in Tschechien die Pizzas der Firma Wagner aus Braunshausen im Kreis St. Wendel verkauft. Womit auch klar ist, welch wilde neue Mischungen die Globalisierung hervorbringt: Eine italienische Erfindung, die Pizza, wird im Saarland aufgegriffen, industriell abgewandelt und dann exportiert, sodass sie nun massenhaft die Einwohner von Prag, Brünn und Budweis beglücken kann. Die Pizza gehört nicht mehr nur den Italienern, denn sie ist wie die amerikanischen Hamburger, die mexikanischen Tacos oder die chinesischen Nudelgerichte eines jener Lebensmittel, die sich weltweit durchgesetzt haben. Auf dem Weg zur einheitlichen Ernährung der Menschheit hat die Verbreitung der Pizza neue Maßstäbe gesetzt, ähnlich wie Coca-Cola.

Doch nichts ist gesichert in diesem Prozess. Alles fließt und ist im ständigen Umbruch begriffen, und gerade am Beispiel des Lebensmitteleinzelhandels und der Firma Globus lässt sich das anschaulich erzählen. Aus einem einfachen Geschäft beim Dom in St. Wendel wurde in fünf Generationen das zehntgrößte deutsche Handelsunternehmen und einer der größten saarländischen Arbeitgeber, mit über 5 200 Beschäftigten in diesem

Bundesland. Die »Firma Bruch«, wie man sie früher nannte, spielte im Raum St. Wendel und auch in Alsweiler für all die Transformationsprozesse, die sich in den vergangenen Jahrzehnten im Einzelhandel vollzogen, eine Schlüsselrolle. »Der Bruch« – das war auch für meine Großmutter, die vor dem Zweiten Weltkrieg im Dorf eine der zwölf Kolonialwarenhandlungen geführt hatte, eine feste Größe in ihrem Kosmos. »Der Bruch« war ihr Lieferant. Und mit »dem Bruch« (und anderen, viel jüngeren Konzernen wie Aldi, Lidl etc.) hatte es natürlich auch zu tun, dass von den zwölf Lebensmittelgeschäften in Alsweiler kein einziges übrig geblieben ist.

Dabei war die Firma Bruch selbst aus einem solchen schlichten Laden hervorgegangen. Der 27-jährige Franz Bruch, der am 15. April 1828 mit einer »Établissements-Anzeige« im »St. Wendeler Intelligenzblatt« die Eröffnung einer eigenen »Handlung« kundtat und dabei »die Versicherung billigster und reellster Bedienung« gab, war acht Jahre zuvor aus Zweibrücken zugezogen. Verfolgt man weiter die Geschichte dieser »Handlung«, so wie Thomas Bruchs Onkel Franz Josef sie 1995 in einem Buch dokumentiert hat, so treten verschiedene Zäsuren und Entwicklungslinien hervor, die für den Lebensmittelhandel im Ganzen charakteristisch erscheinen. Da ist die Eintragung der Firma Franz Bruch als Großhandel für Lebens- und Futtermittel im Jahr 1865 durch den Sohn des Gründers. Für mehr als ein Jahrhundert wurde das Unternehmen nun zur Schaltstelle der Versorgung für viele kleine Geschäfte in den Dörfern der nördlichen Saarregion und des Hunsrücks. Der Transport gewann zentrale Bedeutung. Man besorgte ihn zunächst mit Pferdefuhrwerken, später auf den ersten Lkw mit Vollgummireifen und seither mit immer moderneren Lastfahrzeugen. Der eigene Fuhrpark ist allerdings längst abgeschafft, dafür werden heute Speditionen eingesetzt, meist Fuhrunternehmer mit nur einem Lkw.

Ein weiteres Kontinuum war die fortwährende Beschäftigung mit der Art der Warenlagerung, dem Umschlag, den Bestellungen und ihrer Verrechnung. Immer wieder, in jeder Generation, führte die Entwicklung neuer Techniken zur Neugestaltung der Abläufe, zu Erleichterungen, Beschleunigungen, Einsparungen. Nicht anders war es mit dem Bezug der Waren – neue Verkehrsverbindungen und neue Kommunikationsmittel erschlossen immer wieder neue Möglichkeiten. Auch neue Ideen fanden ihren Weg um die Welt, zum Beispiel die Idee der Selbstbedienung, in der Branche nur SB genannt. Sie hatte zwischen den beiden Weltkriegen in den USA Fuß gefasst und revolutionierte seit den 1950er-Jahren auch den Einzelhandel in Europa.

Bis dahin war die Art des Verkaufens weitgehend in ihrer Urform verblieben, gerade auf dem Dorf. Dort waren es fast immer Frauen, die in einem freien Raum des Hauses ein kleines Geschäft betrieben, ein ganzes Dutzend in Alsweiler im Jahr 1934. Von frühmorgens bis in den späten Abend hinein standen sie hinter ihrer Theke zwischen Säcken oder Kisten von Salz und Mehl, vor Heringsfässern, Eierpaletten und Bonbongläsern und gaben ihren Kunden, was diese begehrten. Die Ersten schauten schon frühmorgens vor der Schicht vorbei, die Letzten abends nach der Rückkehr von der Feldarbeit, um ein Stück Limburger oder Romadur zu kaufen. Noch im Dunklen wurden Kinder geschickt, um für den Vater Kautabak oder ein Fläschchen Bier zu holen.

Margareta Weiand, heute 76 Jahre alt, hat solches noch in ihrer Jugend erlebt, als sie mit 16 Jahren 1949 von ihrer Tante einen Gemischtwarenladen übernahm, den sie später zum Lebensmittelgeschäft umwandelte und bis zum 60. Lebensjahr führte. Beim Gespräch in ihrer Wohnung, die einst ihr Geschäft war, erinnert sie sich an die großen Spitztüten, in die man die Waren früher einfüllte. Den Senf drückte man aus einem Porzellanfass ins Glas, das die Käufer mitbrachten. Es war noch die unbeschleunigte, unabgepackte Art des Lebens. Die Kunden schwatzten miteinander und ließen andere vor, um sich länger auszutauschen. »Man hat mitgekriegt, wie sie Glück und Pech hatten mit ihrem Vieh«, erzählt Margareta. Auch die Vertreter nahmen sich Zeit, parlierten, charmierten. Sie waren zahlreich. Es kamen nicht nur die Lieferanten der Großhandlung Bruch, sondern auch andere, die nur Kaffee oder nur Eier-Butter-Käse-Milch anboten. »All diese speziellen kleinen Firmen, die sind nachher alle verschwunden, die sind ja alle durch die großen niedergemacht worden«, sagt Margareta.

Der Wandel kam in Schockwellen. Es bildeten sich Einkaufsringe und Genossenschaften wie Fachring, Spar, Edeka, Rewe oder Asko, erst noch relativ locker, man konnte als Einzelhändler zwischen ihnen wählen. Später, »dann warst du mit einer Kette verheiratet«, sagt Margareta, »du konntest nicht mehr weg.« Es wurden Werbetafeln und Sonderangebote offeriert, doch die Vertreter blieben allmählich aus, und die Kauffrau bekam von ihrer Lieferzentrale ein Gerät ausgehändigt, ähnlich einem großen Telefon, in das man die Bestellungen eintippte. Und dann kam die Zeit, »wo ich Angst hatte, wo ich gedacht habe: Das können wir nicht mehr lang machen, da müssen wir zumachen«.

Das war im Jahr 1970. Margareta Weiand führte ihr Geschäft allerdings dann doch noch bis einen Tag vor ihrem 60. Geburtstag am 1. November 1992 weiter und schloss es gerade so rechtzeitig, dass sie beim Abverkauf die gesamte vorrätige Ware losschlagen konnte. Nur blieb sie, wie auch andere Einzelhändler, auf allerlei Schulden von Kunden sitzen. »Was habe ich noch Geld zu kriegen!«, sagt sie, wobei sie durchaus Verständnis hat für Menschen, die wirklich fast zu arm waren, um ihre Familien zu ernähren. Manche gingen Umwege im Dorf, um nicht an ihrem Geschäft vorbeizukommen, und manche taten so, als wären sie ihr nie etwas schuldig gewesen. So blieb ihr nach dem Rückzug in die Rente ein gewisser Schmerz, auch deshalb, weil einmal ein böses Gerücht ihr Kunden vertrieb, ohne dass sie den Ursprung kannte. Einmal blieb auch jemand weg und erklärte nie, warum.

In der Anonymität moderner Registrierkassenbatterien haben solche persönlich-menschlichen Verwicklungen keinen Raum mehr. Supermärkte sind nur noch in beschränktem Maße Orte der persönlichen Begegnung, und für die Einzelhändler in Alsweiler und im ganzen St. Wendeler Raum war das von Margareta Weiand so angstvoll erlebte Jahr 1970 tatsächlich der Wendepunkt, an dem sich die neue Richtung anbahnte. Am 20. November 1970 eröffneten die Gebrüder Bruch am damaligen Rand von St. Wendel auf dem Gelände Am Wirthembösch den Globus-Handelshof, einen Verbrauchermarkt, wie es bisher in der Region noch keinen gab. Die Selbstbedienung triumphierte, das Angebot war größer als je zuvor, die Preise fielen, und den Einzelhändlern auf den Dörfern fuhr mit gutem Grund der Schrecken in die Knochen.

Zwar vollzog sich die Wende rasch wie ein Theatercoup, doch sie kam nicht aus heiterem Himmel. Parallel zu ihrer Rolle als Lieferanten der Kleinhändler hatten die Gebrüder Bruch schon 1953 diese neue Sache mit der Selbstbedienung ausprobiert, später eröffneten sie einen Cash-&-Carry-Markt. Es kam zu Spannungen mit den Einzelhändlern, die 1970 bei der Eröffnung des Warenhauses dann endgültig die Zusammenarbeit aufkündigten. Der Lieferant war jetzt ja zum gefährlichen Konkurrenten geworden. Blitzschnell hatte sich der Einzelhandel total verändert, eine Ära war zu Ende, und eine neue begann, im amerikanischen Stil. Und wie in den USA war sie wesentlich darauf gegründet, dass nun immer mehr Menschen ein Auto hatten, mit dem sie auch 20 oder 30 Kilometer weit zum Einkaufen fuhren und dessen Kofferraum sie mit Vergnügen beim Großeinkauf füllten.

Robert Laub, pensionierter Kaufmann und Bäckermeister aus Alsweiler, ist einer von denen, die diese Zeit noch gut vor Augen haben, und zwar als eine Periode schlafloser Nächte und schmerzvoller Zurücksetzung. Auch er gehörte zu den kleinen Händlern, die sofort die Lieferverträge mit der Firma Bruch beendeten. Wie erwartet zog ihnen der Globus-Handelshof bald viele Kunden ab. »Man hat das rasant gemerkt«, erzählt Robert Laub beim Gespräch im Hobbykeller seines Hauses, »du warst nur noch der Lückenbüßer deiner guten Kundschaft.« In den Dorfladen kam jetzt nur noch, wer »beim Globus« etwas vergessen hatte, so erlebte es auch die Kollegin Margareta Weiand.

Robert Laub zog drei Jahre später seine Konsequenzen. Im November 1973 schloss er schweren Herzens den Lebensmittelladen, den er zusammen mit seiner Frau Lutwina geführt hatte, und blies zum Ausverkauf. Als erfahrener Bäckermeister verlegte er die Geschäftstätigkeit ganz auf die Herstellung und den Verkauf von Brötchen, Brot und Konditoreiwaren, eröffnete Filialen in St. Wendel und Bliesen, erweiterte sein Sortiment um Vollkornprodukte und war damit erfolgreich. Er beteiligte sich an Brotprüfungen, deren Gold- und Silberplaketten dutzendweise in seiner Garage aufgehängt sind.

Die kleine Firma wuchs auf elf Beschäftigte. »Ich war sehr zufrieden«, sagt er. Ihr Laden war der größte im Dorf, seit sie 1959 auf Selbstbedienung umgestiegen waren – als Zweite im Landkreis nach dem St. Wendeler Stammhaus der Bruchs. Zudem hatte das junge Paar einen Sinn für Öffentlichkeitsarbeit und wartete mit spektakulären Angeboten auf, um die Kundschaft zu locken. Zur Eröffnung, zwei Tage vor dem Nikolaustag, orderte Robert 100 Kartons mit Negerküssen, die alte Mutter fürchtete schon den Bankrott – aber die Schokoköpfe verkauften sich so rasend, dass er für den nächsten Tag die gleiche Ladung brauchte. Im großen Saal des Gasthauses Trapp präsentierte der Kaufmann bald eine sensationelle Neuheit, die Tiefkühlkost, erfunden von einem dänischen Fischimporteur und in den USA zur Serienreife entwickelt. Er lud die Hausfrauen des Dorfes auch zur Busfahrt an die Mosel ein, mit einer Weinprobe und der Besichtigung eines amerikanischen Hubschraubers.

Aus der Distanz von fast 40 Jahren sieht Robert Laub die heiße Phase des Umbruchs heute gelassener als damals. Natürlich hat er registriert, dass sich Verbrauchermärkte weltweit überall breitgemacht haben. Der damals in Deutschland gerade aufkommende Trend hätte sich durchgesetzt, auch wenn die Firma Bruch aus Solidarität mit ihren Einzelhändlern auf den Handelshof in St. Wendel verzichtet hätte. »Selbstverständlich, das muss man im Nachhinein sagen«, räumt Robert Laub unumwunden ein. Haben die Bruchs also nur rechtzeitig gemerkt, wohin sich der Markt in all seiner Grausamkeit entwickelt? »Richtig, das ist wahr.« Es wird auch dadurch belegt, dass von den übrigen saarländischen Großhandelsunternehmen der Sechzigerjahre, den Mitbewerbern und Partnern der Firma Franz Bruch, heute keines mehr in alter Form existiert.

Die Entwicklung ist auch nicht aufzuhalten, und vermutlich wird sie in rasendem Tempo weitergehen. In allen Sektoren der Wirtschaft führen Konzentrationsprozesse zu immer größeren Einheiten, multinationale Konzerne wachsen und fusionieren und entziehen sich immer stärker den Regeln, die Politiker auf nationaler Ebene erlassen. Und was wir heute die Globalisierung nennen, hat seine inneren Kräfte der Beschleunigung ja noch gar nicht voll entfaltet.

Ganz neu ist die Sache nicht. Schon in der Antike und dann wieder in der Epoche Martin Luthers und Jakob Fuggers, als auch Amerika entdeckt wurde, gab es einen beachtlichen wirtschaftlichen und kulturellen Austausch über die Kontinente hinweg. Das Zeitalter des Kolonialismus und der Industrialisierung brachte einen weiteren Schub, vor allem im 19. Jahrhundert. Schon vor dem Ersten Weltkrieg gab es einen gewaltigen Handel in alle Welt und große multinationale Konzerne. Und nach dem Zweiten Weltkrieg nahm Europa massenhaft neue Waren, Erfindungen und Moden aus den USA auf, wobei gleichzeitig der Austausch innerhalb der Europäischen Gemeinschaft stark wuchs. Die heutige Globalisierung aber, der explosionsartige Fortgang der Vernetzung rund um den Erdball, ergab sich erst kurz vor der Jahrtausendwende durch Neuerungen der Elektronik, der Organisation und der Lebensform.

Immer mehr Menschen fuhren immer schneller und immer weiter im Auto, nicht zuletzt, um Waren zu transportieren. Das Fliegen wurde ständig billiger, immer mehr Menschen reisten immer öfter immer weiter. Von zentraler Bedeutung war dann die Erfindung des Containers – sie erlaubte immer günstigere Transporte auf immer größeren Schiffen. Der Frachtverkehr zwischen Asien, Europa und Amerika stieg Jahr um Jahr.

Die Gründung der Welthandelsorganisation (WTO) zum 1. Januar 1995 und eine Serie internationaler Konferenzen führten zum Abbau von Zöllen und anderen Beschränkungen, auch das erhöhte den Handel und insbesondere die Aktivitäten auf den internationalen Finanzmärkten, allerdings zum krassen Nachteil der armen Nationen. Das Fernsehen drang bis in die letzte Hütte im letzten Dorf vor und bot den Menschen in allen Ländern billige Unterhaltungs- und Informationsprogramme, weltweit die gleichen, und die stammten aus den USA. Und schließlich setzte die Erfindung des Personal Computers und des Internets dem Ganzen die Krone auf: Jetzt konnte jeder an jedem Ort mittels einer Telefonleitung weltweit Daten abrufen und übertragen, nicht nur Texte, sondern auch Fotos, Filme und Musik. Wieder ging die Revolution von den USA aus, zum Teil gefördert durch Entwicklungen für das Militär. Die Globalisierung stellt deshalb in Teilen auch eine Amerikanisierung dar und verschafft der englischen Sprache eine starke Dominanz, die andere Sprachen und Kulturen erkennbar einengt, ja bedroht.

Ganz neue Formen der Organisation, des Handels, des Vertriebs, des Finanzverkehrs, der Überwachung, der Information und der Unterhaltung brachen sich Bahn – und alle mit dem gleichen Effekt: Die Welt rückt zusammen, Entfernungen sind weniger wichtig als je zuvor, und alles geht schneller. Der Publizist Josef Joffe, Herausgeber der »Zeit«, hat das Ganze mit Bezug auf ein Zitat des Schriftstellers François-René de Chateaubriand von 1841 in einem einzigen Satz zutreffend so zusammengefasst: »Globalisierung ist die Kompression von Raum und Zeit durch sinkende Transport- und Informationskosten und fallende Grenzen.«

Dieser Vorgang ist immer noch in vollem Gange, der Umbruch noch nicht am Ende. Deshalb wird die Kooperation über die Kontinente hinweg sicher noch erheblich zunehmen, mit allen Licht- und Schattenseiten. Globalisierung ist schließlich nichts anders als »Arbeitsteilung im Weltmaßstab« – so formulierte es Thomas Bruch bei unserem Gespräch im St. Wendeler Restaurant und fügte hinzu: »Ich glaube, die Grenzen der Arbeitsteilung sind noch nicht erreicht.« Wobei er auf die weiter bestehenden Zollschranken ebenso hinwies wie auf den immer stärker sich zeigenden Gegentrend zur Globalisierung, »dieses Regionale und Authentische«, wie er es nannte. »Man kann sogar vermuten: Je stärker die Globalisierung für den Einzelnen spürbar wird, umso stärker wird auch der Gegentrend. Umso mehr wird vielleicht auch das Bedürfnis wachsen nach Hoorische und nach Mehlknepp …« Dass er gerade diese beiden saarländischen Traditionsgerichte nannte, hat seine besondere Bewandtnis, wie wir noch sehen werden. Jedenfalls passte gut dazu, was Graciela Bruch ergänzte: »Das ist ja auch ein Stück Heimat, das ist das, was man von der Mutter, der Großmutter kennt.«

Die Heimat und die ganze Welt – es sind diese beiden Pole, zwischen denen sich das Abenteuer der Globalisierung vollzieht, und man kann die darin verborgene Spannung förmlich mit Händen greifen, wenn man sich zum Einkaufen ins SB-Warenhaus von Globus in St. Wendel begibt. An die 100 000 verschiedene Waren werden hier offeriert. Mehr als 700 Menschen haben hier ihren Arbeitsplatz, davon über 500 Vollzeitkräfte; nimmt man den Baumarkt, den Alpha-Tecc-Elektrofachmarkt und die Globus-Koordination als Konzernzentrale dazu, so kommt man in St. Wendel auf insgesamt 1800 Beschäftigte, davon etliche aus Alsweiler.

Auch Käufer kommen täglich aus Alsweiler, in weit größerer Zahl. Und wer nun die acht Kilometer im Auto herfährt und sich auf dem fahnen- und betongesäumten Parkplatz einen Schiebewagen loseist, der taucht beim Betreten des riesigen Gebäudes in eine Welt der Neonleuchten und der künstlichen Buntheit ein. Die Hausfarben Grün und Orange begleiten den Kunden auf seinem langen Marsch durch die Regalreihen. Hin und wieder ist – rot auf gelbem Grund – auch ein anderes Signal zu sehen:»Radikal reduziert.« Wie in allen Warenhäusern der Welt ist man von Reklametafeln umgeben, deren aufreizende Gestaltung die natürliche Farbkraft von Früchten oder Stauden verblassen lässt. In der Obst- und Gemüseabteilung stieß ich bei einem meiner Besuche gleich auf den Braeburn-Apfel aus Neuseeland, im Sechserpack, mit Zellophanpapier versiegelt. Nicht weit entfernt davon lagen Säckchen mit Orangen aus Südafrika sowie Bananenstauden aus Martinique, wie der Aufkleber mitteilte.

Der Cayennepfeffer trug das Logo»Wan Kwai« auf seinem Etikett, dazu wie ein Ornament eine Reihe asiatischer Schriftzeichen. Als Lieferant war die Firma Franz Hönekopp KG in Neuss vermerkt, die schon seit 1958 asiatische Lebensmittel importiert. Und woher kommt Kraft's Tomatenketchup oder Kaba, der Plantagentrank – Ketchup ist doch eine englisch-amerikanische Leidenschaft, und Kakao wächst in Westafrika, Indonesien und Südamerika?»Kraft Foods Deutschland 28078 Bremen« war auf beiden Verpackungen zu lesen. James L. Kraft war ein kanadischer Bauernsohn aus einem Kaff namens Stevensville in Ontario, der 1903 in Chicago mit einem Gaul einen Käsegroßhandel begann. Seine Firma Kraft Foods Inc. ist heute nach Nestlé der zweitgrößte Lebensmittelkonzern der Welt, mit 117 000 Beschäftigten in vielen Ländern, auch in Deutschland, wie man sieht.

Welt, wo ist dein Ende auf diesen Regalen? Auf der Verpackung der Fischstäbchen der Firma Pickenpack-Hussmann & Hahn Seafood GmbH in 21339 Lüneburg (»außen kross, innen saftig«) war eine Karte der Weltmeere mit den beliebtesten Fischsorten und den wichtigsten Fanggebieten abgedruckt: Seelachs wird aus den Gewässern vor Alaska und Grönland hergeschafft, Seehecht aus Südamerika, blauer Seehecht ist zwischen Australien und Neuseeland zu finden. Und wo kommen Snickers her, die Schokoriegel?

Mars Incorporated ist der Hersteller, wie ich später in der Internet-Enzyklopädie Wikipedia las. Snickers wurde 1929 von Frank und Ethel Mars erfunden, die 1911 in ihrer Küche in Tacoma im US-Bundesstaat Washington die Produktion solcher Süßigkeiten aufnahmen, auch Milky Way gehörte dazu. Heute hat Mars Inc. über 130 Niederlassungen in mehr als 60 Ländern und rund 40 000 Beschäftigte. Und Snickers – damals angeblich nach dem Lieblingspferd der Familie benannt – werden heute in braunem Knisterpapier so global vertrieben, dass auf die Mindesthaltbarkeit gleich in 17 Sprachen hingewiesen wird, von denen manche in sehr hübschen Schriften daherkommen: Kyrillisch, Arabisch, Hebräisch, auch asiatische Kringelschriften gehören dazu.

Weltweit beißen Araber, Israelis, Bulgaren, Nigerianer, Taiwanesen, Peruaner, Eskimos und Leute aus Alsweiler, die bei Globus einkaufen, auf die gleiche Schokopampe mit Karamell, Erdnüssen und weißem Nugat und stöhnen auf, wenn irgendeine Zahnplombe nicht mehr dicht ist. Kauend, essend, trinkend ist die Menschheit vereint durch die Produkte der Global Players. Und die Firma Twining & Co Ltd. in London, established 1706, Hoflieferant Ihrer Majestät der Königin, lässt uns auf dem Frühstückstee, den sie aus Indien und Ceylon heranschafft, auch wissen, was uns diesen gigantischen Warenverschub rund um den Erdball überhaupt erst erlaubt: ein hübsches altes Segelschiff ist dort aufgemalt, sehr stolz. Längst überholt natürlich. Die Herrscher der Meere sind heute gigantische Containerfrachter, deren größte Exemplare, betrieben von der dänischen Maerskline, nicht weniger als 397 Meter lang und 56,40 Meter breit sind. Auf einer Fahrt können sie rund 13 000 jener 20-Fuß-Container aufnehmen, die den Güterverkehr in der Welt revolutioniert haben. Für die Globalisierung ist der Container ein ebenso wichtiges Leitmedium wie der Personal Computer. Als genormtes Transportbehältnis, das in kürzester Zeit mitsamt der Ware vom Schiff auf den Zug und den Lkw verladen werden kann, erspart es enorm viel Zeit. Die Ladung eines Schiffes muss nicht mehr von Hafenarbeitern umständlich gelöscht und in Säcken oder Kisten auf andere Verkehrsmittel verfrachtet werden. Was übrigens den Matrosen der Superfrachter nicht einmal mehr die Zeit für einen Bordellbesuch lässt. Und überhaupt hat sich für die Seeleute hinsichtlich ihrer Arbeitsbedingungen nach dem Urteil von Fachleuten »eine Abwärtsspirale« aufgetan. Angeheuert werden ohnehin für die einfachen Arbeiten meist nur noch Billiglohnempfänger aus der Dritten Welt.

Der Siegeszug des Containers war jedoch nicht aufzuhalten. Erfunden hat ihn 1937 der junge Amerikaner Malcolm P. McLean aus dem Dorf Maxton in North Carolina, der mit seiner Schwester und seinem Bruder eine Kleinspedition gegründet hatte und sich über die langen Wartezeiten seines Lkw im Hafen ärgerte. 1956 beförderte er die erste Containerfracht und erzielte dann den Durchbruch mit Aufträgen für das US-Militär im Vietnamkrieg. Seither haben sich die Blechbehälter mit dem Standardmaß von 20 × 8 × 8,5 Fuß (entspricht

6,096 m Länge, 2,438 m Breite und 2,591 m Höhe) weltweit durchgesetzt. Es gibt auch den Doppelpack mit einer Länge von 40 Fuß beziehungsweise 12,192 Metern.

Man konnte diese Wunderkisten platzsparend in den Schiffsbäuchen und an Deck aufeinanderstapeln, auch an Land waren sie mit Krananlagen oder sogenannten Van-Carriern schnell zu bewegen. Im harten Konkurrenzkampf setzten die internationalen Reedereien dann darauf, immer mehr Container auf immer größeren Schiffen über die Ozeane zu bringen. Die Folge war, dass für das einzelne Stückgut die Transportkosten wegen der erhöhten Mengen Jahr um Jahr rapide sanken und die Transporte als solche ebenso rapide zunahmen.

Es kam zu absurden Verzerrungen, die bei näherer Betrachtung jedoch ihre innere Logik haben. Welchen Sinn hatte es, Hühnchen aus Holstein nach China zu verfrachten, dort zum Billiglohn mit Reis in die Konservenbüchse packen zu lassen, die man dann zum Verkauf nach Deutschland zurückbeförderte? Krabben aus Büsum wurden zum Pulen nach Marokko oder Polen geschafft und wieder heimgeholt – es rechnete sich. Da die aberwitzigen Effekte der EU-Exportsubventionen hinzukamen, wurden Eier, Weizen oder Milch über Tausende von Kilometern weit transportiert. Deshalb hat heutzutage auch eine original Münchner Weißwurst mit München nur noch wenig zu tun, wie Thilo Bode, der Leiter der Verbraucherrechtsorganisation Foodwatch sarkastisch bemerkte. »Der Darm stammt aus China, das Kalbfleisch aus Ungarn, das Schweinefleisch aus Polen und die Petersilie aus Südafrika.«

Die schwedische Ökoaktivistin und Globalisierungsgegnerin Helena Norberg-Hodge, die lange in Indien lebte, beschrieb den Wahnsinn, der sehr wohl Methode hat, so: »In der Mongolei, einem Land, das seit Tausenden von Jahren von lokalen Milchprodukten lebt und einen Bestand von 25 Millionen Milch produzierenden Tieren hat, findet man vorwiegend deutsche Butter in den Läden. In Kenia ist Butter aus Holland halb so teuer wie die lokale Butter; in England kostet Butter aus Neuseeland viel weniger als englische Butter; und in Spanien stammen die Milchprodukte vorwiegend aus Dänemark. Unter diesen absurden Bedingungen werden Menschen in ihren alltäglichen Bedürfnissen von Produkten abhängig, die – häufig unnötig – Tausende Kilometer transportiert worden sind.«

Das ist nur möglich, weil es absurderweise teurer sein kann, einen Apfel aus Hamburg oder dem Saargau nach St. Wendel zu schaffen als aus Neuseeland nach Hamburg. »Die sogenannten landseitigen Transporte sind im Zweifel immer teurer, obwohl die Wegstrecke viel kürzer ist«, sagt Michael Behrendt, der Vorstandsvorsitzende der Hamburger Reederei Hapag-Lloyd, die rund 140 Containerschiffe betreibt und damit zu den großen fünf in der Welt zählt. Nach seinen Worten spielt für den Endpreis einer Ware bei großen Mengen der Transport kaum noch eine Rolle. »Einen Fernseher von China nach Europa zu transportieren kostet zehn Dollar; einen Staubsauger einen Dollar. Und eine Flasche Bier einen Cent«, sagte Behrendt Ende 2007 dem Hamburger Nachrichtenmagazin »Der Spiegel«. Aber ist es nicht trotzdem irrsinnig, dass solche Containerriesen mit dem schadstoffreichen Schweröl, das sie als Treibstoff benutzen, die Atmosphäre verpesten und die Klimakatastrophe noch beschleunigen? Auch da widersprach Behrendt. Nach Kohlendioxidausstoß pro Tonne und Kilometer gemessen, sei die Schiffsfahrt mit Abstand die umweltfreundlichste Transportart. Nur lässt er dabei eines unerwähnt: Die Ozean-Riesen machen unzählige Kilometer und produzieren deshalb auch unzählige Tonnen Kohlendioxid. Und beides kann man auch als vollkommen überflüssig ansehen. Würden wir statt des australischen oder des chilenischen Weins den Rebensaft von der Mosel oder aus der Pfalz bevorzugen, dann wären die Transporte nicht nötig. Aber das entscheiden der Wunsch und das Bewusstsein des Kunden. Oder es entscheiden Politiker, die in internationaler Abstimmung den Treibstoff durch Steueraufschläge so verteuern könnten, dass der massenhafte Transport von Waren jeder Art rund um die Welt sich einfach nicht mehr in jedem Falle lohnen würde. Bisher jedenfalls unterliegen der internationale Schiffsverkehr und übrigens auch die Luftfahrt keinen Klimaschutzauflagen und Kontrollen. Ihr Treibstoff wird auch nicht besteuert.

Aber das berührt die Grundfragen des freien Welthandels, und eine Einigung auf ein schärferes Eingreifen ist absolut nicht zu erwarten. Vielmehr geht bei den Diskussionen in der Welthandelsorganisation (WTO) der Trend gerade in die gegenteilige Richtung, hin zur Beseitigung aller noch bestehenden Handelshemmnisse.

Folglich dürfte der Containerverkehr über die Weltmeere sowie über die Schienen und Straßen eher noch zunehmen, falls nicht die Weltwirtschaftskrise oder eine Verteuerung des Treibstoffs all diese Prognosen umwirft. Jedenfalls wurde 2007 allein auf der Strecke China–Europa bis zum Jahr 2020 eine glatte Verzehnfachung erwartet, wie die Verkehrsminister der europäischen Länder bei einem gemeinsamen Treffen in Sofia erklärten.

Nach ihrer Prognose wird dies auch die Abfuhrstrecken im Hinterland auf härteste Belastungsproben stellen und eine Zunahme und Vergrößerung der Staus auf den Straßen nach sich ziehen. Die Konsequenz: neue Verkehrsleitmaßnahmen,

Mautgebühren in vielen Innenstädten, noch mehr Lärm und Gestank, auch auf dem flachen Land, auch in Alsweiler.

In Deutschland rechnet das Bundesverkehrsministerium damit, dass sich das Aufkommen von Lastkraftwagen bis 2025 fast verdoppelt, obwohl auf unseren Straßen jetzt schon doppelt so viele Brummis unterwegs sind wie im Jahre der Wende 1989. Im Luftverkehr wird übrigens binnen 20 Jahren eine Verdoppelung der Passagierzahlen und gar eine Verdreifachung des Frachtaufkommens vorhergesagt – dies alles aber nur, wenn die Energiepreise nicht explodieren.

Für Supermärkte und Warenhäuser heißt das nicht nur, dass unter den gegebenen Bedingungen weiterhin das angeboten wird, was der Kunde wünscht und kauft, egal, woher es kommt. Vielmehr wachsen auch die Herausforderungen an die Logistik, jene hochkomplexe Steuerungsmaschinerie, die die Lieferung der Waren zum richtigen Zeitpunkt ans richtige Warenhaus regelt. Heutzutage wird dies mit hochmoderner Informationstechnologie bewältigt, unsichtbar für den Kunden.

Alle entscheidenden Stationen des Warenumschlags sind zum Beispiel bei Globus digital so vernetzt, dass die Computer automatisch den Abverkauf der Produkte registrieren und in den meisten Fällen gleich neue Ware ordern, ohne dass sich noch ein Mensch darum sorgen muss. »Wenn das Programm durchdacht ist, wenn alle Faktoren richtig berücksichtigt sind, dann bestellt die Maschine besser, als das jeder Mitarbeiter machen kann«, sagte Thomas Bruch bei unserem Essen im Restaurant. Es geht also um Qualität ebenso wie um Schnelligkeit – und um ständige Verbesserungen. »Die Geschwindigkeit der Verbesserungen ist ein entscheidender Erfolgsfaktor. Wenn andere sich schneller verbessern, als man das selber schafft, dann hat man ein Problem.«

Thomas Bruch will, da nun einmal von den umstürzenden Neuerungen der Informationstechnologie alle Lebensbereiche erfasst werden, auch die digitale Zukunft des Einkaufens neu denken lassen. Im September 2007 schloss er eine Übereinkunft mit dem Deutschen Forschungszentrum für Künstliche Intelligenz, das einen seiner vier Sitze in Saarbrücken hat. Demnach wollen ein Professor und ein Forscherteam von bis zu 15 Personen drei Jahre lang ausprobieren, was die neuesten Entwicklungen beispielsweise in der Radiofrequenztechnik alles möglich machen. Und wenn wahr wird, was da vorerst noch Vision ist, dann werden wir in ein paar Jahren beim Streifzug durch die Regalgassen von einem Einkaufswagen gelenkt, der anhand der Einkaufswunschliste selbsttätig den günstigsten Weg weist – mit einer digitalen Stimme. Verraten wir ihm, dass wir an einer Allergie gegen bestimmte Stoffe leiden oder eine bestimmte Diät einhalten müssen, so warnt uns die Ansage vor Lebensmitteln, die in dieser Hinsicht Probleme brächten. Die Weinflasche, nach der wir prüfend greifen, wird uns etwas über ihren Winzer und die beste Lagerung erzählen, der Kartoffelsalat über sein Haltbarkeitsdatum. Bei so viel technologischer Fortschrittlichkeit und so viel internationaler Aufmerksamkeit musste dieses innovative Einzelhandelslaboratorium natürlich einen englischen Namen bekommen: *innovative retail laboratory*.

Auch auf diesem Sektor entscheidet sich eines Tages, ob Globus mit seinen mächtigen Rivalen mithalten kann oder ob die Kunden aus irgendeinem Grund zu Aldi, Lidl oder der Real-SB Warenhaus GmbH, einer Tochter des Metro-Konzerns, und anderen Mitbewerbern überlaufen. Schon jetzt ist der Konkurrenzkampf um Preise und Qualität sehr hart, so hart, dass Thomas Bruch beim Abendessen auf meine Frage nach der gewaltigen Expansion von Globus eben die Sache »nicht zu hoch aufhängen« mochte, sondern trocken sagte: »Sicher, uns gibt's noch, allein das kann man als Erfolg betrachten.« Für den St. Wendeler Unternehmer ergibt sich diese Betrachtungsweise aus einem einfachen Umstand. Jeder Kunde kann sich jeden Tag anders entscheiden. »Von Alsweiler ist man in null Komma nix in Tholey beim Aldi oder beim Lidl, da fahren bestimmt auch genug Leute hin.« So ist es, und zu Aldi und Lidl ist es eben ein paar Kilometer näher als zu Globus in St. Wendel.

Die Gebrüder Karl und Theo Albrecht in Essen haben ihren sagenhaften Aufstieg vom Tante-Emma-Laden zum Discountgiganten Aldi zur selben Zeit genommen wie die Firma Franz Bruch in St. Wendel. Und Aldi hat ebenso wie der Konkurrent Lidl, der aus einem Südfrüchtegroßhandel in Heilbronn hervorging und dem Kaufmann Dieter Schwarz gehört, inzwischen so viele Filialen, dass die Umsätze im Ganzen weit vor denen der Globus-Gruppe liegen. »Die sind elf oder zwölf Mal so groß wie wir«, sagte Thomas Bruch. Um da mithalten zu können, verbündete sich Globus mit der Edeka-Gruppe, die als Dachorganisation zahlreicher Einzelhändlergenossenschaften der größte aller deutschen Lebensmittelhändler ist, zu einer Einkaufsgemeinschaft. Vor allem bei den amerikanischen Produzenten, Coca-Cola oder Procter & Gamble zum Beispiel, waren anders keine nennenswerten Mengenrabatte zu bekommen.

Es geht um Marktmacht, und die bekommen Unternehmen mittlerer Größe wie Globus von den Giganten der Branche genauso zu spüren, wie sie selber sie gegenüber den Kleineren zur Geltung bringen. In vielen Ländern rief der Aufstieg von Globus, Aldi, Lidl und anderen Supermarktketten epochale Verwerfungen hervor. Die Tante-Emma-Läden alten Zuschnitts gehören der Vergangenheit an.

Alsweiler ist ein drastisches Beispiel dafür, was das für Konsequenzen hat. Alle Lebensmittelhändler des Dorfes mussten nach und nach aufgeben. Die Letzte war am 28. Februar des Jahres 2000 Elfriede Ames in der Marpinger Straße, die damals in den Ruhstand ging. Es trat exakt der Zustand ein, den ihre Kollegin Margareta Weiand in ihren letzten Berufsjahren beim Gespräch mit den Leuten im Dorf über dieses Thema prophezeit hatte. »Was ihr da macht, das fällt eines Tages auf euch zurück«, sagte sie, als ihre Kundschaft zu Globus und anderen abwanderte. »Dann steht ihr da ohne.«

Eine letzte Chance wurde verpasst. 1992 wollte ein Unternehmerpaar aus Primstal, das in Alsweiler die Metzgerei übernommen hatte, in der Ortsmitte einen Lebensmittelmarkt bauen. Aber eine Bauvoranfrage wurde in der ursprünglichen Form im Ortsrat und im Gemeinderat nicht akzeptiert. Man wollte Änderungen, doch die Investoren zogen sich zurück. Unterdessen wiesen die Nachbarorte Tholey und Marpingen große Flächen für neue Märkte aus, der Standort Alsweiler war damit aus dem Rennen.

Das Thema erhitzt bis heute die Gemüter, denn natürlich gab und gibt es im Dorf eine Reihe vorwiegend älterer Personen, die nicht über ein eigenes Auto verfügen. Sie müssen sich nun im Bus mit schweren Tüten plagen, wenn sie in die Nachbarschaft zum Einkaufen fahren, oder sind von der Freundlichkeit ihrer Verwandten abhängig, die sie im Auto mitnehmen. Im Ort können sie ihren Lebensmittelbedarf nur noch beim Metzger und in den beiden Backshops decken, von denen einer zur Filialkette der Bäckerei Gillen aus dem Nachbarort Bliesen gehört. Außerdem lässt ein Bäcker aus Thalexweiler am Morgen ein Brotauto durch das Dorf fahren, in dem es noch kurz nach dem Zweiten Weltkrieg vier Bäcker gab.

Mit Robert Laub braucht man über solche Filialen nicht lange zu diskutieren. Und schon gar nicht über die Backshops in Bahnhöfen, an Tankstellen, in Fußgängerzonen. »Das sind keine Bäckereien, das sind Abbackstationen«, sagt er. Vorgefertigter Teig wird dort verarbeitet, sogenannte Teiglinge, die oft aus Polen oder Rumänien geliefert werden, der niedrigeren Löhne halber. Das Ergebnis zeugt nicht immer von hoher Qualität, wie Robert findet, und »das ist leider ein Trend, der mir Kummer macht für unser Bäckerhandwerk«. Der alte Meister nennt keine Namen, aber erlebt hat er es doch mehr als einmal, dass er in einem solchen Laden eine Brezel oder einen Wecken kaufte, die einfach furchtbar geschmeckt haben. »Wenn der Kunde mit der Zunge kauft, dann spielt die Qualität des Bäckers noch eine Rolle«, sagt er. »Wenn er aber nicht mehr mit der Zunge kauft, sondern nur noch aus Gelegenheit, weil er jetzt beim Globus auf dem Heiligen Berg ist oder weil er jetzt gerade hier an diesem Imbiss vorbeikommt und dann diese Qualitätsminderung in Kauf nimmt, dann wird's gefährlich für alle kleinen selbstständigen Bäcker.«

Ist es schon geworden, wenngleich der geschmackliche Unterschied zwischen echtem Brot und Imitat der Kundschaft durchaus bewusst ist. Jedenfalls hat die Firma Globus bei einem Pilotversuch in Ludwigshafen einen nie da gewesenen Ansturm auf ihren neuen Brotladen erlebt, als dort wie einst in der Dorfbäckerei der Sauerteig jeden Morgen frisch bereitet und die Wecken oder Brote nach altem Handwerksbrauch gebacken wurden. Von »einem schleichenden Heimatverlust der Verbraucher im Einzelhandel« war in einer Studie des Rheingold-Instituts für qualitative Marktanalysen die Rede, die vor einiger Zeit in der Illustrierten »Stern« zitiert wurde. Und der Philosoph Peter Sloterdijk, Rektor und Professor der Staatlichen Hochschule für Gestaltung in Karlsruhe, sprach gar von »einer wilden Einwanderung des Neuen ins Bestehende«. Er meinte das nicht in Bezug auf Personen, sondern auf Sachen – Waren zum Beispiel, die man im Warenhaus kaufen kann, aber auch neue Technologien, Automobile oder Kernkraftwerke. »Das Gefühl von Heimat, im Sinne von einem Sich-Auskennen in der Welt, wird aus dem Innersten unserer Kultur heraus durch die Tatsache in Frage gestellt, dass wir so viel Neues hereinlassen«, sagte er im Oktober 2002 der »Saarbrücker Zeitung«. »Es gibt eine Fremdenproblematik in Bezug auf Personen, die ich für vergleichsweise harmlos halte. Doch es gibt auch eine Fremdenproblematik in Bezug auf Sachen, die nicht harmlos ist.«

Deshalb ergibt es Sinn, gerade im Warenhaus, einem Einfallstor des Fremden, wohlweislich auch Vertrautes zu bieten, und das tut die Firma Globus schon seit Langem. In vielen Regalen findet der Kunde heute saarländische Erzeugnisse, zum Teil aus der direkten Nachbarschaft. Zum Beispiel die Öle der Oberthaler Ölmühle Brunozimmer, die freilich ihre Rohstoffe teilweise aus der Ferne bezieht. Oder die Hausmacher Blut- und Leberwurst in Dosen, die in der eigenen Globus-Metzgerei hergestellt wird.

Fleischwaren erzeugt Globus schon lange in jedem Warenhaus selber, und zwar aus Rindern und Schweinen, die bei den Bauern vom eigenen Vertragstierarzt auf Einhaltung der Qualitätsvorschriften kontrolliert werden. Und nach dem erfolgreichen Test in Ludwigshafen werden künftig auch hauseigene Backstuben ein Kennzeichen der Kette sein, jedes Jahr werden in drei Warenhäusern neue eingerichtet. Vom gleichen

Geiste zeugt das Angebot in der Cafeteria des Globus-Hauses in St. Wendel, die zum Treffpunkt für ältere Menschen geworden ist. Sie finden regelmäßig auf dem Speiseplan auch heimische Hausmannskost, zum Beispiel »Mehlknepp« und »Hoorische« – die Ersteren werden aus Mehl und Wasser zu einem urtümlichem Nudelklumpen nach Art der Spätzle geformt, bei Letzteren handelt es sich um Kartoffelklöße, die freilich nicht als Kugel geformt, sondern flach gerollt werden. »Ich sehe immer: Mittwochs stehen da die Schlangen«, erzählte Graciela Bruch bei unserem Abendessen.

Das Gespräch war recht lebhaft geworden, auch ringsum im dicht besetzten Lokal waren die Gäste munter am Reden. Die Frage, die mich jetzt noch interessierte, war der Spannungsbogen zwischen der internationalen Expansion der Globus-Gruppe und der Bruch'schen St. Wendeler Familientradition. Immerhin ist Globus einer der wenigen deutschen Einzelhandelskonzerne, der sich noch im Familienbesitz befindet. Aber nirgends hatte ich im Globus-Warenhaus St. Wendel einen Hinweis auf die Familie Bruch entdeckt, allerdings wird im Internet auf der Website der Globus-Gruppe die Firmengeschichte durchaus erzählt. Ein Gemälde des jungen Gründers Franz Bruch aus der Zeit um 1830 schmückt den Text.

Für Thomas Bruch durchaus eine Frage von aktueller Bedeutung. »Wir wollen stärker auch als Familienunternehmen in Erscheinung treten.« Das Familiäre nämlich schafft Vertrauen, und Vertrauen ist nicht nur der Wert, auf den doch jedes Geschäft gegründet ist, sondern vor allem ein urmenschliches Empfinden, das durch die Fremdheit der Globalisierung bedroht ist. Die Firma Globus hat deshalb begonnen, eine Eigenmarke zu entwickeln, Produkte selber herzustellen, die es nur bei Globus gibt.

Den Weltmarkt und alles, was sich in Moskau oder in Schanghai vollzieht, will man darüber nicht aus den Augen verlieren. Thomas Bruch hat drei Söhne, alle drei sind mit der Firma verbunden. Der Älteste lebt in Russland und betreut die dortigen Globus-Filialen. Der Zweite hat in Irland und Tschechien die Praxis des Lebensmittelhandels kennengelernt und studierte danach Betriebswirtschaft. Der Jüngste war zum Zeitpunkt unseres Gespräches schon ein paar Monate lang in Schanghai. Dort hat die Firma Globus ein Büro mit zwölf Leuten, die vor Ort Kontakte zu neuen Lieferanten suchen. Die sechste Generation der Familie Bruch ist also schon dabei, die neuen Horizonte zu erkunden.

# 6 Hollywood im Wiesental

Was die Filmindustrie, die Ostseepipeline und Gottlob Bauknecht mit dem Dorf zu tun haben

Wie wir auf China zu reden kamen, erinnere ich nicht mehr. Es war irgendein gewöhnlicher Freitagabend gewesen, an dem wir beim »Storze« im Gasthaus saßen. An der dunkelbraunen Theke standen die üblichen Verdächtigen, aus der Tiefe des Nebenraumes drangen die Stimmen junger Männer und das Klackern kollidierender Billardkugeln herüber. Die Spielautomaten kündigten mit zuckenden Lichtern die goldenen Serien an.

Irgendetwas hatte gerade über China in der Zeitung gestanden, und Alfred erzählte ein bisschen von seiner Arbeit, wie das in der Kneipe so vorkommt. Privates, Dörfliches, Berufliches, Ferngesehenes und das große Weltgeschehen wurden durchgenommen. Die Stahlpreise stiegen, die Chinesen kauften »wie wild« alles auf, wie Alfred sagte. Auch in Mittel- und Osteuropa und in den ehemaligen Sowjetrepubliken wurden Unmengen Stahl für Häuser, Brücken, Pipelines und Kraftwerke gebraucht. Dazu die Inder, gewaltig im Kommen, und für die kleinen Unternehmen in Deutschland wurde es jetzt eng. »Die müssen nun warten, manchmal können wir denen überhaupt nichts mehr abgeben, die bestellen zu kleine Mengen«, sagte Alfred. »Das ist ein Riesenproblem, die mittelständischen Firmen vernünftig zu beliefern. Aber bei solch einem Boom, da müssen wir jetzt Geld verdienen.« Dr. Alfred Neis ist der Chef des Walzwerks der Dillinger Hütte.

Im Dorf hatte man gestaunt, was er für einen Aufstieg genommen hatte, während er doch wie eh und je im angestammten Haus seiner Familie wohnte. Er engagierte sich im Sportverein und in der SPD, war Mitglied im Orts- und Gemeinderat und schaute ab und zu am Ende eines langen Arbeitstages beim »Storze« auf ein Feierabendbier herein. Sicher hatten nur die wenigsten im Ort eine Vorstellung davon, was er tagsüber in der Dillinger Hütte zu tun hatte und was er meinte, wenn er am Tresen beiläufig sagte, er müsse jetzt nochmals im Computer nachschauen, wie es im Walzwerk laufe.

Ich kannte Alfred seit Langem. Als Jugendliche hatten wir gemeinsam an den Gruppenstunden der katholischen Jugend teilgenommen und waren täglich zusammen im Bus nach St. Wendel gefahren. Alfred studierte nach dem Abitur in Saarbrücken Physik, promovierte und erwog zunächst eine akademische Laufbahn. 1981 ging er aber als 32-Jähriger zur Dillinger Hütte, fünf Jahre später wurde er dort Leiter der Produktionsplanung, später auch Betriebsleiter und schließlich 2002 der Chef des Walzwerks. *General manager of the rolling mills and production planning* heißt das heute auf einer Website der Firma. Ein jüngerer Kollege aus Alsweiler, ebenfalls promovierter Physiker, stieg an seiner Seite zum Betriebsleiter auf.

Aus dem Blickwinkel des Dorfes war das eine kleine Sensation. Jahrhundertelang waren die Bewohner Alsweilers Bauern gewesen, manche auch Hirten, Tagelöhner oder Handwerker. Später wechselten viele Männer in die Kohlengruben und Hüttenwerke des Saarreviers. Sie wurden Hauer, Schlepper,

Hochofen-Malocher, der eine oder andere Steiger oder Abteilungschef. Aber dass nun zwei Männer aus dem Dorf zu leitenden Managern eines wichtigen Industriebetriebes aufstiegen, das hatte es nie zuvor gegeben. Die Bildungsrevolution der Nachkriegszeit zeigte ihre Wirkung.

Die Dillinger Hütte gehört zum eisernen Bestand der saarländischen Regionalgeschichte. Ein französischer Marquis hatte sie 1685 mit Genehmigung des Sonnenkönigs Louis XIV. vor den Toren von dessen Festung Saarlouis gegründet; er ließ Nägel, Töpfe und Takenplatten herstellen. 1802 baute man das erste Blechwalzwerk Europas und belieferte erst die französische, später die deutsche Marine. 1962 wurde in Dillingen die weltweit erste Stranggussanlage für sogenannte Brammen errichtet, jene halb fertigen Blöcke, aus denen die Bleche gewalzt werden. Heute produziert die Dillinger Hütte die dicksten Brammen auf dem Erdball und ist Weltmarktführer für Grobbleche. Sie ist auch die Paradefirma der saarländischen Montanindustrie, denn sie hatte sich rechtzeitig spezialisiert und kam deshalb gut durch die schwere Stahlkrise, die 1974 begann. Die traditionsreichen Eisenwerke in Neunkirchen und Völklingen hingegen gingen in die Knie. Ein Teil der alten Völklinger Hütte wurde in die UNESCO-Liste des Weltkulturerbes aufgenommen; aus den noch brauchbaren Resten formte man die Saarstahl AG, mit der die Dillinger Hütte heute durch eine Überkreuzbeteiligung verflochten ist.

Die beiden Firmen brachen in den vergangenen Jahren des neuen Booms immer neue Rekorde. Die Nachfrage aus aller Welt war stark wie nie zuvor, die Globalisierung erschloss der Dillinger Hütte immer mehr Kunden in immer mehr Ländern. Die Anlagen liefen permanent an der Kapazitätsgrenze, und Alfred Neis, der ohnehin jeden Tag mehr als zwölf Stunden arbeitete, konnte auch an den Wochenenden nicht immer frei-machen.

In der verbleibenden Zeit nahm er am dörflichen Leben teil, tat Dienst am Bratwurststand beim Tag der offenen Tür im Hiwwelhaus und machte Kommunalpolitik. Die SPD machte ihn zum Vorsitzenden des Gemeindeverbandes und der Gemeinderatsfraktion. Für ihn ist das »ein Ausgleich«, den er nicht missen möchte. Den Wohnsitz in Alsweiler und die Verankerung in der dörflichen Gemeinschaft will er nicht aufgeben, auch wenn er tagsüber im 30 Kilometer entfernten Dillingen in einen weltumfassenden Produktionsprozess eingespannt ist, bei dem er Lieferanten und Kunden auf allen Kontinenten im Blick behalten muss.

Auch das ist Globalisierung: Das Provinznest Dillingen an der Saar ist auf der Weltkarte der Stahlerzeugung eine Metropole. Erze aus Australien, Südamerika und Russland oder Kohle aus China, Kanada und Südafrika werden herbeigeschafft und Grobbleche jeder Art abgeholt. Durch die täglichen Pendlerströme sind auch die umliegenden Dörfer und Städte, aus denen die 5 900 Beschäftigten kommen, in diese transkontinentalen Netze eingebunden. Erfahrungen und Erlebnisse diffundieren, nur noch wenige Bewohner leben im Dorf wie auf einer Insel.

Gerade die Arbeitswelt hat in dieser Hinsicht die unglaublichsten Metamorphosen erlebt, und Alfreds Dasein ist dafür ein sehr anschauliches Beispiel. Er lebt in zwei verschiedenen Welten, die in seiner Jugend noch Äonen voneinander entfernt zu sein schienen und jetzt immer stärker ineinander übergehen. Als ich ihn im Sommer 2008 an einem Samstagabend zum Gespräch über diese Fragen besuchte, zeigte er mir Schautafeln und Plakate, auf denen die Geschichte der örtlichen SPD dargestellt war. Und dann erzählte er mir am Tisch bei einer Flasche Bier, was es mit den Dillinger Grobblechen auf sich hat.

Grobbleche unterscheiden sich von Feinblechen dadurch, dass sie eine Stärke von mindestens fünf Millimeter haben, meistens aber zehn bis 100 oder 200 Millimeter dick sind, manchmal bis zu 450 Millimeter. Fast ein halber Meter. Feinbleche braucht man zum Bau von Autokarosserien, Grobbleche werden in Hochhäusern und Brücken verarbeitet, in Windkraftanlagen oder Ölbohrplattformen. Auch Pipelines werden aus Grobblechen gefertigt. Die Röhren müssen extreme Ansprüche erfüllen: Sie müssen hohen Druck aushalten, ihre Schweißnähte dürfen nicht platzen. Denn wenn zum Beispiel die russische Firma Gazprom mit ihren deutschen Partnern BASF und E.on unter der Aufsicht des früheren Bundeskanzlers Gerhard Schröder eine 1200 Kilometer lange Pipeline vom russischen Hafen Wyborg bei St. Petersburg zum ostdeutschen Endpunkt Greifswald in Vorpommern verlegt, um jährlich 27,5 Milliarden Kubikmeter Erdgas hindurchzupumpen, dann muss diese Röhre absolut dicht sein. »Die wollen die Leitung mit sehr hohem Druck fahren, mit möglichst wenig zwischengelagerten Pumpstationen«, sagte Alfred, »dazu braucht man dickere Stahlbleche.« Ein Leck hätte unvorstellbar teure Ausfälle zur Folge. Die Grobbleche für diese Rohre werden im Walzwerk der Dillinger Hütte gefertigt. Die Kanten werden mit der weltweit größten Fräsmaschine abgesägt.

Projekte, über die man in vielen Ländern in der Zeitung lesen konnte, hatten also mit der Dillinger Hütte und Beschäftigten aus Alsweiler zu tun. Dabei war die Ostseepipeline längst nicht alles. Dillinger Stahl steckt im Shanghai Tower und in den Petronas Towers in Kuala Lumpur, die 2003 bei

Fertigstellung als höchste Bauten der Welt galten. Er steckt im neuen New York Times Building in Manhattan ebenso wie im Freedom Tower, der an die Stelle des am 11. September 2001 eingestürzten World Trade Centers treten soll. Die Referenzliste der Dillinger Hütte enthält noch eine große Zahl weiterer Prestigeprojekte, darunter die Rakete *Ariane 5*, den *Airbus 380* sowie den sagenhaften Teilchenbeschleuniger in Genf. Und die *Queen Mary 2*, die beim Stapellauf 2004 das größte Kreuzfahrtschiff der Welt war. Et cetera.

Wo wir schon bei den Superlativen sind: Seit dem Herbst 2006 gehört die Dillinger Hütte zum größten Stahlkonzern der Welt. Sie befand sich nämlich unter dem Dach der luxemburgisch-französisch-spanischen Holding Arcelor, die damals von dem indischen Stahlindustriellen Lakshmi Mittal durch ein Übernahmeangebot zur Fusion genötigt wurde. Seither ist Arcelor-Mittal mit Sitz in Luxemburg mit über 60 Stahlwerken in über zwei Dutzend Ländern und mit rund 310 000 Mitarbeitern weltweit, der Erste der Branche.

Und weil wir schon vom Dorf reden: Dieser Lakshmi Mittal, der 1950 in dem Dorf Sadulpur im nordindischen Bundesstaat Radschastan geboren wurde, sagt heute: »Als ich noch sehr jung war, lebten wir ohne Strom oder fließendes Wasser. Ich habe das nie vergessen. Als ich etwa sieben Jahre alt war, zogen wir nach Kalkutta in eine winzige Wohnung. Wir zogen immer wieder um, die Apartments wurden größer.« Mittals Vater wurde Miteigner eines kleinen Stahlwerks, so fing vor 50 Jahren die ganze Geschichte an – das Märchen vom Aufstieg eines couragierten Jungen, der als Kind auf Stroh auf dem blanken Boden schlief und heute in einem der teuersten Paläste Londons wohnt. Das US-Magazin »Forbes« führte ihn 2008 auf seiner Liste der reichsten Menschen der Erde unter

Nummer vier. Im Dorf geboren zu werden ist heute also keine schicksalhafte Fügung mehr, die auf ewig bestimmte Wege versperrt. Und das gilt offenkundig nahezu weltweit.

Irgendwann in den vergangenen Jahrzehnten hat in aller Stille eine Revolution stattgefunden, die ihren Ursprung darin hat, dass auch den Kindern vom Land der Zugang zur höheren Bildung eröffnet wurde, und dass gleichzeitig die berufliche Bildung wesentlich verbessert wurde. Auch Töchter und Söhne von Bergarbeitern, Verwaltungsangestellten, Elektrikern oder Kriegerwitwen durften nach St. Wendel oder Lebach auf die Realschule und aufs Gymnasium, ohne dass sie dafür noch Schulgeld zahlen mussten. Auch die Berufs- und Fachschulen verbesserten ihr Angebot, eröffneten einen »zweiten Bildungsweg« und vermittelten weit mehr Kenntnisse als je zuvor. »Wissen ist Macht«, lautete die Parole in den Fünfzigerjahren – heute spricht man von *knowledge-based development* oder wissensbasierter Entwicklung. Und das betrifft die Emigranten genauso wie all diejenigen Dorfbewohner, die in der Heimat geblieben oder allenfalls in einen Nachbarort verzogen sind, weil sie sich dort verheirateten.

Was in Entwicklungsländern noch ein hohes Ziel ist, hat sich in deutschen Dörfern in den vergangenen Jahrzehnten mit einer Geschwindigkeit und Tiefenwirkung vollzogen, die eine völlig neue Situation geschaffen hat. Es ist nicht mehr das Privileg der Städter und der Reichen, fremde Sprachen zu lernen, weit zu reisen, etwas von Informatik oder Quantenphysik zu verstehen, sich eine überregionale Zeitung zu halten oder sich für Literatur zu interessieren. Es sind auch nicht nur die Abiturienten oder Fach- und Hochschul-Absolventen, die von all den neuen Möglichkeiten profitierten und ihre neuen Berufe nicht in der alten Heimat ausüben konnten. Der Umschwung hat sich ebenso in allen handwerklichen, technischen und sozialen Berufen, im Dienstleistungssektor und in der Verwaltung vollzogen. Neue Erkenntnisse und Erfindungen verlangten neue Anstrengungen und Ausbildungen, kein Bereich des Lebens blieb davon verschont. Nie zuvor in der Geschichte der Menschheit sind innerhalb so weniger Jahrzehnte so viele alte Berufe ausgestorben und so viele neue hinzugekommen – einer der markantesten Effekte der Globalisierung.

Am kleinen Beispiel, dem Dorf, erkennt man besser als am großen, wie radikal der Umbruch war. Wie putzig mutet es heute an, betrachtet man sich die ökonomische Struktur von Alsweiler vor 220 Jahren, anno 1787. Der Ort hatte 250 Einwohner, es gab zehn Handwerker: einen Rotgerber, einen Schuhmacher, einen Wagner, einen Steinmetz, zwei Schneider und zwei Schmiede, bei zwei weiteren ist die Tätigkeit nicht überliefert. Die anderen waren wohl Bauern, Tagelöhner oder Hirten. Knapp 80 Jahre später, 1867, hatte der Ort schon 31 Bergleute. Und eine Statistik von 1911 vermittelt, dass schon damals eine fundamentale Umschichtung stattgefunden hatte, der Übergang von der Agrar- zur Industriegesellschaft. Von 1 478 Einwohnern wurden 323 als erwerbstätig aufgeführt, die übrigen waren Familienangehörige. 184 von ihnen waren Bergleute oder pensionierte Bergleute, 47 sogenannte Ackerer, acht Hüttenarbeiter und acht Tagelöhner, je vier Bäcker, Gastwirte und Lehrer. Die Liste der weiteren Berufe gibt ein Bild des Dorfes, das in klassisch ausgebildeter Arbeitsteilung relativ autonom seine Versorgung mit den nötigen Dienstleistungen selber garantierte: Da waren die Schneider, Schreiner, Schuster und Kolonialwarenhändler, der Metzger, die Hebamme, der Müller, der Kalkwerksbesitzer, der Schmied, der Posthalter sowie der Küster und Organist. Auch einen Hirten gab es noch.

Nur wenig davon ist heute übrig. Den Hirten, den Müller, den Schmied, den Posthalter und die Kolonialwarenhändler gibt es längst nicht mehr, auch die Schuster sind verschwunden, immerhin gibt es noch eine Änderungsschneiderei. Im ganzen Kreis St. Wendel gab es noch 1967 stolze 38 Schneidermeister und 46 Schuhmachermeister – 2007 waren fünf Schneider und ein Schuster übrig. Dagegen hat man jetzt in Alsweiler mehrere Handelsvertreter, Versicherungsagenten, Unternehmensberater und Immobilienmakler, außerdem Computer- und Softwarespezialisten, zwei Kfz-Werkstätten, zwei Bodenleger, eine Gärtnerei und zwei Friseursalons. Die Ökonomie wird komplettiert durch eine Apotheke, ein Elektrogeschäft, eine Kreissparkassenfiliale, ein Gips- und Verputzgeschäft, eine Zimmerei, eine Schreinerei, einen Betrieb für Heiz- und Sanitärtechnik, eine Metallbaufirma, je ein Studio für Kosmetik und Fußpflege, eine Metzgerei- und zwei Bäckereifilialen sowie ein Möbelgeschäft. Ferner betätigen sich eine Propagandistin, ein privater Arbeitsvermittler und ein Vermieter von Wohnmobilen, auch praktizieren im Dorf zwei Ärzte und ein Zahnarzt.

Viele Bewohner, Frauen und Männer, pendeln in die Kreisstadt St. Wendel, nach Lebach, Saarbrücken oder in andere Orte der Umgebung als Angestellte, Krankenpfleger, Beamte, Lehrer, Werksmeister, Ingenieure, Vertreter und Verkäufer aller Art. Mehrere Spezialisten sind in St. Wendel bei der dortigen Niederlassung des weltweit operierenden Gesundheitskonzerns Fresenius tätig, dort werden künstliche Nieren entwickelt und produziert. Die Firma ist Weltmarktführer bei der Herstellung von Dialysefiltern. Bewohner Alsweilers arbeiten auch in Saarbrücker Krankenhäusern, Geschäften oder Ministerien oder im Ford-Werk in Saarlouis.

Der Überblick ist alles andere als vollständig und gibt nur ein paar Impressionen von den epochemachenden Veränderungen der Strukturen, die anderswo genauso tiefe Spuren hinterlassen haben wie in Alsweiler. Nimmt man das ganze Saarland als Beispiel, so stehen hier der Untergang des Kohlebergbaus, die Schrumpfung der Stahlindustrie und der Aufstieg der Informatik als signifikante Beispiele dafür, wie der Wandel eine Region im innersten Mark berühren kann.

Das Zeitalter der Kohle ist endgültig vorbei, im Jahr 2012 wird der Betrieb im letzten verbliebenen Bergwerk Saar in Ensdorf eingestellt – auch das natürlich eine Folge der Globalisierung und der weltweit vollzogenen Neuausrichtung der Kohlemärkte in den vergangenen Jahrzehnten. Das »schwarze Gold« aus saarländischer Erde war schon lange viel zu teuer im Vergleich zu den Lieferungen der Konkurrenz aus Südafrika oder China; auf Dauer waren die Gruben wie im Ruhrgebiet auch durch Milliardensubventionen nicht zu halten. Und auch in Alsweiler müssen sich jetzt die letzten Bergleute neu orientieren.

Parallel dazu hat sich in aller Stille in Saarbrücken und Umgebung, ausgehend von der Universität, ein Cluster der Informatik und IT-Technologie herausgebildet, das zur deutschen Forschungselite zählt. Ein halbes Dutzend Professoren zettelte eine lautlose Revolution an. Das ist der Grund, warum dort die Max-Planck-Gesellschaft zwei ihrer begehrten Institute – für Informatik und für Softwaresysteme – angesiedelt hat. Saarbrücken ist auch einer der Standorte des Deutschen Forschungszentrums für Künstliche Intelligenz. Nach Zahl der Beschäftigten hat die IT-Branche mit 5 884 schon Ende 2007 den Bergbau überholt. Und nicht weit von Alsweiler entfernt, im idyllischen Schloss Dagstuhl bei Wadern, ist aus einer barocken Duodezresidenz inzwischen das weltweit wichtigste Begegnungszentrum für Informatiker geworden, ein Sehnsuchtsziel für IT-Freaks aus den USA, Europa und Asien.

Bis ins letzte Dorf hinein, bis nach Alsweiler hat dieser Wandlungsprozess ins Leben der Menschen eingegriffen. Josef Rauber ist dafür ein gutes Beispiel. Der 41-Jährige war Bergmann wie derzeit noch mehr als ein halbes Dutzend weiterer Männer aus Alsweiler. Aus einer privaten Leidenschaft, die ihn 1991 zur Gründung des Skiclubs Alsweiler e.V. veranlasste, ergab sich für ihn dann ein neuer Beruf. Als Vereinsvorsitzender und Organisator von Skiausflügen in die Alpen war er bald so erfolgreich, dass er auch ein Geschäft für Wintersportbedarf in Alsweiler gründen konnte, »Sport Sepp« genannt. Heute betreibt er auch einen virtuellen Shop im Internet, aus ganz Deutschland und aus Österreich wird bei ihm geordert.

Aber das ist nicht das Ende der Überraschungen. Wer würde heute vermuten, dass in diesem Dorf in einem unauffälligen Bürogebäude »auf der Lehn« Ingenieure sich mit der Krümmung chinesischer Autotüren beschäftigen? Und dass daneben ein Mann seine Werkstatt hat, der im internationalen Filmgeschäft eine Rolle spielt – mit Kontakten bis hin nach Hollywood?

Als ich im Juni 2008 das Gewerbegebiet auf der Bergkuppe ansteuerte, wo sich früher die Drahtwarenfabrik befunden hatte, war ich sehr neugierig darauf, was sich inzwischen in den übrig gelassenen Fabrikhallen getan hatte. Die Firma, von drei Brüdern aus Alsweiler geführt, war zwei Jahrzehnte lang der wichtigste Arbeitgeber im Ort gewesen und hatte 240 Menschen beschäftigt. Sie hatten Drahtwaren sowie Holz- und Stahlmöbel hergestellt, mussten 1978 aber aufgeben.

Jetzt waren die Hallen an eine Reihe kleiner Betriebe vermietet, die Straße davor schien frisch geteert. Alubau, Metallkonstruktionstechnik, Holzwerkanlagen, Werkzeug- und Vorrichtungsbau, Fachhandel für Reinigungsbedarf – die Firmenschilder und die Auskünfte, die ich erhielt, ließen nicht unbedingt auf globale Geschäfte schließen. Dann aber stieß ich hinter einer großen Halle auf ein flaches Bürogebäude, hier hatte die Firma Eiden & Schmidt ihren Sitz. Herr Schmidt, ein leger gekleideter Mann mittleren Alters, hatte nur kurz Zeit und gab mir eine Hochglanzbroschüre mit, die mit englischen Schlagwörtern glänzte: *measuring, engineering, developing.* Auf der Rückseite war außer der Firmenadresse Feldstr. 21 in Marpingen-Alsweiler auch das Hangzhou Representative Office im Jiahui Building No. 2 in der Chaohui Road 179 aufgeführt. Hangzhou liegt in China, rund 200 Kilometer südlich von Schanghai.

Entfernung ist kein Problem mehr in dieser schönen neuen Welt, und auch die Reparatur alter Autos kann ein internationales Geschäft sein. Jedenfalls für Patrick Stoll, einen Karosseriebaumeister und früheren Fallschirmjäger der Bundeswehr, der seine Passion für militärische Oldtimer zum Beruf gemacht hat. Sie fallen gleich ins Auge, wenn man seine Werkhalle betritt. Zwei urtümliche Kübelwagen sowie mehrere Jeeps und Motorräder standen im weiten Raum, als ich dort vorsprach. Ein Hund sprang herbei. Patrick Stoll, der im Nachbarort Marpingen lebt, sammelt seit Langem solche historischen Fahrzeuge, restauriert und verkauft sie dann wieder. »Wir turnen in der ganzen Welt herum, um das Zeug zusammenzukriegen«, sagte der 41-Jährige. So fand er alte Wehrmachtsautos in Italien, Russland oder Ungarn, und er suchte auch in Polen, Tschechien, der Ukraine und Moldawien.

Patrick Stoll restauriert die teilweise schrottreifen Fundstücke aufwendig und verkauft die Fahrzeuge dann nach Uruguay oder Irland. Ausrüstungsgegenstände gingen auch schon nach Russland, Japan, Australien und Argentinien. Jeeps, die er in den USA auftrieb, sind für einen Luxemburger bestimmt, zu hohen Preisen.

Auch Hollywood hat Bedarf – für historische Kriegsfilme wie den Streifen »Valkyrie« (Walküre), den die Firma United Artists im Jahr 2007 unter mächtigem publizistischem Getöse in Deutschland drehte. Patrick Stoll war mit dem Hauptdarsteller Tom Cruise und seiner Truppe wochenlang in Berlin und im Spreewald auf dem Set, das Filmteam hatte mehrere Fahrzeuge von ihm ausgeliehen und ihn selber gleich als militärhistorischen Berater engagiert.

Ein paar Monate später erfuhr das ganze Saarland, welch exotische Aktivitäten der Marpinger Spezialspengler weiter entfaltete. »Der deutsche Überfall auf Polen begann in Alsweiler«, meldete die »Saarbrücker Zeitung« am 15. September 2008 auf ihrer Titelseite. Das Merschbachtal war nämlich Schauplatz von Probeaufnahmen für eine weitere Hollywoodproduktion gewesen. Diesmal ging es um das Buch »Der letzte Zeuge«, das Rochus Misch, der Leibwächter und Telefonist Adolf Hitlers, veröffentlicht hatte. Eine Schweizer Gesellschaft wollte es verfilmen und inszenierte im Wiesental mit rund 150 Komparsen, die aus Ungarn, Irland und Deutschland herangebracht worden waren, den Beginn des Zweiten Weltkriegs am 1. September 1939.

Hollywood in Alsweiler? Nichts scheint mehr unmöglich. Neue Chancen eröffnen sich, während gleichzeitig alte Strukturen mit Getöse untergehen. Michael Detzler hat einen solchen Wandlungsprozess miterlebt. Als Lehrling heuerte er bei einem St. Wendeler Handwerksbetrieb an, heute ist er Projektmanager eines japanischen Konzerns, ohne je die Firma gewechselt zu haben. Die Firma allerdings wechselte mehrfach den Besitzer. Der 53-Jährige war mehrere Jahre Beigeordneter der Gemeinde Marpingen und Vorsitzender des CDU-Gemeindeverbandes. Seine berufliche Laufbahn als Fototechniker und Laborant begann er 1969 bei einem Fotolabor in St. Wendel. Er stieg zum Betriebsleiter auf und nahm teil am ungeheuren Umbruch dieser Branche. Technische Neuerungen setzten immer neue Maßstäbe, in den Labors wurde immer stärker automatisiert, der Konkurrenzkampf wurde immer härter und steigerte sich nach dem Aufkommen der Digitalfotografie zur Vernichtungsschlacht. Die St. Wendeler Firma wurde von einem Münchner Unternehmen übernommen und ging danach an den japanischen Konzern Fujicolor. Die Betriebsstätte in St. Wendel, die zu ihren besten Zeiten 300 Menschen Arbeit gab, wurde im Mai 2007 geschlossen. Michael Detzler behielt als einer der wenigen seinen Job. Als »Projektmanager in der Produktion« reist er jetzt von seinem Homeoffice in Alsweiler aus zu Kunden und Laboren in ganz Deutschland.

Wie Alfred Neis, sein Gegenspieler von der SPD, so hat auch Michael Detzler stets das dörfliche Engagement in der Kommunalpolitik und in verschiedenen Vereinen bruchlos mit seiner beruflichen Tätigkeit verbunden, die ihn in gänzlich andere Welten führte. Einerseits nach japanischen Vorgaben Reports an die Fujicolor-Firmenführung zu schreiben und andererseits mitzuhelfen, dass die Handballmannschaft der DJK Marpingen möglichst genug Sponsorengelder bekommt, um in der Regionalliga Südwest und der Bundesliga 2 spielen zu können – für ihn ist es kein Widerspruch. Und so machen es viele, denen ihre Arbeit Weitblick und die Beschäftigung mit internationalen Fragen abverlangt, und die gleichzeitig die Verankerung im Kreis der Freunde, Nachbarn und Verwandten im Dorf nicht aufgeben möchten. Weshalb man an Alsweiler Kneipentheken einen internationalen Steuerfahnder, der allerdings in beruflichen Fragen nicht gesprächig ist, ebenso treffen kann wie einen weit umherschweifenden Vertreter eines amerikanischen Healthcare-Konzerns. Wer heute auf dem Dorf lebt, ist damit keineswegs mehr auf einen engen Rahmen festgelegt. Und das ist sicher einer der großen Vorteile jenes technisch-gesellschaftlichen Aufbruchs, der ein wesentlicher Teil der Globalisierung ist.

Manfred Böffel, 58 Jahre alt, ist ein anderes Beispiel für dieses Phänomen. Wir waren einst als Kinder in derselben Schulklasse und spielten in derselben Straße. Als ich ihn an der Kirmes im September 2007 wieder einmal traf, tranken wir ein Bier zusammen an einem Stehtisch in der wogenden Menge auf dem übersonnten Kirmesplatz. Dabei erzählte er mir von der Kaninchenzucht, von einer Reise nach Chicago und von seiner neuen Tätigkeit als Gesamtbetriebsratsvorsitzender der Firma Bauknecht Deutschland.

Manfred war gelernter Werkzeugmacher und arbeitete seit 1972 bei der Firma Bauknecht Hausgeräte GmbH in Neunkirchen-Wellesweiler. Täglich pendelt er die 30 Kilometer hin und her. 2002 wählten ihn die Kollegen zum Betriebsratsvorsitzenden, 2005 avancierte er zum Gesamtbetriebsratsvorsitzenden der Firma, die ihren Hauptsitz in Stuttgart hat. Zudem ist er ehrenamtlicher Arbeitsrichter und seit Langem in der IG Metall aktiv. In Frankfurt trifft er sich regelmäßig mit anderen Gesamtbetriebsratsvorsitzenden seiner Branche. Auch Gewerkschafter sind längst alltäglich mit den Folgen der Globalisierung befasst, zumal bei Bauknecht.

Der Werdegang dieser Firma ist ein klassisches Beispiel wirtschaftlichen Aufstiegs – vom dörflichen Handwerksbetrieb zum Teil eines multinationalen Konzerns. In Tailfingen auf der Schwäbischen Alb gründete 1919 der 27-jährige Gottlob Bauknecht aus Neckartenzlingen eine elektrotechnische Werkstatt, die zum mittelständischen Unternehmen heranwuchs und nach dem Zweiten Weltkrieg mit ihren Haushaltsgeräten einen umwerfenden Erfolg hatte. Man produzierte »weiße Ware«, Kühlschränke und Waschmaschinen zum Beispiel, in Neunkirchen-Wellesweiler Geschirrspülmaschinen. Die Söhne des Gründers steuerten die Firma indes 1982 an den Rand des Abgrunds, nach einem Konkurs und dem Einstieg des Konkurrenten Philips übernahm 1989 die US-Firma Whirlpool die Anteile. Seither gehört Bauknecht ebenso wie andere Familienunternehmen aus Europa und den USA zu einem Konzern, der seit 2006 der größte Hausgerätehersteller der Welt ist, mit 68 000 Beschäftigten in mehr als 40 Ländern. Whirlpool ging seinerseits aus einer 1911 gegründeten kleinen Firma in St. Joseph am Michigansee hervor.

Am Michigansee ist bis heute die Konzernzentrale, die Manfred Böffel im Jahr 2004 als Aufsichtsratsmitglied zusammen mit anderen Arbeitnehmervertretern einmal besuchte. »Dimensionen – Wahnsinn«, sagte Manfred, als er mir im Hobbyraum seines Hauses davon erzählte.

Das Bauknecht-Werk in Neunkirchen-Wellesweiler indes ist in klassischer Weise von dem betroffen, was als größter Negativeffekt der Globalisierung gilt: der Verlagerung von Arbeitsplätzen in Länder, wo niedrigere Löhne gezahlt werden. Whirlpool hat es sich wie andere Firmen zunutze gemacht, dass sich in Mittel- und Osteuropa nach dem Zusammenbruch des Kommunismus 1989 neue Chancen auftaten, und engagierte sich im polnischen Breslau. Dort wurden 2004 eine 100-Millionen-Euro-Investition und die Schaffung von 1000 neuen Arbeitsplätzen von polnischer Seite als große Errungenschaft gefeiert – das Nachsehen haben die Bauknecht-Werker im Saarland. Die Polen sind im Herstellungspreis pro Gerät um 16 Euro billiger als die Saarländer, das ist der Kern des Problems. Gut 500 000 Geschirrspüler wurden 2007 in Neunkirchen-Wellesweiler hergestellt, es waren schon einmal 700 000 im Jahr, an die 200 000 wurden nach Breslau verlagert.»Wenn wir die wieder zurückkriegen wollen, dann müssen wir pro Gerät schon mal 16 Euro bringen«, sagte Manfred. Und das heißt für ihn, dass die Belegschaft der Konzernleitung etwas anbieten muss: zusätzliche Arbeit ohne zusätzliche Bezahlung, als Gegenleistung für eine Standortsicherungs- und Beschäftigungsgarantie.»Wir sind flexibel, wir schaffen dafür mal sieben, acht, zehn Samstage im Jahr, ohne Mehrarbeitszuschläge, damit irgendwo diese Kosten gespart werden können.«

Manfred hatte schon gerechnet: Die Wochenarbeitszeit könnte ohne Lohnausgleich von 35 wieder auf 40 Stunden erhöht werden. Für die Beschäftigten hieße das bei einem durchschnittlichen Stundenlohn von zwölf Euro, dass jeder dem Unternehmen durch seine unbezahlte zusätzliche Arbeit jeden Monat 240 Euro und jedes Jahr 3 000 Euro schenkt. Gegen Arbeitsplatzsicherheit. Wobei natürlich der Tarifvertrag über die 35-Stunden-Woche durch eine Sondervereinbarung außer Kraft gesetzt werden müsste.

Das eben ist das Elend der Globalisierung: Soziale Errungenschaften für Arbeitnehmer werden in Ländern wie Deutschland hinweggefegt. In vielen Fällen führt dies zur Arbeitslosigkeit oder verschlechterten Arbeitsbedingungen und einer

Senkung der Löhne und Gehälter. Der Fall der Firma Nokia, die eine Handyfabrik in Bochum schloss und stattdessen eine neue in Klausenburg in Rumänien eröffnete, ist ein Extrembeispiel.

Bei Bauknecht in Neunkirchen-Wellesweiler wurden reihenweise Beschäftigte entlassen, weitere Einheiten der Geschirrspülmaschinenproduktion gingen an das Werk in Breslau über. Die Beschäftigten befürchten, dass es ihnen eines Tages genauso ergeht wie ihren Kollegen bei einer Kühl- und Gefrierschankfabrik des Whirlpool-Konzerns in Calw im Schwarzwald: Die Produktion wurde dort eingestellt und komplett nach Tschechien verlagert.

Als Betriebsratsvorsitzender hat Manfred Böffel also weiterhin alle Hände voll zu tun, und er hat deshalb manche dörfliche Vereinsaktivität zurückgefahren. Früher blies er im Musikverein Trompete, stand für den Theater- und Karnevalsverein auf der Bühne und war aktiver Tennisspieler. Im Sportclub Alsweiler war er nicht nur Vizepräsident, sondern auch Jugendleiter sowie stellvertretender Leiter der Abteilung Handball.

Schließlich wendet er nach wie vor viel Zeit auf für die Kaninchenzucht. Ein ganzer Schrank voller Pokale im Hobbyraum lässt wissen, dass er dabei durchaus Ehrgeiz an den Tag legt und erfolgreich an zahlreichen Tierschauen teilgenommen hat. Mit seinen Rassekaninchen wurde er 29 Mal Kreismeister, zehn Mal Landesmeister, drei Mal Südwest-Meister und zwei Mal Eifel-Grenzlandmeister. Jetzt fehlt noch, »das sage ich dir ganz ehrlich«, die deutsche Meisterschaft.

Dass wir am Ende unseres dreistündigen Gesprächs dann wieder vom Dörflichen aufs Globale zu reden kamen, hatte auch damit zu tun, dass irgendwann Manfreds Schwiegertochter mit dem Enkel vorbeikam. Die Schwiegertochter heißt Darunee und stammt aus Thailand, seit dem achten Lebensjahr lebt sie im Saarland. Sie spricht gut Deutsch, auch Alsweiler Dialekt, kann sehr gut zeichnen und hat 2007 ihre Ausbildung zur Floristin als Landesbeste abgeschlossen. Für bestimmte Blumenarrangements hat ihr der Schwiegervater im Wald ein paar Baumstämme besorgt und sie zurechtgeschnitten.

Im Jahr 2007 waren die Tante und die Großmutter von Darunee Böffel aus Thailand zu Besuch, sehr nette Leute, Darunee hat übersetzt. Und Manfred schaute staunend zu, wie die 76-jährige Großmutter ein Kissen auf den Boden legte, sich daraufsetzte und aus einem Beutel zehn verschiedene Döschen holte, es war wohl Tabak darin. Und dann hat sie gekaut und gepriemt. »Wie Nillese Karl«, sagte Manfred. Das war ein alter Alsweiler Bauer, der schon lange tot ist, ein Dorforiginal, der immer Tabak kaute und auf die Straßen spuckte.

Und übrigens betreibt der viel beschäftigte Gesamtbetriebsratsvorsitzende und Züchter, wenn noch Zeit bleibt, auch ein wenig Ahnen- und Familienforschung. Erst unlängst hat er Kontakt zu diversen Boeffels in Lothringen und den USA bekommen. Sollte der Enkel vom Alten einmal die Ahnenforschung übernehmen, so wird dann auch in Thailand zu recherchieren sein.

# 7 Das Handwerk der sozialen Fantasie

Vom Pflaumenmus zum Dorfmodell – wie das deutsche
Vereinswesen und die ländliche Kultur in Gefahr geraten

Der Laden brummte, die Sonne schien, ein lebhaftes Gewirr
von Stimmen erfüllte das Haus und das umliegende Terrain in
der Dorfmitte. Wolfgang Simon ruhte in der Brandung wie ein
Fels. Aufmerksam überblickte er das Getümmel und gab seine
Signale. Mal ging er einer Gruppe von Neuankömmlingen
entgegen, die über den Rasen ins Hiwwelhaus hineindrängte
und etwas sehen wollte von den historischen Räumen, die an
diesem Tag geöffnet waren. Dann suchte er einen der Gäste-
führer und schickte die frisch Eingetroffenen zur Überbrü-
ckung der Wartezeit erst einmal hinauf in den ersten Stock zu
dem Dorfmodell, das als Neuheit angekündigt worden war.
Anschließend warf er ein Auge darauf, wie die Versorgung mit
Getränken im kleinen Zelt da draußen lief und ob drinnen an
den Kaffeetafeln alle Platz fanden, die dies wollten.

Bisher hatte es keine Pannen gegeben, und alles deutete
darauf hin, dass dieser Tag der offenen Tür im historischen
Hiwwelhaus in Alsweiler einen guten Verlauf nehmen würde.
Schon jetzt, am Nachmittag, waren mehr als 200 Besucher
gekommen, und der Auftritt des Alsweiler Kabaretts, der si-

cher weitere Gäste locken würde, hatte noch nicht einmal begonnen. Gedränge herrschte im Gang und auf der Treppe. Eine dörfliche Kulturveranstaltung nahm ihren Lauf. »Dorfkultur ist Vereinskultur« – so hat der Tübinger Kulturwissenschaftler Hermann Bausinger es einmal zutreffend formuliert. »Das kulturelle Leben ist hausgemacht.« So war es auch an diesem Sonntag in Alsweiler. Wolfgang Simon hatte dabei als neuer Organisationsleiter des Vereins für Heimatkunde das Geschehen zu steuern. Mitglieder des Vereins und weitere Helfer führten Gäste durchs Haus, andere verkauften Getränke. Angehörige des Roten Kreuzes betrieben einen Rostwurststand, ein halbes Dutzend Frauen der katholischen Frauengemeinschaft verkaufte Kaffee und selbst gebackenen Kuchen, und die kleine Aktionsgruppe 3. Welt bot an ihrem Stand Wein aus Chile und Südafrika an.

Ein Jubiläum war zu begehen. Im Jahre 2008 war es zehn Jahre her, seit das Hiwwelhaus nach mehrjähriger Renovierung als dörfliches Kulturzentrum eröffnet worden war. Dies wollte man feiern, und zwar zweimal. Zunächst war an diesem letzten Sonntag im April der Verein für Heimatkunde dran, der das im Hiwwelhaus eingerichtete Bauernhaus-Museum betreute. Ein halbes Jahr später hingegen, Anfang September, wollte der Hiwwelhaus-Verein, der hier die kulturellen Veranstaltungen organisierte, ein sogenanntes Laxemfest feiern. Laxem ist ein Zwetschgenmus, das nach alter Art einen ganzen Tag lang im Kessel auf offenem Feuer gekocht und gerührt wird. Schon 1998 zur Eröffnung hatte es Laxem gegeben, jetzt sollte die Sache wiederholt werden, aber natürlich erst im Herbst, wenn es frische Zwetschgen gab.

Der Doppelschlag war gedacht als Demonstration für die Sinnhaftigkeit des Denkmalschutzes. Ein Jahrzehnt zuvor hatte es nämlich um die Frage, ob das Hiwwelhaus tatsächlich für viel Geld saniert werden sollte, heftige Debatten gegeben. Das Gebäude, das seinen Namen dem mundartlichen Ausdruck für Hügel (»Hiwwel«) verdankt, datiert aus dem Jahr 1712 und ist das älteste erhaltene Bauernhaus im Saarland. Jahrzehntelang hatte es im Schatten eines später abgebrannten, neueren Gebäudes gestanden und den Besitzern vorwiegend als Stall und Scheune gedient. Der Verein für Heimatkunde hatte zusammen mit den zuständigen Kommunalpolitikern erreicht, dass das Gebäude gesichert und unter Denkmalschutz gestellt wurde. Die saarländische Landesregierung half dann mit, es zu sanieren. Die Investitionen von insgesamt knapp 2,5 Millionen DM bestritt man größtenteils aus EU-Geldern.

So wurde das Hiwwelhaus im Sommer 1998 eingeweiht. Es gründete sich ein eigener Verein, der Hiwwelhaus e.V., der das Gebäude mit Leben erfüllen wollte und regelmäßig Ausstellungen, Musik- und Liederabende, Vorträge und Kabarettauftritte organisierte. Die Veranstaltungen sind bis heute gut besucht, und allgemein wird das Projekt Hiwwelhaus inzwischen von einer großen Mehrheit der Einwohner als Erfolg betrachtet. In einer Broschüre des saarländischen Umweltministeriums wird das lang gestreckte Gebäude mit seiner braungelben Außenwand und seinen dunklen Gefachen als Paradebeispiel für den dörflichen Denkmalschutz vorgestellt.

Anfangs hatten die Gegner des Projekts bezweifelt, dass ein Dorf wie Alsweiler überhaupt ein Kulturzentrum brauche. Diese Stimmen waren jedoch verstummt. Die große Resonanz sprach für sich selber. Viele staunten, was durch die Existenz des neuen Kulturzentrums an Kreativität zum Vorschein kam, die bisher in Alsweiler Wohnstuben verborgen geblieben war. Hobbymaler stellten ihre Bilder aus, eine Fotografin ihre

Fotos. Ein Pensionär fertigte aus Speckstein Skulpturen. Ferner wurden Ikonen, Krippen und Schiffsmodelle präsentiert, ebenso Textilarbeiten und andere kunsthandwerkliche Schöpfungen. Zwei Rentner aus Alsweiler berichteten mit Dias von ihrer Fahrradtour auf dem Jakobsweg nach Santiago de Compostela. Eine junge Frau aus dem Dorf war den berühmten Pilgerpfad zu Fuß gegangen und zeigte eine Powerpoint-Show, ein Ehepaar aus Marpingen berichtete mit Fotos.

Gleich im ersten Jahr nach der Eröffnung trat im Hiwwelhaus der Dichter Johannes Kühn aus Hasborn auf. Mal wurde auch ein Buch vorgestellt, mal berichteten die Archäologen über die neuesten Grabungen am früheren römischen *vicus* im Wareswald. Ein Höhepunkt waren die regelmäßig ausverkauften Veranstaltungen des »Alsweiler Kabaretts«, das sich 2002 gegründet hatte, sowie des Kabarett- und Musikantenduos »Langhals und Dickkopp« aus Marpingen, das im ganzen Saarland reüssierte. Allein dass es zwei solche Komödiantengruppen in den beiden Dörfern gab, war eine Neuheit und Besonderheit. Das Hiwwelhaus war ihre ideale Bühne. Ein volles Haus hatten auch die »Itchy Fingers« (Juckende Finger), ein ebenfalls in Alsweiler verwurzeltes Trio, das virtuos mit Flöte, Geige, Gitarre und Gesang irische Folkmusik darbot. Zum zehnjährigen Jubiläum nun veranstaltete der Hiwwelhaus-Verein einen Gedichtabend, bei dem auch Mundarttexte gelesen wurden. Es wurde ein großer Erfolg.

Für den historischen Teil des Hiwwelhauses, der als Bauernhaus-Museum eingerichtet war, war der Verein für Heimatkunde zuständig, der im Jubiläumsjahr nun ebenfalls etwas bieten wollte. Er machte das Gebäude selber zum Thema, schließlich war es das wichtigste Monument des Dorfes. Beim Tag der offenen Tür wurden wieder einmal alle Räume geöffnet und gezeigt. Gleichzeitig wollte man das daneben gelegene Speiersch Haus, das gerade erforscht wurde, erstmals der Öffentlichkeit zugänglich machen.

Die Planungen liefen frühzeitig an und lagen großteils in der Hand von Wolfgang Simon. Der 65-Jährige, von Beruf Diplomvermessungsingenieur, stammte aus Gonnesweiler im nördlichen Saarland und hatte vor 40 Jahren nach Alsweiler geheiratet. Als Beamter des Amtes für Landesentwicklung in Lebach hatte er die Flurbereinigung im nordsaarländischen Wadrill geleitet, auch im Dorf war er bekannt als guter Organisator. Gleich nach seinem Zuzug war er in mehrere Vereine eingetreten. »Man kann nicht in ein Dorf kommen und warten, bis die einen kitzeln«, meinte er. Auch als Pfarrjugendführer, im Pfarrgemeinderat und im Verwaltungsrat der Kirchengemeinde hatte er sich engagiert. Eine Zeit lang leitete er auch den Sportverein, außerdem hatte er die Volkshochschule im Ort gegründet.

Personen wie Wolfgang Simon hat fast jedes Dorf. In Alsweiler gibt es etliche davon, Männer wie Frauen: umgängliche, aktive Menschen, die im Zusammenwirken mit anderen ihr Vergnügen und ihre Selbstbestätigung finden. Bernadette Dewes, die Vorsitzende des Hiwwelhaus-Vereins, die die Veranstaltungen organisiert und sich auch beruflich in Marpingen mit kommunaler Kulturarbeit befasst, ist ein anderes Beispiel. Jede dörfliche Gemeinschaft bezieht ihre Lebendigkeit aus dem Engagement solcher Personen, die nicht nach Vergütung oder auch nur nach einem Dankeschön fragen. Die Freude über ein gelungenes Projekt muss genügen.

Solch ein Vorhaben war dieser Hiwwelhaus-Tag, der als Gemeinschaftswerk mehrerer Vereine vorbereitet wurde. Knapp drei Wochen vor dem Ereignis kam die Nachricht, dass noch eine besondere Attraktion geboten werden könnte. Wieder war dies das Ergebnis einer dörflichen Gemeinschaftsleistung. Schon seit geraumer Zeit gab es den Plan, ein historisches Modell des Dorfes Alsweiler zu bauen. Edgar Kreuz, ein pensionierter Kommunalbeamter, hatte nach den Regeln der dörflichen Kommunikation (»Ich kenne einen, der kennt einen, der kennt einen«) herausgebracht, wie man das Alsweiler Gelände maßstabsgerecht nachbilden könnte. Ein junger Mann aus einem Nachbardorf, der eine Frau aus Alsweiler geheiratet hatte und beim Landesamt für Kataster-, Vermessungs- und Kartenwesen in Saarbrücken beschäftigt ist, hatte ihm erzählt, man könne die behördlichen Vermessungsdaten problemlos auf CD erhalten. Nur mussten sie auf einen Industrieroboter übertragen werden. Der würde dann aus einem Styroporblock ein Modell der Landschaft fräsen. Es gab da in Uchtelfangen die Modellbaufirma Junker GmbH, die allerdings zunächst passen musste: Die Daten waren nicht kompatibel. Der Vermessungsingenieur Peter Trapp konnte helfen und knobelte zusammen mit seinem Sohn Sascha so lange an der Sache herum, bis die Daten konvertiert waren.

Ein zweiter Ansatz kam hinzu. Das Magazin »Saargeschichte/n« hatte 2007 über historische Kartenwerke berichtet, die über zwei Jahrhunderte lang in lothringischen Archiven geschlummert hatten. Der junge französische Militärgeograf Jean-Jacques Naudin hatte 1736 im Auftrag seines Königs die Saar-Mosel-Region vermessen und 1737 in Versailles eine bunte Karte davon gefertigt. Sie wies zwar groteske Verzerrungen auf, zeigte aber sämtliche Dörfer, auch Alsweiler, detailliert in der kompletten Ortslage. Nicht nur Kirchen, Häuser und Mühlen waren eingetragen, sondern auch Wälder, Bäche, Geländeformationen, Wegkreuze, ja sogar die Galgen, an denen ein Männlein am Strick baumelte. Die Darstellung war älter als jede andere bekannte Karte der Region. Der Verein für Heimatkunde hatte von der Mediathèque in Metz eine CD mit den Daten einer hochaufgelösten Darstellung erhalten, die Karte wurde 2007 im »Alsweiler Almanach« veröffentlicht. Sie sollte die Grundlage des Dorfmodells bilden, das nun gebaut wurde.

So kam der Tag, an dem eine kleine Gruppe nach Uchtelfangen fuhr und zuschaute, wie aus einem 1,50 m mal 1,50 m großen Styroporblock im Maßstab 1:1000 in der Fläche und 1:400 in der Höhe die Landschaft von Alsweiler entstand. Edgar nahm das Ding mit in seine Werkstatt nach Hause und ging mit seinem Nachbarn Josef Becker, einem gelernten Schlosser, daran, die Wälder und Wiesen nachzubilden. Bald fragten sie auch zwei Experten des Modellbauclubs Freisen um Rat, die sofort anreisten. Sie fertigten aus gemahlenem Tabak Walduntergrund an, sie modellierten Bäche aus Klarlack und dunkelten die Farbe der Wege mit aufgebrühtem Kaffeesatz nach. Waldflächen wurden modelliert, Straßen en miniature mit Kies gepflastert, Häuschen aus Holz zurechtgesägt. Alle waren fasziniert von dem, was in Edgars Werkstatt entstand: In einer Hügellandschaft, die in unterschiedlichsten Schattierungen von Grün changierte und von blauen Bächen durchflossen war, hoben sich die weißen Häuschen ab. Die Kirche war noch eine Kapelle, die Mühle lag noch weit außerhalb des Dorfes – auf Anhieb wurde klar, was für gewaltige Wandlungen der Ort in diesen 270 Jahren durchgemacht hatte. Zwei Tage vor dem großen Ereignis war das Werk dann vollendet, das ohne den selbstlosen Einsatz vieler Einzelner nicht zustande gekommen wäre. Es gab ja kein Geld zu verdienen. Im Gegenteil war noch das Material zu bezahlen, für das der

Ortsrat von Alsweiler allerdings einstimmig einen kräftigen Zuschuss gab.

Der Tag der offenen Tür im Hiwwelhaus und im benachbarten Speiersch Haus wurde dann ein Erfolg, und im Getümmel und Gedränge, gewissermaßen aus dem erlebten Gegenbild heraus, wurde mir bewusst, was eigentlich die Globalisierung in einer dörflichen Gesellschaft wie der von Alsweiler anrichten kann, wenn man ihr im Taumel der Überreizung nichts entgegensetzt. Sie zerstört die Bedingungen, unter denen sich soziale Kreativität entfalten kann, so wie im Falle des Dorfmodells und des Tags der offenen Tür. Sie pulverisiert die Gemeinschaft an dem Ort, in dem man wohnt. Sie hetzt die Menschen auf immer neue globale Modetrends, die nur für kurze Zeit Befriedigung gewähren, so lange, bis irgendjemand damit genug Geld verdient hat. Sie schafft Coolness und Distanz und entwertet damit jede kleine Regung für die unmittelbare Umgebung, die konkreten Menschen, die Nachbarn, die keine Helden und keine Celebrities und deshalb im Vergleich zu den Protagonisten der globalen Fernsehprogramme scheinbar langweilig sind. Sie übersättigt die Menschen mit Filmen und Spielen, mit Unterhaltung, Geschwindigkeitsräuschen und billigen Waren so sehr, dass diese alle Übersicht und alle Maßstäbe verlieren.

Vor allem werden sie inaktiv. Es kommt ihnen jegliche Geduld und jegliche humane Wertsetzung abhanden, für deren Entwicklung sie gar keine Zeit und Sammlung mehr haben. Wer findet, wenn er sich im Fernsehen mit endlosen Verfolgungsjagden über kalifornische Highways zugedröhnt hat, noch Vergnügen an den alten Straßen des Schaumberger Landes aus dem Jahre 1737? Unmerklich entzieht diese kulturelle Globalisierung, sofern man sie nicht bändigt, einer lebendigen

Gemeinschaft, so wie sie sich in Alsweiler an diesem sonnigen Frühlingssonntag entfaltete, die Basis ihrer schöpferischen Vergnügungen.

Der Hiwwelhaus-Tag war der Kontrapunkt einer solchen Entfremdung, ein munteres, lebhaftes Fest der Selbstbetätigung und Selbstbestätigung. In geselliger, unterhaltsamer Form beschäftigten sich die Menschen mit ihrem Hiwwelhaus, ihrem Speiersch Haus, ihrer Ortsgeschichte und ihrer dörflichen Kultur, deren neueste Schöpfung nun dieses Dorfmodell war.

Die Sonne strahlte, die Besucher strömten. Bei einem kleinen Festakt wurden Reden gehalten, auch der zuständige Beamte des Landesamtes für Denkmalschutz, Dr. Rupert Schreiber, war gekommen. Die Besucher schauten sich im Hiwwelhaus um und bestaunten den »Haschd«, den altertümlichen Rauchfang, und sie umdrängten das historische Dorfmodell, das im zweiten Stock auf einer freien Fläche vor einer offenen Fachwerkwand aufgebaut war. Die Mitglieder der katholischen Frauengemeinschaft, die Kaffee und Kuchen verkauften, trugen selbst geschneiderte historische Trachten, schwarze Röcke und Blusen mit geklöppelten Schürzen und Schulterumhängen, ein Anklang an jene Kleider, die wir von unseren Großmüttern kannten. Allerdings sind in Alsweiler die überlieferten Trachten schon Ende des 19. Jahrhunderts untergegangen. Als ich die Frauen fragte, ob diese Kleider echt seien, antwortete eine von ihnen lachend:»Nein, die Trachten nicht, aber es stecken echte Alsweiler Frauen drin.« So ging unter Lachen, Scherzen und Schauen der Nachmittag dahin. Nach wenigen Stunden war der Kuchen ausverkauft, ebenso das Bier und die Rostwürste.

Gegen 17.00 Uhr verstärkte sich der Andrang, jetzt stand der Auftritt des »Alsweiler Kabaretts« bevor. Herbert Ames,

Norbert Brill und Peter Rauber trugen schwarze Hosen, knallrote Hemden und goldgelbe Krawatten. Mit zwei Gitarren und einer Rassel trugen sie Lieder und Geschichten vor, die sie eigens zu diesem Anlass verfasst hatten. Zur Melodie des Volkslieds »Es waren zwei Königskinder« sangen sie: »Es waren zwei alte Häuser«. Dann trug Peter ein Märchen über einen einstigen Bewohner des Hiwwelhauses vor, in dem er sich spöttelnd auch auf den Bürgermeister Laub bezog, einen angeblichen Nachfahren. Es wurde auch erwähnt, dass es vor zehn Jahren um das Hiwwelhaus »ein Balawer und ein Krach« gab. Satirische Bauernregeln rundeten den Vortrag ab, und es gab dafür so viel Beifall, dass die drei als Zugabe noch einen ihrer bekannten Gassenhauer geben mussten, ein Lied über das »Scheesewänje« – der mundartliche, vom französischen »la chaise« (Kutsche) abgeleitete Ausdruck für einen Kinderwagen.

Als der Tag zu Ende war und die Akteure des Vereins für Heimatkunde nach dem Einsammeln der leeren Flaschen und dem Aufräumen der Stühle beim Bier am Tisch beisammensaßen, herrschte Zufriedenheit. Man hatte Glück mit dem Wetter gehabt, es waren viele Leute gekommen. Paul, der Ortsvorsteher, hatte zahlreiche Fotos gemacht. Schon am nächsten Tag lud der Webmaster der Dorfwebsite sie ins Netz.

Monika Lambert, die Vorsitzende der Ortsgruppe der katholischen Frauengemeinschaft, teilte mir später mit, das Geld, das die Frauen bei diesem Hiwwelhaustag durch den Verkauf von Kuchen erwirtschaftet hatten, solle zum großen Teil für ein Projekt in Malawi gespendet werden. Darüber musste ich unbedingt noch einmal mit ihr reden.

Man könnte sicher, um einen Eindruck vom Vereinsleben in Alsweiler zu geben, auch andere solcher dörflichen Veranstaltungen beschreiben, mit anderen Akteuren, anderen Projekten, anderen Anstrengungen und anderen Vergnügungen. Nicht immer ist dabei so sehr die Identität des Dorfes berührt wie bei diesem Hiwwelhaustag. Die meisten dieser Veranstaltungen finden auch nicht im Hiwwelhaus statt, sondern im großen Saal des Pfarrheims, und je nach Anlass geht man auch ins Grüne.

Das Feiern ist ein wichtiger Aspekt des Ganzen. Der Jahreslauf in deutschen Dörfern gliedert sich heutzutage nicht mehr so sehr nach kirchlichen Feiertagen, sondern nach den Festen und Festchen, deren Anlass meist der Jahrestag einer Vereinsgründung ist.

Alsweiler hat 37 Vereine, da fallen reichlich Jubiläen an. Die Mitglieder sind dabei als freiwillige Helfer gefordert beim Bier- und Wurstverkauf, beim Schmücken der Tische, beim Präparieren eines saarländischen Schwenkbratens über offenem Feuer und bei der Gestaltung eines Unterhaltungsprogramms, an dem meist auch noch andere Vereine mitwirken.

Man arbeitet Hand in Hand, und es tritt dabei ein Phänomen zutage, das für den Charakter einer dörflichen Gesellschaft bisher prägend war: Dorfbewohner besitzen aufgrund der stetigen Vernetzung mit ihren Nachbarn, Verwandten und Freunden eine weitaus höhere soziale Kompetenz als viele Einzelgänger in der Stadt. Hilfsbedürfnis und Hilfsbereitschaft sind ihnen von alters her vertraut. Sie sind es gewohnt, bestimmte Vorhaben, zum Beispiel auch das Auftreiben von Geld, von vornherein als multilateralen Prozess zu organisieren, an dem eine Vielzahl von Menschen beteiligt wird. Sie haben Erfahrung im Vollbringen von Werken, die nur als Gemeinschaftsleistung möglich sind.

Gewiss kann die große Nähe zu den Mitmenschen und die damit verbundene soziale Kontrolle in einem Dorf auch etwas Bedrückendes sein, und sie hat schon manchen hinausgetrieben. Aber sie hat auch ihre Sonnenseite: die Solidarität, den Gemeinschaftsgeist, den vergnügten Enthusiasmus, der sich als eine Art soziales Kunsthandwerk manifestiert.

Mitunter stellt sich bei Vereinsjubiläen allerdings auch eine Routine des Vergnügens ein, die leicht in Vergessenheit geraten lässt, dass diese Art gesellschaftlichen Zusammenwirkens einen durchaus politischen historischen Hintergrund hat. Zudem ist das Vereinswesen ein gesellschaftliches Strukturelement von hohem sozialem Rang, was erst ein Vergleich mit anderen Gesellschaften zeigt. Mag mancher Städter auch schon vor 100 Jahren herablassend über die »Vereinsmeierei« mancher Zeitgenossen gelästert haben, mag mancher Wichtigtuer es mit seinem Pöstchen auch wirklich übertreiben, mag mancher Vorstand auch heillos zerstritten sein – im Ganzen ist aus einem deutschen Dorf das Vereinsleben nicht mehr wegzudenken.

Vereine und Verbände sind Errungenschaften des bürgerlichen Zeitalters, zuvor hatte es nur religiöse Bruderschaften oder Schützengesellschaften gegeben. Die Vereine sprossen aus dem Geist der Aufklärung, zur Blüte gelangten sie nach dem Ende des Feudalismus. Die entscheidende Gründungswelle setzte in Deutschland zwischen 1830 und der Revolution von 1848 ein und war dem gleichen Freiheitsdrang verpflichtet, der auch das nationale Aufbegehren gegen die Bevormundung durch die Fürstenherrschaft beflügelte. Schützen-, Turn- und Gesangvereine trugen das Banner voran. Man fand sich auch in Lese-, Musik-, Geschichts- und landwirtschaftlichen Gesellschaften zusammen und betrachtete die Gründung von

Vereinen als eine der neuen demokratischen Freiheiten, als Wahrnehmung des Rechts auf ungehinderte Versammlung und Assoziation. Mit zeitlicher Verzögerung bemächtigten sich dieses Rechtes nach den Städtern auch die Dorfbewohner. In der Saarregion war dieses Bestreben besonders ausgeprägt. Sozial engagierte katholische Geistliche, zu denen auch der Alsweiler Pfarrer Conrad Schneider gehörte, fassten die Berg- und Hüttenarbeiter in den St.-Barbara-Bruderschaften zusammen, in Alsweiler 1864. Knappenvereine sorgten sich parallel dazu um die sozialen Belange und bauten Sterbekassen auf. Im gleichen Geiste der gegenseitigen Selbsthilfe wurden 1894 in Alsweiler ein Bürgerunterstützungsverein als Hinterbliebenenversicherung für andere Bewohner und 1897 eine Spar- und Darlehenskasse ins Leben gerufen, die später in der Raiffeisenkasse und der Volksbank aufging. Ein Jahr später kam eine Molkereigenossenschaft hinzu. So formte sich aus dem Bedürfnis der Selbsthilfe heraus jener starke Gemeinschaftsgeist, der bis heute lebendig ist.

Es ist äußerst reizvoll, am Beispiel dörflicher Vereinsgründungen zu verfolgen, wie nach und nach der gesellschaftliche Fortschritt in der Provinz anlangte, wie etwa nach dem Ersten Weltkrieg die Verkürzung der Arbeitszeit zur Verbreitung des (aus England importierten) Fußballspiels und des Wanderns führte. Auch viele Theater- und Musikvereine wurden damals gegründet. Gleichzeitig fand man zu gemeinsamem Nutzen sich in einer freiwilligen Feuerwehr zusammen, einem Kleintierzuchtverein, einem Bienenverein, einer Ortsgruppe der Gewerkschaft und des Roten Kreuzes. Meist wurden ganze Regionen, ja das ganze Land von solchen sozialen Wellenschlägen erfasst, weshalb bestimmte Arten von Vereinen in allen Dörfern ähnlich alt sind.

Es war kein Zufall, dass die Nazis viele Vereine verboten oder gleichschalteten, so wie in anderen Teilen Europas die Kommunisten. Nach dem Zweiten Weltkrieg formierte man sich neu, und in allerjüngster Zeit belegt nicht nur das Beispiel Alsweiler, wie der Trend zur Freizeitgesellschaft und zur Individualisierung bis in die Kapillaren der Gesellschaft vordringt. Fitness wurde zum Ziel der Menschen in einer Zeit, als körperliche Arbeit bei den meisten durch sitzende Tätigkeiten abgelöst worden war. Eine Fülle neuer Sportvereine entstand, so in Alsweiler neben dem traditionsreichen Sportverein von 1924, der sich neue Sparten zulegte, auch ein Tennisclub, ein Lauftreff mit Nordic-Walking-Abteilung sowie ein Skiclub, der sich das Motto »Let's go to ski and fun« gab. Nicht zu vergessen schließlich der 1997 gegründete Computerclub und die schon 1989 gebildete Vereinsgemeinschaft als Dachverband und Koordinationsorgan für 30 der 37 Vereine.

Ein neues Phänomen, bunt wie ein Papagei, ist die blühende Szene der überwiegend jugendlichen Freizeitkicker, die lose organisiert sind. Sie nennen sich Hexenkicker, Gnom's Bräute, die Scheinheiligen, Run away oder Gnadenschuss. Beim Derby »Ein Dorf spielt Fußball« treten sie alle an, rund 30 Mannschaften, auch Mädchen sind dabei.

Traditionelle Dorfvereine lassen sich heute in zwei Gruppen aufteilen: die gefährdeten und diejenigen, die noch Nachwuchs haben. Der Männergesangverein, der Kirchenchor, der Mandolinenverein, die St.-Barbara-Bruderschaft und der Verein für Garten- und Blumenfreunde leiden seit Jahren unter Mitgliederschwund, ihr Bestand ist nicht für alle Zukunft gesichert. Junge Leute streben woandershin: in den Musikverein, der mit schmissigen Rhythmen und Anleihen bei nord- und südamerikanischer Folklore den Sound der Gegenwart verbreitet und auch bei internationalen Wettbewerben stolze Plätze belegte. Oder in den Sportverein, zur Feuerwehr und in den Schützenverein, wo es eigene Jugendabteilungen gibt.

Besondere Attraktivität genießt bei jungen Leuten in Alsweiler der Theater- und Karnevalsverein, dessen 213 Mitglieder zu mehr als einem Drittel Kinder und Jugendliche sind. Diese sind vom Vereinsbeitrag befreit. »Wir versuchen, so modern wie möglich mit den Jugendlichen umzugehen«, sagt der Vereinsvorsitzende Günther Hippchen. Jedes Jahr zum Ferienbeginn wird auf dem Kirmesplatz in Alsweiler in Zusammenarbeit mit dem Jugendbüro der Gemeinde Marpingen eine »School's out Party« gegeben, bei der sich sämtliche Kinder und Jugendlichen der Großgemeinde hemmungslos vergnügen dürfen.

»Kinder sind unsere Zukunft, und wir sind froh, dass wir so viele davon haben«, rief Florian Gasser, der Elferratspräsident, im Januar 2008 bei einer fünfstündigen Kappesitzung in den überfüllten Saal, als vor ihm die verschiedenen Garden und Tanzgruppen paradierten. Alsweiler Kappesitzungen ähneln aktuellen Fernsehshows, bei denen es aus dem Off heiße Rhythmen fetzt. Bunte Lichter zucken, Rap dröhnt, und fesche Girls animieren die beschwingten Zuschauer: »Everybody sings!!!« Die Büttenredner trugen Headsets mit Mikrofonen vor der Wange, keine kleine Investition für den Verein; und sie machten sich im Alsweiler Dialekt über allerlei örtliche Begebenheiten sowie über die Marpinger Kommunalpolitik und die Nachfrage nach der Potenzpille Viagra lustig.

Natürlich sind die meisten Rituale, die da geboten werden, ein Imitat. Auch der dörfliche Karneval entzieht sich insofern nicht den Wandlungen, die das Kennzeichen der Epoche sind. Im Gegenteil: Er bringt sie besonders plastisch zum Vorschein.

Das Fremde wird inkorporiert, das Eigene ins fremde Gewand gehüllt. Das, was die Narren da auf der knallbunt geschmückten Bühne des Pfarrheims verhandeln, betrifft fast ausschließlich lokale Angelegenheiten und Personen: eigene Kommunalpolitiker, eigene Originalgenies, eigene Missstände, eigene Marotten. Es ist mithin ein Gegenprogramm zum Fernsehangebot und zur Globalisierung, allerdings in den äußeren Formen derselben. Auf diese Weise haben Menschen immer schon das Importierte mit dem Angestammten vermengt.

Übrigens befanden sich bei jener Kappesitzung nicht nur auf der Bühne, sondern auch im Publikum sehr viele junge Leute. Gerade dies ist eine Kardinalfrage für die Fortentwicklung der dörflichen Kultur. Vereine sind ihre Träger und Schöpfer, deshalb ist es nicht gleichgültig, wenn manche dieser Organisationen so große Nachwuchssorgen haben und ihre Veranstaltungen von jüngeren Leuten gemieden werden. Dies hat nicht allein mit Modernität im Äußeren zu tun, sondern auch mit einem Wandel der Lebensstile und der Werte. Wo das deutsche Volkslied verdämmert, hat auch kein Männergesangverein mehr eine Chance. Und wo Äpfel unterm Baum verfaulen und junge Menschen keinen eigenen Garten mehr betreiben, weil alle Lebensmittel ja so billig im Supermarkt zu haben sind, da hat ein Obst- und Gartenbauverein der klassischen Prägung es schwer, noch Resonanz zu finden.

In Alsweiler existiert ein solcher Verein seit 1949, seit 1975 nennt er sich Verein für Garten- und Blumenfreunde. Seit 1999 ist Dagmar Morsch die Vorsitzende. Die 45-Jährige ist gleichzeitig im Theater- und Karnevalsverein und weiteren Vereinen aktiv. Sie schöpft mithin aus vielfältigen Erfahrungen, wenn sie sagt, es gebe in der jüngeren Generation einen gewissen Trend zum Egoismus. »Geld ist wichtig und eigener

Erfolg und nicht das Zwischenmenschliche«, meinte sie beim Gespräch an ihrem Wohnzimmertisch, von dem aus man in den winterlich vereisten Garten schauen konnte. Die alten Formen der Nachbarschaftshilfe,»das ist bei den Jungen nicht mehr so wie bei den Älteren«, erzählte sie. Bitte man um einen Gefallen, beispielsweise, ob jemand auf die Kinder aufpassen könne, dann kriege man von Jüngeren heutzutage »häufig ein Nein zu hören«. Wer anders handelt und sich selbstlos engagiert, wird belächelt. »Wie kannst du das machen? Man macht nichts, wofür man kein Geld bekommt«, wurde Dagmar von einem Bekannten regelrecht gerügt.

Für Experten steht diese Haltung für ein allgemeines Phänomen, nicht nur in Deutschland. Schon seit einigen Jahren definieren sie den selbstbezogenen narzisstischen Charakter, der auf moralische und soziale Bindungen keinen Wert mehr legt, als dominanten Typus unserer Zeit. Und Peter Winterhoff-Spurk, Professor für Psychologie an der Universität Saarbrücken, vertritt die Ansicht, unter dem Eindruck der neuesten Wandlungsprozesse bilde sich als neuer Sozialcharakter gerade der sogenannte Histrione heraus. Ein Histrione war in der Antike ein Schauspieler, Tänzer oder Musiker. In der Sicht der Psychologen ist es eine Art von Mensch, der erlebnishungrig und leicht erregbar ist, außerdem egozentrisch, oberflächlich, mitunter aggressiv und emotional labil.

Vor allem das Fernsehen gibt solchen Leitfiguren Raum: Sportlern, Schauspielern, Musikern, Moderatoren und Kurzzeitstars wie Paris Hilton oder den Mitspielern in irgendeiner Castingshow, die eigentlich gar nichts können, sondern nur dafür berühmt sind, dass sie berühmt sind. Deren Rollenverhalten übersetzt sich in den Alltag derjenigen Menschen, mit deren Aufmerksamkeit die gekünstelten Künstler ihre

Millionen verdienen. Vor allem Jugendliche sind dafür empfänglich.

Die dörfliche Gesellschaft und ihre Kultur des Helfens sind davon im Innersten berührt. Denn ihre Besonderheit speist sich ja gerade nicht aus einsamer Selbstbespiegelung oder theatralischer Extravaganz, sondern aus der Zuwendung zum anderen, zu einer Vielheit von anderen sogar, und einem dicht gewebten Netz von Kontakten. Beides kommt nun in Gefahr. Wer sich durch die Flut der Soap-Operas im Fernsehen oder der virtuellen Spiele im Internet davon abhalten lässt, mit anderen Menschen persönlichen Umgang zu pflegen, verabschiedet sich von jener besonderen sozialen Kompetenz, die das Dorf bisher so auszeichnet. Schon das Wissen von der Vielfältigkeit des Lebens und der Welt, das junge Menschen im Dorf in der kontinuierlichen Begegnung mit vielen verschiedenen anderen Menschen gewissermaßen automatisch erwerben, droht verloren zu gehen.

Experten sprechen hier vom »sozialen Kapital«. Der französische Kultursoziologe Pierre Bourdieu, der selber als Sohn eines Briefträgers in einem Pyrenäendorf aufwuchs und die Dorfgesellschaft gut kannte, hat als »soziales Kapital« den Nutzen und das Potenzial bezeichnet, die ein solch vielfältiges Geflecht sozialer Beziehungen ganz allgemein darstellen. Gegenseitige Anerkennung, Interesse, Hilfe, Vermittlung von Wissen und Verbindungen – das ist es, was den Reichtum einer menschlichen Gemeinschaft und auch eines einzelnen Lebens ausmacht. Wo das Gewebe der Gegenseitigkeit verkümmert, kommt auch die Gesellschaft aus der Balance. Viele Menschen geraten in die Isolation.

»Bowling alone« nannte der amerikanische Harvardprofessor Robert D. Putnam sein bekanntes Werk über die Abnahme der persönlichen Kontakte und das Schrumpfen der Strukturen der Geselligkeit in den USA, das im Jahr 2000 erschien. Der einsame Bowlingspieler wurde ihm zur Symbolfigur eines Niedergangs, dessen Folgen nach seinen Erhebungen durchaus statistisch fassbar sind: zum Beispiel in steigenden Kriminalitätsraten, höherer Schwangerschaft unter Teenagern, mehr Selbstmorden gerade unter jungen Leuten und einer Verschlechterung der Gesundheit der Bevölkerung. Es steigen, wie Putnam analysierte, bei einer solchen Entwicklung auch die staatlichen Kosten für Kranke, Alte und Behinderte, weil sie nicht mehr von Angehörigen oder Nachbarn versorgt werden.

Mit anderen Worten: Geselligkeit und Wechselseitigkeit sind unerlässlich für den Erhalt sozialer Strukturen. Wo sie zerbrechen, kommt Verwahrlosung auf. Dass dagegen gerade das Engagement in einem Verein wirksam vorbeugen kann, wird auch in neueren Untersuchungen bestätigt. So heißt es in einer 2007 veröffentlichten Studie der Bertelsmann-Stiftung über »die Bundesländer im Standortwettbewerb«, im Saarland wirke sich die bundesweit höchste Organisationsdichte in Vereinen positiv aus. »Die Kommunikation und Zusammenarbeit in Vereinen kann die Sozialisierung von Jugendlichen fördern, was für diese wiederum im Berufsleben hilfreich ist. Die Fähigkeit, sich in einem Team einzubringen, ist in einer immer komplexer werdenden Arbeitswelt unerlässlich. Darüber hinaus bleibt nach der Arbeit und den Aktivitäten in einem Verein kaum noch Zeit, auf die schiefe Bahn zu geraten.«

Die Sache hat also auch eine eminent politische und zudem eine internationale Dimension. Erst Letztere macht deutlich, was gerade den Deutschen ihre Formen der sozialen Selbstorganisation wert sein sollten. Es geht ja nicht nur um dörfliche Selbsthilfe und Vergnügung, und man muss nicht nur von Vereinen reden. Es geht auch um Bürgerinitiativen, *non-governmental organizations* (NGO, Nichtregierungsorganisationen), wie es auf der internationalen Ebene heißt. Solche NGOs haben gerade in den Auseinandersetzungen um die Globalisierung von sich reden gemacht, aber sie spielen auch unabhängig davon eine zunehmend wichtige Rolle, zum Beispiel in Mittel- und Osteuropa.

NGOs sind überall da gefragt, wo nach dem Kollaps des Kommunismus eine neue Bürgergesellschaft aufgebaut werden soll, die *civil society*, von der auch deutsche Politiker inzwischen häufig reden. Gemeint ist: Wo der Staat nicht helfen kann oder will oder soll, müssen die Bürger die Sache selber in die Hand nehmen. Die Organisation Transparency International, die weltweit die Korruption analysiert, oder die Umweltorganisation Greenpeace und die Gefangenenhilfsorganisation Amnesty International sind Beispiele dafür. In Italien und den USA gibt es auf örtlicher Ebene andere Initiativen, überwiegend sozialen Charakters, entstanden aus dem Geist tätiger Nächstenliebe, katholisch oder calvinistisch geprägt; man spricht von *volontariato* beziehungsweise *volunteering*.

In Deutschland sind wir damit wieder bei der sogenannten ehrenamtlichen Tätigkeit, bei den Bürgerinitiativen und bei den Vereinen des 19. Jahrhunderts, bei den Verbänden und anderen, neuartigen Lobby-, Helfer- und Interessengruppen. In Tschechien, Bulgarien oder Rumänien steht man, wie ich als Auslandskorrespondent erfahren habe, häufig vor dem Nichts. Es gibt erst relativ wenige Vereine, NGOs oder wissenschaftliche Beobachterteams, die das Bürgerinteresse artikulieren. Die Bürger sind seit der Wende von 1989 vor allem mit dem Geldverdienen beschäftigt, außerdem sind ihnen aus der

Zeit des Kommunismus und der zwangsweisen Mitgliedschaft bei Pionier- und Parteiverbänden derlei Dinge verdächtig – mit dem Ergebnis, dass sie den Machenschaften der Politiker, Parteien und großen Firmen, der Bürokratie und der alten korrupten Seilschaften wehrlos ausgeliefert sind. Nur allmählich und mit Unterstützung deutscher, britischer und amerikanischer Stiftungen bilden sich jene inneren Strukturen, ohne die eine Demokratie nur ein formales Etikett bleibt.

Auch darum geht es, wenn man am Beispiel eines saarländischen Dorfes darüber nachdenkt, wohin sich im kalten Wind der Globalisierung das Vereinswesen entwickelt. Führt seine Rückbildung dazu, dass auch das demokratische Innenleben leidet? »Vereine sind das Rückgrat des gesellschaftlichen Lebens«, hat der saarländische Umweltminister Stefan Mörsdorf einmal gesagt. Vereine erbringen auch eine gewaltige wirtschaftliche und soziale Leistung. Nicht von ungefähr verkündete deshalb Ministerpräsident Peter Müller im September 2008, man werde mit Anstecknadeln, Sonderurlaub und Preisrabatten in bestimmten Geschäften und Institutionen all jene Menschen belohnen und ermutigen, die kontinuierlich ehrenamtlich tätig sind. Im Saarland sind das mehr als 380 000 von einer Million Einwohnern – also mindestens jeder Dritte.

Der Vorstoß hat seinen Grund darin, dass seit geraumer Zeit flächendeckend ein Nachlassen des freiwilligen Engagements zu bemerken ist. Das spüren auch Kirchen, Parteien und Gewerkschaften. Man beteiligt sich noch hier und da an konkreten Aktionen, aber eine dauerhafte Bindung mit dauerhaften Verpflichtungen ist vielen Menschen inzwischen nicht mehr genehm – eine »Projektmentalität« macht sich breit, wie dies der Berliner Politikwissenschaftler Herfried Münkler genannt hat.

Auch in Alsweiler ist das zu spüren. Dagmar Morsch, die Vorsitzende des Vereins für Garten- und Blumenfreunde, ist nicht die Einzige, die feststellen musste, dass es bei bestimmten Anlässen immer mühseliger wird, genügend freiwillige Helfer zu mobilisieren, die die Säle putzen, die Stühle stellen, die Tische schmücken, die Bühne richten und das Bier verkaufen. Auch die Bergmannsbruderschaft St. Barbara hat dergleichen mehrfach erfahren, auch in anderen Vereinen und in der Vereinsgemeinschaft schält sich immer stärker heraus, dass es nur noch wenige und immer dieselben sind, die ohne Umschweife anpacken. Meist sind es die Vorstandsmitglieder, die sowieso den Verein am Laufen halten.

Die Erosion der Anteilnahme hat viel damit zu tun, dass in manchen Vereinen ältere Mitglieder aus Gesundheitsgründen nicht mehr anpacken können wie ehedem oder sterben. Dies bleibt nicht ohne Folgen. Der Verein für Garten- und Blumenfreunde, dessen Mitgliederstand sich in zehn Jahren von 155 auf 135 verringerte, beschloss im Frühjahr 2007, das Erntedankfest nicht mehr zu begehen und nicht mehr zu diesem Anlass die ganze Dorfbevölkerung ins Pfarrheim einzuladen. Es mangelte an freiwilligen Mitwirkenden. Im Schulverein, dem Dagmar Morsch als Schulelternsprecherin angehörte, war es ebenfalls »ganz krass«, wie sie sich erinnerte. »Wenn dort irgendeine Veranstaltung war, wo man Helfer gebraucht hat, das war eine Katastrophe, dort Leute zu finden.« Eine Altersfrage offenbar – die Eltern waren meist recht jung, unter 40 in jedem Fall. »Dort ist das Umdenken schon erfolgt.«

Auch Wolfgang Simon ortet die Scheidelinie bei den 40-Jährigen, also etwa dem Geburtsjahrgang 1968. Nach seiner Ansicht hat der seither eingesetzte Wertewandel einen Traditionsbruch bewirkt, der die Gesellschaft schwächt und manchmal auch den Alltag versauert. »Alsweiler geht rückwärts«, sagt er. Hoffnungsvolle junge Leute verließen scharenweise nach Abschluss ihrer Ausbildung das Dorf, um anderswo sich einen Beruf zu suchen, und fehlten dann in den Vereinen ebenso wie in der Pfarrgemeinde und der Kommunalpolitik. Weshalb der Vermessungsamtsrat a. D. Simon auch der Überzeugung ist, gewisse Alsweiler Großtaten der Vergangenheit, zum Beispiel der Bau des Pfarrheims oder der Bau der großen Sporthalle vor mehr als 30 Jahren wären heute als Gemeinschaftsaktion des ganzen Dorfes wohl nicht mehr vorstellbar. »In dieser Größenordnung kriegt man's nicht mehr hin!« Allenfalls seien kleinere Projekte noch möglich, auf Vereinsebene.

Die gibt es in der Tat durchaus noch. Der Tennisclub Rot-Weiß erweiterte sein Clubheim, der Schützenverein überholte sein Schützenhaus, und die Nordic-Walking-Abteilung der Lauftreff-Freunde »Spiridon« erbaute eine Schutzhütte. Und der Sportclub »Eintracht« Alsweiler, mit rund 650 Mitgliedern einer der größten Vereine im Ort, brachte im Jahr 2002 für die Beschickung seines Sportplatzes mit Kunstrasen 340 000 Euro zusammen. Zu schweigen von der eigenen Arbeitsleistung.

Dabei macht sich durchaus ein Mangel an jungen Männern bemerkbar, die anpacken könnten und wollten. Der Sportverein verspürt den »demografischen Wandel« mit am stärksten. Seit einiger Zeit ist deshalb schon mit den Sportvereinen der Nachbardörfer Berschweiler, Marpingen und Urexweiler eine Vereinbarung getroffen, die vor zwei Generationen, als die Dörfer noch stark verfeindet waren, undenkbar erschienen wäre: Im Jugendfußball hat man eine Spielgemeinschaft gegründet, im Handball ist das gescheitert, in anderen Bereichen noch nicht nötig. Kleinere Dörfer der

Schaumbergregion waren durchaus schon gezwungen, auch ihre ersten Mannschaften zusammenzulegen, um überhaupt noch weiterspielen zu können. Auch der Alsweiler Tennisclub Rot-Weiß hat mit dem TC Marpingen eine Spielgemeinschaft gebildet, die Tischtennisclubs der beiden Dörfer sind schon seit 30 Jahren friedlich vereint.

Im Erwachsenenfußball freilich bleibt Alsweiler lokal autonom, doch ist gerade in diesem Sport auch die globale Dimension ja längst nichts Neues mehr. Auch im kleinsten Dorf kennt der echte Fan die Spieler der entlegensten Nationen, und auf dem großen Schirm im Vereinsheim des Sportclubs Alsweiler am Sportplatz kann man jeden Tag ein Spiel aus einem anderen Teil der Welt betrachten. Wer dann noch nicht satt ist und etwas aus erster Hand über die Bundesliga oder die internationale Fußballszene erfahren möchte, braucht bloß den Vereinspräsidenten Bernd Kuhn anzubohren. Der war nämlich früher Schiedsrichter und hat als solcher auch im Dienste des Weltfußballverbandes FIFA als Linienrichter gewirkt, und zwar im Team des Kaiserslauterner Schiedsrichters Markus Merk, der mehrfach »Weltschiedsrichter des Jahres« wurde. Länderspiele, Europapokal, Champions League, UEFA-Cup – Bernd Kuhn war selbst dabei. Auch heute hat der SCA noch Sportler, die an internationalen Meisterschaften teilnehmen. Es ist die Abteilung Kampfsport, die asiatische Künste wie Hapkido, Taekwondo oder Thaiboxen trainiert.

Das heißt nun nicht, dass man in Alsweiler nicht auch für Heimisches zu haben wäre. Andernfalls hätte wohl der Hiwwelhaus-Verein mit seinen Veranstaltungen nicht so starke Resonanz erzielt. Auch das Laxemfest, das er zum zehnjährigen Jubiläum am 14. September 2008 ansetzte, fand regen Zuspruch. Der Akzent sollte auf den Alsweiler Sitten und

Gebräuchen liegen, vor allem dem Laxem. Dieses Zwetschgenmus war früher in allen Familien jedes Jahr zur Erntezeit bereitet worden. Es diente über den Winter als nahrhafte Marmelade und Beilage zu bäuerlichen Gerichten. Man kochte die Zwetschgen in großen Mengen, mit Birnenschnitzen und Birnensaft versetzt, einen ganzen Tag lang in einem kupfernen Kessel, der über einem Holzfeuer erhitzt wurde. Mit einem großen, handgefertigten Rührlöffel, den man an einem abgeknickten Holzstiel festhielt, musste die brodelnde Masse unentwegt gerührt werden, eine anstrengende Arbeit, die den Beteiligten meist einen Muskelkater eintrug.

Zum Hiwwelhaus-Jubiläum rückten acht Frauen, die einen informellen »Laxemverein« bildeten, am Samstag und am Sonntag jeweils morgens schon um 4.30 Uhr auf dem Grundstück hinter dem historischen Gebäude an und gingen ans Werk. Ihre Männer installierten die Geräte und entzündeten das Feuer, die Frauen entsteinten die Zwetschgen, wechselten einander beim Rühren ab und schmeckten ab. Am Ende, nach mehr als acht Stunden, füllten sie den fertigen Laxem in insgesamt 370 Gläser, die sonntags an die Besucher des Festes verkauft wurden. Als Allererste kamen schon in der Frühe um fünf Uhr mehrere Jugendliche, die die Samstagnacht durchgefeiert hatten und sich nun staunend erklären ließen, was die acht Frauen in ihren roten Blusen und rotkarierten Schürzen da bei Tau und Tag schon in der Dorfmitte trieben.

Wie ein halbes Jahr zuvor beim ersten Hiwwelhaus-Tag setzte der große Andrang am Nachmittag an. Wieder fand ein kleiner offizieller Akt statt, und im alten Backofen wurde diesmal gebacken. Die Brote fanden reißenden Absatz, ebenso wie der Laxem, schon am frühen Abend war alles ausverkauft, und die Mitwirkenden waren zufrieden.

Doch kam das dörfliche Traditionsfest duchaus nicht ohne das aus, was man als Segnungen der Globalisierung betrachten kann. Als der 14. September 2008, der Tag des Laxemfestes, herannahte, hatte Bernadette Dewes, die Vorsitzende des Hiwwelhaus-Vereines, feststellen müssen, dass an den Alsweiler Bäumen die Zwetschgen noch nicht reif waren. Auch die Obstbauern in der Pfalz konnten nicht aushelfen. Die Cheforganisatorin nahm deshalb Kontakt zur Firma Globus in St. Wendel auf und bat darum, ihr fünf Zentner Zwetschgen zu liefern. Was diese auch zusagte und tat. So wurde am Jubiläumsfest der Laxem im Hiwwelhaus aus Zwetschgen bereitet, die aus Ungarn stammten.

# 8 Kirmes in Kabbesfield

Wie junge Leute mit neuen Comics und alten Traditionen umgehen – der Bruch der Generationen

Wir saßen an der Kaffeetafel. Meine Mutter hatte Geburtstag, die Nachbarinnen und Verwandte waren gekommen, und ich werde diese muntere Morgenplauderei in Erinnerung behalten als einen Augenblick der neuen Dimensionen. Wir sprachen von Alsweiler, von Dubai und Schanghai, und es zeigte sich, dass die Globalisierung nirgends so große Revolutionen auslöst wie im Kopf. Das Denken, das Raum- und Zeitgefühl werden neu geformt. Das Ferne ist jetzt nah. Was lange dauerte, geht schnell. Was einst ganz undenkbar schien, ist heute ein Kinderspiel.

Es ist nichts Besonderes mehr, an einem Tag so weit zu reisen wie früher in einem Jahr. Es ist normal geworden, dass ständig an jedem Ort der Erde Waren und Ideen aus der ganzen Welt anwesend sind. Die Zeiten, als die Dinge und Personen, mit denen die Bewohner eines Dorfes sich beschäftigten, fast alle aus der näheren Umgebung stammten, sind vorbei. In ein paar Jahren wird es kaum noch möglich sein zu erklären, wie vor der Globalisierung unsere Horizonte beschaffen waren. So wie wir heute uns kaum vorstellen können, wie unsere Vorfahren lebten, ohne Fernsehen und ohne Uhr.

Die Nachbarinnen und Verwandten, die nach altem Brauch

zum Gratulieren, zum Frühstücken und zum Plaudern gekommen waren, hatten diese Zeiten in ihrer Kindheit noch erlebt. Sechs der zehn Versammelten waren Großmütter oder Großväter von mehr als 70 Jahren, und das Gespräch umkreiste eine Fülle von Themen: das Wetter, das Essen, die Krankheiten, die Häuserpreise.

Dann kam die Rede auf die Söhne und Enkel, und nun wurde es global. Alices Sohn Peter, Maschinenbauingenieur, war schon seit Jahren in Asien tätig. Erich und Irene erzählten von ihrem Enkel Christian, der neulich zu Irenes 80. Geburtstag unverhofft aus Dubai angeflogen war. Er war dort für einen deutschen Konzern tätig und versorgte die Freunde und Verwandten in der Heimat per E-Mail mit Berichten aus Arabien. Maria, die jüngst zu ihrem 86. Geburtstag noch allein sieben Kuchen gebacken hatte, erzählte, ihr Enkel Andreas sei gerade zum Russischlernen in Moskau gewesen. Andreas studierte Physik und Betriebswirtschaft in Tübingen, wenn's gut ginge, würde er nach Berkeley gehen oder in Paris seine Doktorarbeit machen. Seine Freundin Natalja war aus Moldawien. Mit vier Jobs verdiente sie sich in Deutschland das Studium und den Lebensunterhalt. Letztens hatten die beiden für Maria aus Moldawien eine Madonna aus gehämmertem Holz mitgebracht.

War es Zufall, dass dieser Kaffeeklatsch auf einmal in solche Dimensionen hinübergeglitten war? Oder war das mittlerweile überall so, auch auf dem Dorf? Innerhalb von zwei Generationen haben sich, wie diese Runde beiläufig bestätigte, die Lebensumstände so grundlegend geändert wie zuvor nicht in 20 oder gar 200 Generationen. Nie hätten die, die jetzt Großeltern waren, es sich in ihrer Jugend träumen lassen, dass sie selber einmal nach Rom, Jerusalem oder in die Türkei fliegen und dass ihre Enkel in noch ferneren Ländern arbeiten und leben würden. Nie zuvor hatten Menschen auf der Erde das Gefühl, »nicht nur ein Dorf, eine Stadt, ein Land zu bewohnen, sondern einen Globus«, wie es der »Stern«-Reporter Peter Sandmeyer formuliert hat. Eine fundamentale Veränderung des Lebensstils geht damit einher. Die Kleintierhaltung beispielsweise, die seit Menschengedenken zur dörflichen Kultur gehörte, passt nicht zusammen mit dem neuen Nomadentum. Man zieht sich nicht mehr Hühner und Kaninchen heran, sondern bedient sich an den Kühltheken der Supermärkte, die weltweit von Produzenten wie der US-Firma Tyson Foods oder der niedersächsischen Unternehmerfamilie Wesjohann gefüllt werden. Die Gewohnheiten des dörflichen Alltags prallen auf die neuen Strukturen des Weltmarkts, Langsamkeit und Sorgfalt kollidieren mit Standardisierung und Beschleunigung. Die berühmte »Gleichzeitigkeit des Ungleichzeitigen«, von der der Philosoph Ernst Bloch gesprochen hat, erfährt eine bizarre Zuspitzung.

Nicht alle nehmen es einfach hin. Für Albert Schneider, einen Hobbylandwirt, der hauptberuflich das Ordnungsamt der Gemeinde Marpingen leitet und am Feierabend in Alsweiler 20 Hektar Grün- und Ackerland bewirtschaftet und ein Dutzend Rindviecher versorgt, verdichtet sich die Entwicklung in einer besorgniserregenden Entfremdung, die sich »auch irgendwann einmal ganz bitter rächen« wird. Als ich ihn an einem Sonntag im Juli 2007 in seinem Haus besuchte, trug er eine blaue Mütze mit der Aufschrift »Es ist verdammt hart, ein Bauer zu sein«. An der Wand des Wohnzimmers hing ein Bild, das einen Landwirt beim Pflügen mit zwei Pferden auf dem Acker zeigte, im Hintergrund ein liebliches Dörfchen. Das süßliche Idyll ist längst zerborsten, und Albert ist sich dessen bewusst.

Mit leiser Stimme ließ er sarkastische Töne anklingen: »Wenn die Lastwagenfahrer drei Tage streiken, verhungern wir. Dann wird der Aldi leer gekauft und der Lidl, und dann gibt's nix mehr. Wenn jetzt die Infrastruktur, die Logistik zusammenbrechen würde aus irgendeinem Grund, würden wir hier im Dorf verhungern. Und ich würde auch nicht überleben, mich würden sie vor dem Stall totschlagen und würden mir das Vieh klauen.« Der natürliche Kreislauf des Lebens, so meinte er, sei den Menschen ja gar nicht mehr bekannt. »Fahr mal mit mir übers Land, und dann erklärst du mir mal, was für eine Sorte Getreide das ist und was für Grassorten dort stehen. Den Bettseicher (Löwenzahn) kennt ja schon keiner mehr. Interessiert die auch einen Scheißdreck. Nix mehr, alles vorbei.«

Schon immer waren Modernisierungsprozesse in der Geschichte mit der Verachtung für das Gewesene verknüpft. Was der alternden Generation der Inhalt ihres Lebens war, wird von der jungen ungerührt beiseitegeschoben. Man versieht es mit dem Etikett des Altmodischen, Überholten, Provinziellen, und das weltweit. Das Alte stürzt, Neues kommt auf. Der nigerianische Schriftsteller Chinua Achebe hat vor 50 Jahren in seinem berühmten Roman »Things fall apart« diesen Prozess am Beispiel eines Dorfes der Ibo geschildert: Der Held, der sich an den Traditionen seiner Stammesgesellschaft orientiert, wehrt sich vergeblich gegen das Vordringen der britischen Kolonialmacht und ihrer Missionare – und verliert. Am Ende erhängt er sich.

Ein Beispiel aus heutiger Zeit nennt die schwedische Aktivistin Helena Norberg-Hodge. Sie hat in Ladakh, einem kargen Hochland in Nordindien, miterlebt, wie diese abgeschiedene Region dem Tourismus und dem Fernsehen geöffnet wurde und wie die Einwohner dabei ihr altes Bild von sich selbst verloren. »Es dauerte kaum ein Jahrzehnt, bis ihr ursprünglicher Stolz einer Art Minderwertigkeitskomplex Platz gemacht hatte«, schrieb die Autorin. »Im modernisierten Teil der Gesellschaft schämen sich heute die meist jungen Ladakhis, insbesondere männliche Jugendliche unter 20, ihrer kulturellen Wurzeln und versuchen verzweifelt, modern zu sein.« Die Bilder aus dem Fernsehen und die Begegnung mit Touristen ließen den jungen Ladakhis ihr eigenes Dorfleben als »primitiv, töricht und ineffizient« erscheinen, wie Helena Norberg-Hodge notierte. »Dieses Muster wiederholt sich überall in den ländlichen Gebieten der südlichen Erdhalbkugel, wo Millionen junger Leute meinen, die moderne Kultur der industrialisierten Länder sei ihrer eigenen weit überlegen.«

Immer liegt das Gute, das Moderne fern. In Ladakh ist das ebenso wie bei den Eskimos und Indianern in den North West Territories in Kanada. Als dort das Fernsehen ankam, lief der Apparat den ganzen Tag, Kinder und Alte setzten sich davor und starrten darauf. »Sie sehen eine für sie vollkommen fremde Welt und sie hören keine Geschichten mehr. Sie wollen nicht mehr Indianer sein. Sie hassen es, Indianer zu sein«, berichtete Cindy Gilday, die Sprecherin des Dene-Volkes, dem amerikanischen Wirtschaftswissenschaftler Jerry Mander.

In der europäischen Provinz hat dieser Vorgang sich schon vor Jahrzehnten in mehreren Schüben mit Blick auf die USA und die städtische Zivilisation vollzogen: zuerst in der Hochzeit der Industrialisierung um 1900, später noch einmal in den 1960er-Jahren. Auch in Alsweiler gab es schon vor 40 Jahren Jugendliche, die gern die alten deutschen Fahrtenlieder gegen »Negro-Spirituals« aus den USA (»Oh when the saints go marchin' in«) eintauschten und das deutsche Volkslied gegen die Songs Bob Dylans, der Beatles und der Rolling Stones. Die englische Sprache drang in den deutschen Alltag vor, auf breiter Front vor allem in jüngster Zeit mit dem Aufkommen des Internets.

Dieses Internet hat eine Zeitenwende herbeigeführt. 1969 aus einem Forschungsprojekt des US-Verteidigungsministeriums hervorgegangen, erreichte es ab 1993 explosionsartig den halben Globus durch die Installation des World Wide Web, das 1989 in der Europäischen Organisation für Kernforschung (CERN) bei Genf von dem Londoner Informatiker Tim Berners-Lee entwickelt worden war. Zu geringen Kosten konnte man jetzt in Sekundenschnelle weltweit Informationen abrufen und verbreiten, Nachrichten austauschen und eine völlig neue Art von Geschäften aufziehen – so viele ungeahnte Vorteile, dass binnen kürzester Zeit Millionen Menschen in Nordamerika, Europa und Asien das neue Medium zu nutzen begannen. Es wurde zum Milliardengeschäft und revolutionierte in kurzer Zeit die Welt der Kommunikation. Einer der entscheidenden Treibsätze der Globalisierung, wie wir sie heute verstehen, war gezündet.

Schneller als jede vorhergegangene technische Neuerung drangen der Personal Computer und das Internet auch in die Dörfer vor. Gerade für die Menschen auf dem Land hatte die neue Technologie unschlagbare Vorzüge. Man brauchte die Stadt nicht mehr, sondern nur noch eine Telefonverbindung. Vom letzten Winkel jedes Erdteils konnte man blitzschnell Verbindung in den letzten Winkel jedes anderen Erdteils aufnehmen – das hatte es nie zuvor gegeben.

Alsweiler war in Deutschland eines der ersten Dörfer, die sich eine eigene Website zulegten, und zwar nicht nur mit amtlichen Hinweisen, sondern als »Plattform für die Bürger«.

Der junge Apotheker Thomas Jung, aus dem saarländischen Niederkirchen zugezogen, hatte 1997 den Computerclub Alsweiler gegründet und begonnen, allgemeine Informationen sowie Vereinsnachrichten und Fotos der Schuljahrgänge ins Netz zu stellen. »Alsweiler goes Web« und »Alsweiler goes World«, schrieb er auf die Startseite und lud binnen eines Jahres mehr als 2000 Dateien hoch. Die Vereine animierte er sich darzustellen, und eine Informationsveranstaltung im Hiwwelhaus sowie eine zweite im Pfarrheim waren bestens besucht.

Rasch wurde die Website zum Vereins- und Gewerbeforum, vor allem zur Bilderschau der örtlichen Ereignisse, von der Kirmes und dem Fastnachtsumzug bis zu den Kulturveranstaltungen im Hiwwelhaus. Thomas Jung sorgte in vielen Nachtstunden unentgeltlich dafür, dass einheimische Computerfreaks und abgewanderte Mitbürger, die jetzt in Bamberg, Magdeburg, Saarbrücken, Frankfurt oder auch in Österreich, Schweden, Israel und Italien vor dem Bildschirm saßen, sich übers Dorfgeschehen auf dem Laufenden halten konnten. »Im Cyberspace ein Stück Heimat«, notierte erstaunt aus Berlin ein Informatiker im Gästebuch. Auch ein Debattenforum wurde eingerichtet, aber es fand nie größeren Zuspruch. Der Dorfklatsch und die Dorfpolitik blieben weiterhin der Kneipe vorbehalten. Auch im Gästebuch, das anfangs lebhaft bedient wurde, tröpfeln die Einträge nur noch spärlich.

Stefan Nonnengard, Mitglied des Computerclubs, ansonsten beruflich im Controlling der Bergwerks Saar in Ensdorf tätig, hat nach dem Wegzug des Apothekers die Pflege der Dorfwebsite übernommen. Regelmäßig stellt er neue Mitteilungen und neue Bilder ins Netz, die Zahl der Dateien ist mittlerweile auf rund 100 000 gewachsen. Als weitere Attraktion plant er, Amateurfilme und Videos aus Alsweiler auf der Website darzubieten.

Ansonsten ist das Schaufenster des Dorfes vor allem ein virtuelles Heimatbuch, und Stefan Nonnengard hat auch der dörflichen Kulturtradition Geltung verschafft, indem er eine Sammlung alter Hausrezepte veröffentlichte, die Namen der Gerichte im Dialekt. Ajvarsuppe und Hähnchenschenkel afrikanisch sind als Exoten geduldet, ansonsten geht's um Schwademahe med Mussig, Gefillde, Briehbohnesopp onn Grombierwaffele. Vermutlich ist es die beste Art, der Generation Internet ein paar Grundbegriffe der regionalen Küche zu bewahren, die einst aus der blanken Not der Vorfahren geboren und auf der Nahrhaftigkeit der Kartoffel aufgebaut wurde. Gegen Pizza, Spaghetti, Asiapfanne, Döner, Burger und anderes international kompatibles Fast Food hat sie nur eine Chance, wenn sie aktiv bewahrt wird. Stefan gibt ihr Raum. Und er weiß dabei, dass anderes nicht so einfach festzuhalten ist, zum Beispiel die St.-Barbara-Bruderschaft, der er als einer der rund zehn verbliebenen Bergleute im Ort natürlich angehört. Noch vor 15 Jahren hatte sie rund 650 Mitglieder, jetzt nur noch 460, obwohl schon längst nicht mehr nur Berg- und Hüttenarbeiter zugelassen sind. »Das sind Traditionen, wo es wirklich wehtut, dass das wegfällt«, sagt er.

Freilich gibt es Überlieferungen, an denen auch die Jugend ihr Vergnügen findet und die sie fortführt, nicht ohne sie nach eigenem Geschmack abzuwandeln. Die alljährliche Kirmes, das Patronatsfest zu Ehren des heiligen Mauritius Ende September, ist dafür das beste Beispiel. Seit Jahrzehnten ist dies die wichtigste aller heimischen Vergnügungen. Vier Tage lang gönnt sich das Dorf eine Pause und feiert, die Regie liegt in der Hand des »Kirmesjahrgangs«, den man früher, als noch die

Mädchen daran nicht beteiligt wurden, auch die »Ziehungsbuben« nannte. Es handelte sich um die 18-, 19- oder 20-jährigen Burschen, die zum Militärdienst »gezogen« wurden. Der Ausdruck rührt noch aus der Zeit vor der Französischen Revolution, als das Schaumberger Land zum Herzogtum Lothringen gehörte und man die Wehrpflichtigen tatsächlich durch ein Losverfahren mittels weißer und schwarzer Glaskugeln ermittelte.

Die Moderne hat dem alten Ritus ein neues Gewand gegeben, in Gestalt von bunten T-Shirts. Rote, blaue, grüne, gelbe oder schwarze Hemden mit Aufdruck trugen die Mädchen und Jungen, die in den vergangenen Jahren den Kirmestrubel anführten. Jeder Jahrgang hat seine eigene Farbe, denkt sich sein eigenes Motto aus und gestaltet einen »Kirmeswagen«, der von einem Traktor durchs Dorf gezogen wird. Das Gefährt ist mit Bier und Energydrinks beladen und wird mit heißen Rhythmen beschallt. »Wir saufen schneller als unser Schatten«, so lautete die Losung im September 2007. Symbolfigur war »Lucky Kabbes«, ein Alsweiler Zwillingsbruder des »lonesome cowboy« Lucky Luke. 2008 war es Homer Simpson, Fernsehheld einer erfolgreihen US-Zeichentrickserie, der Vater der virtuellen Kultfamilie Simpson. »We love beer« war diesmal die Parole. Und auf dem Kirmeswagen prangte ein gelbes Schild mit der Aufschrift »Kabbesfield«.

Ein Begriff von besonderem Reiz. Sinnenfällig verquickt sich darin die globale Trivialkultur der Gegenwart mit einem alten dörflichen Brauchtum. Hier die heutigen Heroen der vorabendlichen TV-Unterhaltung, dort der gute alte »Kabbes«. So wird in der Mundart der Kohl genannt, und seit Menschengedenken werden die Leute von Alsweiler von ihren Nachbarn als »Alsweller Kabbeskäpp«, also Kohlköpfe, gehänselt. Der

Spitzname hat seinen Ursprung ebenfalls in der Feudalzeit vor der Französischen Revolution, als die Bewohner der Dörfer noch dem Abt in Tholey von ihren Feldfrüchten den Zehnten abzuliefern hatten. Die Alsweiler mussten unter anderem je Jahr auch 200 Kabbeskäpp abgeben. Wir rühren also an den Kern der bäuerlichen Kulturgeschichte, und hier liegt auch der Ursprung der »Miss Kabbes«, die vom Kirmesjahrgang mit Gejohle vier Tage lang auf einem Tragstuhl durchs Dorf geführt wird. Es ist eine Gliederpuppe mit ausgestopftem Rumpf und einem Kohl als Kopf.

Vielleicht sollte man im Zeitalter der Globalisierung einmal einen Völkerkundler aus Peru, Ruanda oder Pakistan einladen, diesen saarländischen Dorfbrauch zu erforschen und so zu beschreiben, wie europäische Ethnologen dies bei Indianern am Amazonas oder Buschmenschen in Indonesien getan haben. Wie würden sie als Fremde diesen unschuldigen Synkretismus deuten, der so unerwartet die heutige Jugend mit ihren Vorfahren vereint? Es geht um das alltägliche Lebensumfeld, und das war eben früher die Landbewirtschaftung, heute ist es das Fernsehen. Die Verbindung hat ihre Logik.

Eine Kirmes will gut vorbereitet sein. Ein Jahr vor der Zeit ist die betreffende Alterskohorte der »Kaba«-Jahrgang, der am Kirmessamstag im Pfarrheim den Discoabend organisiert und dort Kakao der Marke Kaba trinkt. Im Jahr darauf, in der Nacht zum 1. Mai, der »Hexennacht«, übernimmt die »Kaba«-Truppe die Hilfsdienste für den aktiven Kirmesjahrgang, der den Maibaum errichtet und gegen Diebe schützt. Bald darauf ziehen die Jugendlichen zum »Eiersammeln« durchs Dorf. Sie werden häufig auch zum Trinken und Essen eingeladen, zudem gibt es Geld, im Ganzen zwischen 500 und 1 000 Euro. »Die Leute geben gerne«, erzählte mir der 20-jährige Jonas

Mörsdorf, der im Jahr 2007 zum Kirmesjahrgang gehörte. »Das sind wenige Häuser, wo nicht aufgemacht wird«, ergänzte sein Altersgenosse Stephan Britz. »Manche wollten gar nicht, dass wir wieder gehen.«

Ist dann das Fest des heiligen Mauritius endlich gekommen und der »Kirmeswagen« fertig, so geht es am Samstagnachmittag beim Umzug durchs Dorf mit Blasmusik zum Dorfplatz, wo der Ortsvorsteher das erste Fass Bier anschlägt. Die Aufgaben sind klar verteilt: Beim Umzug wirken in schmucken grauen Jacken und dunklen Hosen die Bläser und Trommler des Musikvereins mit, in der Vorabendmesse singt die »Vielharmonie«, beim Sonntagsgottesdienst der Kirchenchor. Die Extramesse am Montag wird vom Männergesangverein und der St.-Barbarba-Bruderschaft gestaltet. Zum Frühschoppen geht es anschließend mit klingendem Spiel in die Cafeteria der Sporthalle. Es herrscht gewaltiges Gedränge, der Sondergesandte der St.-Barbara-Bruderschaft mit dem Tablett voll gefüllter Schnapsgläser kommt kaum durch die Reihen.

Die Schuljahrgänge versammeln sich derweil bei dröhnender Livemusik in einem Zelt, das zu diesem Zweck der Wirt des Gasthauses Morsch aufschlägt. Am Abend gibt es auch ein Feuerwerk, und spätestens an diesem Kirmesmontag ist dann der Punkt erreicht, an dem das Dorf in Feierlaune förmlich schaukelt. Nie sind die Straßen und der Dorfplatz so voll wie in diesen Tagen, nie finden sich so viele Abgewanderte mal wieder in der Heimat ein. Und wer aus Alsweiler in der Welt zu tun hat, der sputet sich, damit er am Kirmessamstag zu Hause ist. 2007 traf ich Rainer Hoffmann, der rasch von einer Dienstreise aus South Carolina zurückgekehrt war, wo er die Installation einer technischen Anlage zu überwachen hatte.

Das Dorf vibriert. Am Kirmesplatz vergnügen sich die

Kinder und Jugendlichen, bis in die späte Nacht hat der Pizza-
stand geöffnet. Längst hat er der Wurstbraterei den Rang abgelaufen. Die Säle und Vereinsgaststätten sind brechend voll.
Am Ende, am Dienstagabend, wird dann »die Kirmes begra-
ben«. Auf dem Platz vor der Feuerwehrhalle zündet man unter
den Augen der Feuerwehr die »Miss Kappes« auf ihrem Stuhl
an – und brennend sinkt sie dahin.

Mag ja sein, dass dieser alte Mummenschanz die jungen
Leute deshalb zur Traditionspflege veranlasst, weil er eine
Gaudi darstellt. *It's fun*, so wie der Aufmarsch der Juxmann-
schaften beim Fußballderby oder der rasende Tanz der Kar-
nevalsgarden. Kann auch sein, dass das nicht ewig so bleibt
und dass es auch in Alsweiler eines Tages so kommt wie 2006
im Nachbarort Winterbach. Dort fand sich der Kirmesjahrgang nicht mehr zusammen, worauf die »Alten Herren« des
Sportvereins die Chose übernahmen und am Kirmessamstag
statt zur Disco zum Tanz mit der »Old Southern Swing Band«
luden – die Mehrzweckhalle blieb ziemlich leer, und der Ortsvorsteher sorgte sich, dass es zukünftig keine Kirmesjugend
im Ort mehr geben werde.

Zwischen den Generationen hat sich eine neue Kluft aufgetan, die viel mit der kulturellen Globalisierung zu tun hat. Die
verschiedenen Lebensformen sind schwer in Übereinstimmung
zu bringen. Ältere Menschen, denen das Internet ein Rätsel und
der Discosound ein Gräuel ist, ahnen meistens nicht einmal,
von welchen Ideen und Emotionen sich ihre Enkel umtreiben
lassen, wenn sie stundenlang in ihren Zimmern vor dem Bildschirm sitzen, mit Schnur im Ohr und MP3-Player auf dem
Sofa liegen oder sich Freunde zu einem DVD-Abend einladen,
bei denen dann der Pizzaservice in Marpingen oder Tholey
angerufen wird. In Alsweiler gibt es keinen.

»In Alsweiler gibt's fast gar nix«, spöttelte Stephan Britz, als wir an einem Samstagmorgen im Sommer 2008 auf der Bank vor Jonas Mörsdorfs Elternhaus zusammensaßen; später kam noch Christian Staudt hinzu, der damals 21 Jahre alt war. Alle drei waren nach dem Abschluss der Realschule und weiterer Ausbildungsschritte auf dem Sprung in den Beruf und in die weite Welt. Jonas studierte in Trier Wirtschaftsinformatik, Fernziel: IT-Management, und wollte nicht mehr nach Alsweiler zurückkehren. »Hier habe ich einfach nicht das Angebot, das ich mir vom Arbeitsplatz her wünsche.« Dabei konnte er sich durchaus vorstellen, in einem kleinen Ort zu leben, mit Garten, aber nicht hier, »ich bin räumlich ungebunden«.

Stephan hatte schon eine Lehre im Maschinenbau hinter sich, es gab verlockende Angebote, doch strebte jetzt auch er das Fachabi an und wollte Wirtschaftsingenieur werden, Fachrichtung Maschinenbau und Betriebswirtschaftslehre. »Ich will gerne weg, aber später wieder her«, sagte er. Lieber auf dem Land leben, »wo man seinen Platz hat, wo man seine Wiese hat, wo man drauf grillen kann«. Gerade war er in Paris gewesen, es war »nur Stress, Bluthochdruck«.

Christian hatte sich schon bei T-Systems in Saarbrücken zum Fachinformatiker ausbilden lassen und wollte im Herbst ein Studium als Maschinenbauingenieur in Aachen beginnen. »Ich will möglichst viel sehen von der Welt«, sagte er, »den Horizont erweitern.« Künftige *location* offen. Vor neuen Kontakten mit unbekannten Menschen hatten sie alle drei keine Scheu. Und alle drei hatten sie gute Berufsaussichten, denn in den angestrebten Branchen werden gut ausgebildete Fachleute dringend gesucht, nicht nur in Deutschland.

Was junge Leute des Jahres 2008 von ihren Altersgenossen des Jahres 1978 oder 1958 unterscheidet, ist das breite Spektrum an Erfahrungen, die sie mit 20 Jahren schon gemacht haben. 1958 und auch zehn Jahre später noch waren es nur wenige, die das Dorf für immer verließen, und sie fühlten sich gegenüber Gleichaltrigen aus den großen Städten unterlegen. Heute gibt es, was die Medienversorgung anlangt, keinen Informationsrückstand mehr, Fernsehen und Internet stehen allen gleichermaßen zur Verfügung. Auch das Reisen ist keine Frage des Geldes und der sozialen Herkunft mehr, seit es Billigfluglinien wie Ryanair gibt.

Gerade Jugendliche haben längst ausprobiert, wie leicht und billig man vom Airport Hahn im Hunsrück aus die Metropolen des Kontinents erreicht. Es ist schon nichts Besonderes mehr, wenn ein junger Mann aus Alsweiler im Internet entdeckt, dass man für 19 Euro von Hahn nach Barcelona fliegen kann, Rückflug inklusive, und gleich für sich und noch zwei Freunde den Trip bucht. Einmal haben sie dort übernachtet. Christian hatte, als wir uns unterhielten, ein paar Monate zuvor mit seiner Freundin und deren Bruder einen Tagestrip nach London unternommen, das Flugticket zu zehn Euro pro Person hin und zurück. Um drei Uhr früh standen sie auf, um sechs ging der Flieger ab in Hahn, um 21 Uhr der Rückflug aus London.

Ich erinnere mich, selber 1968 mit meinem Freund Bernhard ebenfalls einen Kurztrip nach London unternommen zu haben, mit den Mitteln der damaligen Zeit. Wir trampten per Anhalter durch Nordfrankreich und kamen nicht voran, weil dort gerade ein entflohener Sträfling gesucht wurde. In der Nacht um drei Uhr gelangten wir mit einem holländischen Fernfahrer, der stets verdächtig kurz vor dem Einnicken war und den wir deshalb mit wilden Erzählungen wach zu halten suchten, über Arlon bis nach Brüssel. London erreichten wir spät am zweiten Abend nach der Überfahrt mit der Fähre Ost-ende–Dover und übernachteten im Schlafsack auf einem Friedhofspfad, die Fahrtenmesser griffbereit in die Erde gesteckt. Der Trip dauerte fünf Tage. Und damals war dergleichen schon eine kleine Sensation gegenüber den Reiseerfahrungen der noch älteren Generation, die nach London nie kam und allenfalls Busausflüge mit einem der Vereine an den Rhein oder Wallfahrten erlebt hatte.

Heute aber sind selbst Fernreisen keine aufregende Angelegenheit mehr. Christian Staudt war schon in New York und fährt wieder hin. Stephan Britz möchte »überallhin«, vor allem erst mal nach Kanada und Australien. Jonas Mörsdorf hatte sich im Internet einen Flug nach Dubai gebucht, 430 Euro hin und zurück, um dort seinen Cousin Christian zu besuchen. Und er war auch in Amerika bei seiner Schwester Katharina, die dort ein Jahr lang als Au-pair-Mädchen bei einer Familie in Boston lebte. Sie haben ein paar Ausflüge in die Umgebung unternommen und auch die berühmte Harvarduniversität besichtigt. Und die 21-jährige Katharina, inzwischen Studentin für Kommunikationsdesign in Aachen, hatte an der Harvard Extension School einen Kurs belegt, in dem das Schreiben von Essays in englischer Sprache gelehrt wurde, es war »ein toller Kurs«, wie sie sagte. Die Verbindung zur Heimat aufrechtzuerhalten war natürlich kein Problem. Wozu gibt es Internet? Per E-Mail übermittelte ihr auch die junge Tanja Morsch aus Alsweiler die Bitte, sie möge ihr doch von der Harvard University eine Tasse mitbringen. Hat Katharina natürlich gemacht.

Nichts unterscheidet frühere Zeiten von der heutigen so sehr wie die veränderten Formen der Kommunikation, die gerade im Dorf eine fundamentale Rolle spielen. Früher einmal gab es nur die Nachricht von Mund zu Mund, weitergegeben auf der Straße, beim Bäcker, im Laden, beim Schmied, im Wirtshaus oder in der Milchsammelstelle, die in Alsweiler »Butsch« genannt wurde. Amtliche Bekanntmachungen verbreitete ein Ausrufer, der »Schellenmann«. Die Lokalzeitung und das wöchentliche Gemeindeblättchen mit seinen Amts-, Vereins- und Kirchennachrichten schufen dann eine größere Öffentlichkeit, das Telefon stellte Querverbindungen her. In jüngster Zeit hingegen haben das Mobiltelefon und das Internet ganz neue Strukturen geschaffen. Man erreicht den Freund im selben Ort und in derselben Straße mit Handyanruf, SMS oder E-Mail schneller, als wenn man zu ihm hinginge. Am schnellsten sind die Messengerdienste sogenannter *online-communities* wie ICQ, lokalisten.de, gesichterparty.de, spin.de oder StudiVZ, die auch junge Leute aus Alsweiler intensiv nutzen. Besonders beliebt ist die Plattform wer-kennt-wen.de, die 2006 von zwei Studenten der Computervisualistik an der Universität Koblenz-Landau gegründet wurde und mittlerweile in Deutschland zu den größten jener sozialen Netzwerke zählt, die man gewöhnlich unter dem Kürzel Web 2.0 zusammenfasst. Die meisten Nutzer hat diese Plattform in Rheinland-Pfalz, Hessen und dem Saarland, aus Alsweiler sind dort mehr als 300 Personen namentlich angemeldet, nicht nur junge, sondern auch 60-Jährige.

Virtuelle Freundeskreise haben sich da gebildet, in die man sich mit ein paar Klicks einreihen kann. Man schickt sich Nachrichten, erzählt über Hobbys, präsentiert seine Freunde, samt Foto, und sucht alte Bekannte, die man aus den Augen verloren hat. Man kann auch seine Meinung zu allen möglichen Fragen des Lebens äußern und Gruppen bilden oder sich einer von Tausenden bereits bestehenden Gruppen anschließen, beispielsweise der Gruppe Alsweiler, die es dort auch gibt. Es ist eine Art eingebildeter Verein oder eine vorgestellte Kneipe.

Dass nebenbei die jungen Leute im Internet auch alle möglichen Einkäufe tätigen, ist schon zur Selbstverständlichkeit geworden. Einkaufen, Bankgeschäfte, Behördengänge – »das wird in Zukunft noch stärker online abgewickelt, weils einfach schneller, billiger, effektiver ist«, sagt Heiko Schmidt. Der 39-jährige Landesbeamte ist ein Pionier der IT-Technologie in Alsweiler. Schon lange nutzt er das Internet auf vielfältigste Weise, drum ist ihm wohl bewusst, dass die ganze Angelegenheit neben diesen Sonnenseiten »auch eine Schattenseite hat«: Es drohen der Verlust normaler mitmenschlicher Kontakte und die Gefahr sozialer Isolierung. Viele dieser Verbindungen unter Jugendlichen haben sich bereits ins Internet verlagert, und dort lauert ein anderes Risiko: Wer allzu viel von sich erzählt, entblößt sich. Claudia Rentmeister, Schoolworkerin an der Gesamtschule Marpingen, hielt deshalb schon eigens für die sechsten Klassen eine Veranstaltung über »Anmache im Internet« ab, um die Jugendlichen vor Verabredungen mit allzu freundlichen Chattern zu warnen – es könnten Pädophile sein.

Nicht nur jeder Einzelne ist betroffen, sondern auch das dörfliche Zusammenleben. Nach dem Fernsehen entzieht jetzt auch das Internet der Gemeinschaft soziales Potenzial. Nicht zufällig kam Heiko Schmidt in unserem Gespräch darauf zu reden, wie viele Geschäfte und Gaststätten in den vergangenen 25 Jahren im Dorf geschlossen haben. Und bei den Gaststätten, mehr als ein halbes Dutzend an der Zahl, hat dies ja nichts mit einem fundamentalen Umbruch nach Art des Einzelhandels zu tun. Eher damit, dass immer weniger Männer noch in die Kneipe gehen mochten.

Es hat einmal eine Zeit gegeben, und sie ist erst etwa 40 Jahre her, da zog man an der Kirmes in lockeren Gruppen von einem Wirtshaus zum anderen, und überall war Hochbetrieb. Von Trapps zu Schmidt's, von dort zur Hexe und ins Schützenhaus, weiter zum Storze, ins Café und zu Morsche Klos, schließlich ins Orion und den Birkenhof. Nach und nach stellten fast alle diese Gasthäuser den Betrieb ein. Als Anfang 1999 die Geschwister Trapp in den Ruhestand gingen, lud die Alsweiler SPD zu einer Abschiedsfeier ein. Parteien, Vereine und Skatrunden hatten sich jahrzehntelang hier getroffen, halb Alsweiler hatte hier seine Familienfeste gefeiert, vor allem Hochzeiten und Beerdigungen. Und etliche Stammkunden an der Theke waren nun heimatlos und orientierten sich neu. Die Betroffenheit war groß.

Eine weitere Zäsur ergab sich, als Ende 2007 der Wirt des Storze, Peter Staub, den Zapfhahn schloss. Hier hatten vor allem viele jüngere Leute verkehrt. Peter suchte einen neuen Pächter, wie es hieß, auf die Wiedereröffnung wartete man mehr als ein Jahr. Es blieb die Traditionsgaststätte »Morsche Klos«. Im Sommer 2008 kam es schon zum Notstand. An einem Samstagabend um 22.30 Uhr war aufgrund von Urlaub und anderer Umstände im ganzen Dorf nur ein einziger Ort zu finden, an dem noch Bier ausgeschenkt wurde, und das auch nur in Flaschen. Es war ein fahrbarer Stand beim Heim des Tennisclubs Rot-Weiß, wo an diesem Abend eine Runde des jährlichen Bouleturniers stattfand. Hier herrschte reger Betrieb.

Was der Niedergang der Kneipen für eine dörfliche Gemeinschaft bedeutet, liegt auf der Hand, zumal auch die Lebensmittelgeschäfte geschlossen haben. Es verschwindet eine substanzielle Form der Öffentlichkeit. Wo wird politisiert, wo informiert man sich über das Dorfgeschehen, wenn man nirgends mehr auf gut Glück einfach hingehen und Leute treffen kann? Und wo findet der Austausch zwischen den Generationen statt? Auch in den Familien wird ja das Gespräch zwischen Großeltern und Enkeln nicht mehr gepflegt, es wird durch Medienkonsum ersetzt. Die Geschichten aus der eigenen Familie und dem eigenen Dorf bleiben unerzählt.

Und andererseits brechen immer wieder junge Menschen auf in die Welt, um ihre eigenen Geschichten zu erleben. So machten es im Juli 2008 drei junge Männer aus Alsweiler, Timo Eckert, Thorsten Grim und Thomas Jung. Zwei Tage vor ihrer Abreise erschien im Gemeindeblättchen eine kryptische Nachricht mit der Überschrift »Essigs Rache qualifiziert für Olympia«. Ein Jux, wie man bald erkannte.

»Essig« war der Spitzname eines Alsweiler Junggesellen gewesen, der längst verstorben war. Vor Jahrzehnten hatte er einen Obstgarten besessen, ein Häuschen stand darin, es war sein verwunschenes Paradies. Als dort das neue Baugebiet Lindensiedlung ausgewiesen wurde, sträubte der Mann sich heftig dagegen. Der alte »Essig« wurde zum Eigenbrötler, und eines Tages, Ende Juli 1983, randalierte er. Er verbarrikadierte sich mit seiner Doppelflinte in der Wohnung, man rief die Polizei. Am Ende rückte ein Sondereinsatzkommando aus Saarbrücken an und stürmte – es kam zu einer kurzen Schießerei und einem Volksauflauf.

15 Jahre später, 1998, gründete sich in Alsweiler ein skurriler Freizeitclub, der sich »Essigs Rache« nannte. »Wir wollten irgendwo, dass man ihn nicht ganz vergisst«, sagt Thorsten Grim, einer der Gründer. »Essigs Rache« tritt beim jährlichen Wettbewerb »Ein Dorf spielt Fußball« regelmäßig als ungeheuer motivierte und trinkfeste Kickermannschaft an, wieder-

holt erreichte sie vordere Platzierungen. Nach der Lesart, die nun in jenem ironiegesättigten Artikel in den »Marpinger Nachrichten« verbreitet wurde, war dies die Qualifikation für die Teilnahme an den Olympischen Spielen in Peking. So reiste das Trio am 27. Juli 2008 nach Guangzhou (Kanton). Von dort fuhren die Rucksacktouristen in die Kegelberge von Guilin und in ein abgelegenes Bergdorf, wo es die höchsten Reisterrassen der Erde gibt, und wo die Frauen sich ihr ganzes Leben lang die Haare nicht schneiden. Dann schauten sie in Schanghai unter 70 000 Zuschauern olympische Fußballspiele an: Argentinien gegen Elfenbeinküste, Australien gegen Serbien, andere Karten gab es nicht. In Qingdao, vormals eine deutsche Kolonie mit großer Brautradition, hatte Timo Eckert ein Auslandssemester als Student der Betriebswirtschaft verbracht und auch ein bisschen Chinesisch gelernt. Dort schauten sich die drei die olympische Segelregatta an. Und dann Peking, die Eröffnungsfeier am großen Bildschirm in einer Kneipe mit Hunderten jungen Leuten aus aller Welt – »einfach unbeschreiblich«, wie Thorsten Grim sagt. So kam es, dass im heißen Sommer 2008 an den Olympischen Spielen in Peking auch eine Mannschaft aus Alsweiler teilnahm. Timo Eckert hat sich übrigens in China ein T-Shirt drucken lassen, darauf ein roter Stern als kleine Provokation. Und die Aufschrift »Essigs Rache«.

# 9 Eine Mühle in Malawi

Fair handeln und sich informieren: Die Kirche bleibt im Dorf, doch ihre Arme reichen über Kontinente hinweg

Der Gottesdienst war beendet, die Leute strömten unter den Klängen der Orgel nach hinten zum Ausgang, und Michael Werth stand mit seinem Sohn Simon schon unter der Empore hinter dem kleinen Tisch, um sie zu erwarten. Vor sich hatten die beiden ihre Waren ausgebreitet, organischen Biokaffee aus Mexiko, Wildblütenhonig und Kokosriegel, außerdem Wein aus Chile und Südafrika. Dieser Wein war ihr Renner, in einem Jahr hatten sie davon im Dorf nicht weniger als 1800 Flaschen verkauft. Daneben lagen Darjeeling-Biogrüntee und »Faire Vollmilchschokolade«. Es waren die Produkte, die sie jeden ersten Sonntag im Monat nach der Messe den Leuten aus Alsweiler zum Verkauf anboten, um so auf ihre Art etwas gegen die Ungerechtigkeit in der Welt zu tun. Die kleine Aktionsgruppe 3. Welt Alsweiler e.V. war damit sogar recht erfolgreich, besonders an diesem Sonntag.

Es war der 7. Oktober 2007, der Tag des Erntedankfestes, und aus diesem Anlass war die Messe in Absprache mit dem jungen Pfarrer Wolfgang Breininger ganz im Sinne eines modernen, globalisierungsbewussten Katholizismus gestaltet worden. Man wollte konkreten Bezug auf den Alltag nehmen, und ein leiser politischer Unterton war dabei unvermeidlich.

»Lass auch die Armen und Hungernden teilhaben an der Fülle deiner Gaben«, betete der Priester. Die geräumige Pfarrkirche von Alsweiler, die an der Stirnseite von einem modernen Dreifaltigkeitsmosaik dominiert wird, war nur zum Teil gefüllt. Vor dem Altar hatte eine Frau aus Gewürzkernen und Blütenpollen in warmen Farbtönen ein Bild der heiligen Elisabeth von Thüringen gelegt: die Patronin der Armen vor der Kulisse der Wartburg, den Schoß voller Rosen. Das Rosenwunder. Daneben war auf Stellagen eine große Zahl von Früchten ausgebreitet, Äpfel, Kartoffeln, Zwiebeln, Möhren, Kohl und Salate ebenso wie Kürbisse, Ananas und Bananen. Auf einem anderen Gestell lagen verschiedenste Arten von Kuchen und Brot, und auf Aluminiumpapier, das um Tabletts gewickelt war, wurden Körner diverser Getreidesorten präsentiert. Ein Bild der Üppigkeit und Fülle, ein Bild aus einer verflossenen Zeit.

Mehrere Mädchen hatten sich während des Gottesdienstes in einer symbolischen Gabenprozession zum hell erleuchteten Altarraum begeben, wo sie nacheinander verschiedene Gegenstände vorzeigten, die sie mitführten. »Wir sind viel unterwegs, wir begegnen ständig neuen Menschen und Herausforderungen«, sagte die Erste und holte eine Straßenkarte hervor. »Wir danken heute auch dafür, dass seit vielen Jahren die Zahl der Verkehrstoten auf unseren Straßen rückläufig ist.« Das zweite Mädchen hielt einen Globus in der Hand und las von einem Blatt vor: »Die Welt ist zusammengewachsen in den letzten Jahren. Wir können mit Menschen kommunizieren, die weit weg sind. Wir können reisen. Gleichzeitig haben wir auch erfahren, wie sehr wir füreinander und für unsere gemeinsame Zukunft verantwortlich sind.« Eine Dritte trat mit einem Päckchen »fair gehandelten Kaffee« vor das Mikrofon und erklärte: »Menschen in anderen Teilen dieser Welt wollen leben von dem, was sie mit ihrer Hände Arbeit verdienen. Wir sollten als Verbraucher darauf achten, dass es gerecht zugeht.« In ähnlicher Weise wurden auch die Fürbitten gestaltet, nach einer Textvorlage, die die Umweltbeauftragten der bayerischen Bistümer zusammen mit der katholischen Landvolkbewegung Bayerns erarbeitet hatten. Die Trierer Diözesankommission für Umweltfragen hatte diese Texte an die einzelnen Pfarreien geleitet, auch in Alsweiler wurde nun daraus vorgetragen. Für alle in der Landwirtschaft Tätigen und für alle Hungernden betete man, ebenso »für alle, die Verantwortung tragen für eine gerechte Weltwirtschaft, für eine gerechte Verteilung der Güter dieser Erde, für das Grundrecht auf Arbeit und auf Wohlfahrt aller Menschen dieser Erde«.

Das waren Aussagen, die man in einer Dorfkirche nicht unbedingt erwartet hätte, aber darin liegt wohl heutzutage eine grobe Unterschätzung. »Für alle, die sich in Forschung und Wissenschaft, in Politik und Gesellschaft für die Bewahrung unserer Schöpfung und den Stopp des Klimawandels engagieren«, fuhren die Mädchen jetzt fort mit den Fürbitten. Und dann, im Gestus des aufrüttelnden Protests: »Für alle, die kein Gespür mehr für die Grundregeln menschlichen Zusammenlebens haben, denen es an Fairness fehlt.«

Fairness – das war das Stichwort, das auch den Bankkaufmann Michael Werth und seine Mitstreiter der Aktion 3. Welt Alsweiler e.V. so bewegte. »Fairer Handel« lautete ihr Motto, und ihre allmonatliche Verkaufsaktion diente diesem Ziel. Die kleine Schar der Dritte-Welt-Aktivisten in Alsweiler war in den vergangenen zehn Jahren ihres Bestehens zur erfolgreichsten Gruppe dieser Art in ganz Südwestdeutschland geworden. 2006 hatte man durch den Vertrieb von Waren in Alsweiler und mehreren Nachbarorten 24 000 Euro Umsatz erzielt.

Für engagierte Katholiken wie diese Protagonisten des »Fairen Handels« ist es keine neue Erkenntnis, dass die geltende Weltwirtschaftsordnung einseitig die reichen Länder bevorzugt und die armen benachteiligt. Als älteste weltumspannende Organisation der Menschheitsgeschichte hat die katholische Kirche sich seit Langem mit solchen Fragen beschäftigt und gerade in den vergangenen Jahrzehnten in dieser Hinsicht auch den Blick ihrer Mitglieder geweitet. Auch in Dörfern wie Alsweiler hat der aktive Einsatz für die Armen der sogenannten Dritten Welt inzwischen eine respektable Tradition.

Das liegt zum Teil darin begründet, dass aus dem Schaumberger Land wie aus anderen ländlichen Regionen Europas immer wieder junge Frauen und Männer als Ordensschwestern oder Priester nach Afrika, Asien oder Südamerika zogen und bei ihren Heimatbesuchen von der Not und Armut in ihren Einsatzgebieten berichteten. Nonnen aus Alsweiler wirkten in Saint Louis in den USA, bei Manila auf den Philippinen oder auf einer Leprastation in Französisch-Guayana, ein Pater war jahrzehntelang in Südbrasilien tätig. Meist blieben diese Missionare über Jahre in Kontakt mit der alten Heimat, aus der sie finanziell unterstützt wurden. Wohltätigkeitsbasare, Adventsmärkte, Haussammlungen oder Familienabende katholischer Vereine dienten dazu, Geld »für die Missionen« aufzutreiben.

So hatte man in Alsweiler durchaus eine bestimmte Vorstellung von Problemen, die in anderen Kontinenten existierten, wenn auch das Bild mitunter auf süßliche Weise verzerrt war. Mancher sah in den Bewohnern der Dritten Welt wohl vor allem krausköpfige Negerkinder, die getauft und gefüttert werden mussten. Viele Jahre stand an der Krippe, die zu Weihnachten in der Pfarrkirche Alsweiler aufgebaut wurde, ein

Opferstock in Gestalt eines solchen netten kleinen Mohren. Warf man ein Geldstück hinein, so nickte er dankend mit dem Kopf, man nannte ihn »Schnappmännje«. Andererseits wurden, noch ehe das Fernsehen auf seine vertrackt-verkürzte Weise aus aller Welt berichtete, in Alsweiler Schulsälen am Abend für die katholische Jugend auch Filme über die Not in Lateinamerika und Afrika gezeigt. So wuchsen schon vor Jahrzehnten Katholiken in der deutschen Provinz, die selber nicht auf Rosen gebettet waren, in dem Bewusstsein auf, dass es anderen Menschen noch viel schlechter geht. Dies blieb nicht folgenlos. Man fühlte sich zu tätiger Nächstenliebe aufgerufen und engagierte sich, Jung und Alt gleichermaßen. Schon um 1966 sammelte die katholische Jugend in Alsweiler wie im ganzen Bistum Trier einmal im Jahr auf Traktorenanhängern gebrauchte Kleider ein, fuhr sie im Lastwagen zur Bahn nach St. Wendel, von wo man sie zu zentralen Sammelstellen verfrachtete. Die Sachen waren für die Trierer Partnerdiözese Sucre in Bolivien bestimmt.

Auch die Katholische Frauengemeinschaft (kfd), deren Ortsgruppe in Alsweiler mit damals mehr als 400 Mitgliedern zu den größten Vereinen zählte, unterstützte regelmäßig Missionare in der Dritten Welt, eine Gynäkologin in Ghana zum Beispiel oder einen Missionar in Chile. Von 1983 bis 1994 bestand eine Handarbeitsgruppe, die mit Gehäkeltem, Gestricktem und Getöpfertem in elf Jahren die erstaunliche Summe von 132 480 DM, umgerechnet 67 736 Euro, erlöste und es größtenteils »für die Missionen« spendete, unter anderem an eine Kooperative auf einer Müllhalde in Kairo.

Dieser Geist des aktiven Engagements ist auch heute noch lebendig, doch äußert er sich in neuen, moderneren Formen. Als ich am Tag des Erntedankfestes 2007 die Kirche verließ, entdeckte ich im Windfang am Ausgang den Pfarrbrief der Pfarrei St. Mauritius Alsweiler, der auf die diesjährige Bolivien-Kleidersammlung des Bundes der Deutschen Katholischen Jugend (BDKJ) hinwies. Die gab es also immer noch, sie lag jetzt in Alsweiler in der Hand der Messdiener. Und etwas Weiteres war neu: Es wurde herausgestellt, dass der BDKJ Lizenznehmer des Verbandes FairWertung e.V. sei.

Diese Organisation, von katholischen und evangelischen Verbänden gegründet, hat sich intensiv mit den Problemen des Textilrecyclings auseinandergesetzt. Man war sich aus bitterer Erfahrung bewusst, dass naive Spendierlaune in bester Absicht auch Schaden anrichten kann. Altkleider aus Europa hatten zeitweise in afrikanischen Ländern die dortigen Märkte überflutet und dadurch die heimische Textilindustrie abgewürgt. Es war zu katastrophalen Nebenwirkungen gekommen, die Menschen wurden entmutigt und in die Abhängigkeit von Almosen gedrängt. Jetzt beobachtete man die ökologischen und sozialen Folgen solcher Kleidersammlungen und förderte auch in Deutschland Strukturen für Secondhandwaren. Mehr noch: Man versuchte, über diese Zusammenhänge auch aufzuklären.

Michael Werth übergab mir beim Gespräch in seiner mit hellen Pinienmöbeln bestückten Wohnung ein Heft der Franziskaner-Mission über »fairen Handel«, das die problematische Seite der Globalisierung darlegte. Anhand konkreter Beispiele erfuhr man, wie die herrschende Wirtschaftsordnung den einen die Schnäppchen beschert, dieweil die anderen in einen täglichen Kampf ums Überleben gezwungen werden. Da leben zum Beispiel in dem Dorf Los Medios bei Medellin in Kolumbien Kleinbauern mehr schlecht als recht von der Erzeugung von Zuckerrohr. Der Zugang zum EU-Markt ist ihnen verwehrt, obwohl sie die europäischen Verbraucher zu einem

Drittel der in Europa geltenden Preise beliefern könnten. Die EU jedoch subventioniert durch ihre Zuckermarktordnung die eigenen Zuckerbauern und unterstützt sogar mit Exportzuschüssen noch den Verkauf der eigenen Überschüsse zu Dumpingpreisen auf dem Weltmarkt, was auf anderen Kontinenten wiederum die Verdienste schmälert. Das Nachsehen haben die Armen in Los Medios und anderswo.

Ein anderes Beispiel: In einer Spielzeugfabrik in Shenzhen im Süden Chinas verpackten rund 400 Kinder zwischen 13 und 16 Jahren Spielzeug, das für eine amerikanische Fast-Food-Kette bestimmt war. Nach Augenzeugenberichten arbeiteten sie täglich 16 Stunden an sieben Tagen in der Woche – für umgerechnet 2,50 Euro am Tag. Und mussten davon noch 25 Euro pro Monat für Essen und Unterkunft bezahlen. Da fragt man sich nicht mehr, wieso in deutschen Geschäften chinesisches Spielzeug so unübertroffen billig angeboten werden kann.

Aus anderen Quellen werden solche Missstände bestätigt. »Fast jede Fabrik verletzt die chinesischen Arbeitsgesetze, und die lokalen Regierungen in den Industriestädten akzeptieren das, um das Investitionsklima nicht zu verschlechtern«, erklärte die junge chinesische Soziologin Jenny Chan, die als Mitglied einer Bürgerinitiative Tausende von Einzelfällen untersucht hat, im Juni 2008 der »Süddeutschen Zeitung«. Ein weiterer Fall: Ein 13-jähriges Mädchen aus einem Dorf bei Sialkot in Pakistan berichtete, wie sie in Heimarbeit mit ihrer Mutter aus 32 Einzelteilen einen Fußball zusammennäht, 650 Stiche pro Ball, drei Bälle in sieben Stunden. Dafür gibt es dann umgerechnet 0,90 Euro, also 30 Cent je Ball.

Die Antwort der Franziskaner-Mission und anderer kirchlicher Organisationen wie des katholischen Hilfswerks »Misereor«, der evangelischen und freikirchlichen Hilfsaktion »Brot für die Welt«, des Evangelischen Entwicklungsdienstes oder des Bundes der Deutschen Katholischen Jugend darauf heißt »Fairer Handel – Gewinn für alle«. Schon 1976 gründeten sie die Gesellschaft Gepa in Wuppertal, die im Zusammenwirken mit der »International Fair Trade Association« ein weltweites Netzwerk des fairen Handels knüpfte. An ihm sind inzwischen mehr als 560 Bauernkooperativen und Plantagen in über 60 Ländern Asiens, Afrikas und Lateinamerikas mit über einer Million Beschäftigten beteiligt. Ihnen garantieren Großhändler wie Gepa Mindestpreise, die in jedem Fall ein wenig über dem Niveau des Weltmarkttarifs liegen und die den Erzeugern ein menschenwürdiges Auskommen sichern sollen. Vor allem Kleinbauern und ihre Selbsthilfeeinrichtungen sollen davon profitieren, und sie werden auch an den Entscheidungen ihrer Genossenschaften demokratisch beteiligt. Die Einhaltung der Standards wird regelmäßig vor Ort kontrolliert, und in der richtigen Erkenntnis, dass außer gutem Willen vor allem die hohe Qualität der Waren die Kundschaft in Europa zum Kauf animiert, müht sich die Gepa inzwischen um ein regelrechtes Premiumangebot. »Und das klappt immer besser«, wie Michael Werth sagte.

Auch in Alsweiler, wo der Bankkaufmann Werth und der Versicherungskaufmann Josef Dewes 1989 auf dem Adventsmarkt der Messdiener erstmals Lebensmittel und handwerkliche Erzeugnisse aus der Dritten Welt zum Verkauf anboten. Die Nachfrage wuchs kontinuierlich; hin und wieder wurde Michael Werth auch gefragt, ob das Geld denn auch wirklich bei den Bedürftigen ankomme. »Dann kann ich nur sagen: Dafür steht das System, an dem wir teilnehmen. Dafür steht die Gepa, dafür stehen die Siegel, die die haben.«

Diese Siegel, die als Dachorganisation der 1992 gegründete Verein TransFair vergibt, haben inzwischen große Attraktivität gewonnen. Schon lange werden fair gehandelte Produkte nicht mehr nur in Dritte-Welt-Läden oder bei kirchlichen Versammlungen verkauft, sondern ganz regulär auch in mehr als 30 000 Lebensmittelgeschäften und Supermärkten, so auch in den Kaufhäusern der Globus-Gruppe aus St. Wendel oder beim Discounter Lidl. Der Kreis wird immer größer, auch im Ausland, und so wächst da in Europa und den USA parallel zu der Bewegung der Antiglobalisierer »nach und nach eine ebenso mächtige Gerechtigkeitsbewegung, die täglich an Stärke gewinnt«, wie die Journalisten Christiane Grefe und Harald Schumann 2008 in einem Buch über den »globalen Countdown« bilanzierten. »Diese Bewegung kann gewiss niemals die Politik von Staaten und Regierungen ersetzen. Aber sie könnte womöglich die Basis und Legitimation für eine neue Generation mutiger Politiker schaffen, die der Raffgier der Besitzenden gesetzliche Grenzen setzt.«

Die mittlerweile 14 Mitglieder der Aktion 3. Welt in Alsweiler tun noch ein Weiteres. Nach dem Prinzip der »doppelten Hilfe« kommt nicht nur der Handel selber, sondern auch der in Alsweiler dabei erzielte Gewinn der Entwicklungshilfe zugute. Immerhin bleiben vom Umsatz nach Auskunft von Michael Werth »nicht ganz zehn Prozent hängen«, 2006 waren das knapp 2 400 Euro. Diese Überschüsse werden Jahr für Jahr an das Kinderhaus »La Pankarita« in El Alto bei La Paz im Hochland von Bolivien weitergeleitet, wo rund 50 Kinder berufstätiger Mütter in einem Hort betreut werden. Peter Adams, der Beauftragte des Kindermissionswerks Die Sternsinger aus der Kreisstadt St. Wendel, der seit mehr als 30 Jahren auch jeden dritten Sonntag im September einen Hungermarsch für

Projekte in Indien organisiert, hatte den Freunden in Alsweiler den Kontakt nach Bolivien verschafft. Und so können nun die Organisatoren in El Alto, mit denen inzwischen natürlich E-Mail-Kontakt besteht, fest darauf rechnen, dass ein Teil ihres Etats für die Beschäftigung von sechs Betreuerinnen und einer Köchin aus einem fernen Dorf in Alemania namens Alsweiler gedeckt wird.

Gewiss ist es kein Zufall, dass die Aktivisten aus dem Kreis der engagierten Katholiken kommen. Trotz aller Wandlungen ist die Kirche im Dorf ja noch immer diejenige Institution, die für die großen Fragen der Moral zuständig ist. Allerdings in ganz anderer Weise, als dies früher der Fall war. Der epochale Umbruch, der die Dörfer Europas erfasst hat, macht vor der Religion nicht halt. In vielen Orten wurde die hergebrachte Stellung der Kirche schwer erschüttert. Ihr Einfluss ging teilweise dramatisch zurück, ihre Arbeitsweise und ihre Strukturen sind großen Veränderungen unterworfen. Auch das markiert eine historische Zäsur, die den Kern des dörflichen Zusammenlebens berührt.

Dörfer waren in der Geschichte der Menschheit immer stark von der Religion geprägt, in aller Welt. »Alle Dorfbewohner haben etwas von einer universalen Kultur gemeinsam«, schrieb der amerikanische Journalist und Schriftsteller Richard Critchfield in einem Buch, in dem er seine langjährigen Erfahrungen aus Studien in rund einem Dutzend Dörfer in allen Erdteilen schilderte. Nach Art der Anthropologen hatte Critchfield als »teilnehmender Beobachter« monatelang in jedem einzelnen Ort gelebt und die unterschiedlichen Lebensweisen der Bewohner erforscht. Er kam zu dem Schluss, dass die »Universalität der Dorfkultur« drei mächtige Pfeiler habe: den Besitz an Land und die Landwirtschaft, die Familie und die Religion. Der Reporter meint sogar, die Religion als »Kern der Dorfkultur« definieren zu können, nachdem er in Polen, Ägypten, Indien, Südkorea, China, Mexiko, Kenia und Ghana die verschiedensten religiösen Rituale beobachtet hatte. Mal waren die Dorfbewohner, mit denen er eine Zeit lang lebte, Katholiken, mal Muslime, mal Hindus, und mal waren sie Anhänger der Lehre von Konfuzius. Dabei hatte Richard Critchfield vor allem die bisherige und die historische Entwicklung der Dörfer in aller Welt im Blick. Er registrierte sehr wohl, dass gerade in unserer Zeit diese drei Pfeiler wanken, dass die Dörfer immer mehr ihren dörflichen Charakter verlieren und dass die Kluft zwischen Stadt und Land verschwindet.

Tatsächlich lässt sich Ähnliches auch am Beispiel Alsweiler beobachten. Die Landwirtschaft hat ihre zentrale Bedeutung eingebüßt, nur wenige Menschen wissen überhaupt noch aus eigener Praxis, wie Feldfrüchte oder Obst angebaut und Tiere gehalten werden. Die Familien werden immer kleiner oder zerfallen durch Wegzug in ihre Einzelteile. Der frühere Einfluss ganzer Clans ist heute kaum noch zu spüren, machtvolle Strukturen haben sich aufgelöst, an ihre Stelle sind pluralistische Formen des Gemeinwesens getreten, die Vielzahl der Vereine. Und ähnlich groß ist der Umbruch auch auf religiösem Gebiet.

Alsweiler war immer ein tief katholisches Dorf. Die Reformation fand keinen Eingang im Herzogtum Lothringen, zu dem auch das Schaumberger Land gehörte. Allerdings stürzte die Französische Revolution die Verhältnisse um, die Tholeyer Mönche wurden verjagt. 1805 wurde Alsweiler zur eigenständigen Pfarrei; der erste Pfarrer Johann Peter Weismüller war ein aufgeklärter Mann, der für die sozialen Umwälzungen seiner Zeit durchaus gewisse Sympathien hatte. Er vermachte der Pfarrei bei seinem Tod 1824 nicht nur eine Stiftung für bedürftige Kinder, sondern auch eine kleine Privatbibliothek. Die aber wurde von seinen Nachfolgern so miserabel gehütet, dass kein einziges Buch davon erhalten ist. Zwei spätere Pastöre stellten sich gegen das Hitler-Regime, ansonsten war die Vergangenheit geprägt von jenem autoritären, ja diktatorischen Amtsverständnis der Kirche, das erst mit dem Zweiten Vatikanischen Konzil 1962–65 durch Papst Johannes XXIII. aufgebrochen wurde.

Auf dem Dorf war der Pfarrer ein absoluter Herrscher, man nannte ihn in der Mundart »de Häär« (Herr). Ich erinnere mich noch gut, mit welchem Gruseln ich in meiner Jugend den Erzählungen meiner Großmutter über das straffe Regiment der Pfarrherren lauschte. Zu den Frauen, die doch damals viele Kinder gebaren, kam der Pastor jedes Mal nicht lange nach einer Niederkunft, um nachdrücklich anzufragen, ob denn auch schon das nächste Kind geplant sei. Und mein Großvater Michel gehörte als Sozialdemokrat und Mitglied einer Bergarbeitergewerkschaft, des »Alten Verbandes«, zu jenem halben Dutzend Männern im Dorf, denen der Dorfpfarrer nach dem Ersten Weltkrieg eine Zeit lang aus politischen Gründen das Bußsakrament verweigerte. Die Betroffenen gingen deshalb heimlich »auf dem Paterhof«, in der Kirche der Steyler Missionare in St. Wendel, zur Beichte, damit ihre Ehefrauen beruhigt waren.

Unvergessen sind auch die Erzählungen über eine »Häärekesche« (Pfarrersköchin), die eine junge Lehrerin aus dem Dorf vertrieb, weil diese bei einer Hochzeit mit verschiedenen Männern getanzt hatte. Ein andermal wollte die herrschsüchtige Frau durchsetzen, dass die Mädchen bei der Erstkommunion nicht weiße, sondern braune Kleidchen trügen – erst ein massiver Protest der Eltern und die Drohung, die Kinder im Nachbarort Tholey zur Erstkommunion zu führen, brachte den Pfarrer dazu, seine Köchin zurückzupfeifen. Dergleichen Anekdoten belegen, welch enormen Anpassungsdruck die Kirche im Ort einst erzeugte. Aus ihrem Schoße kam vieles, was später von Soziologen als die dörfliche Macht der »sozialen Kontrolle« beschrieben wurde. Als in den 1960er-Jahren das Zweite Vatikanische Konzil und die antiautoritäre Bewegung neue Zeichen setzten, wagten junge Katholiken es auch in Alsweiler, demokratischere Umgangsformen und Mitbeteiligung einzufordern. Die katholische Jugend (KJG = Katholische Junge Gemeinde) überwarf sich mit dem Pfarrer und polemisierte in einer eigenen, auf Matritzen abgezogenen Zeitung 1968 gegen die Enzyklika »Humanae vitae« von Papst Paul VI., die den Gebrauch der Antibabypille ablehnte. Später eskalierten die Konflikte so weit, dass sich die Ortsgruppe der KJG beim Dekanat St. Wendel abmeldete und nach Kusel ins Bistum Speyer hinüberwechselte. Und es war ein Jugendführer aus Alsweiler, Clemens Sebastian, der 1978 als Bundesleiter der KJG von der Deutschen Bischofskonferenz zum Rücktritt gezwungen wurde, weil der Verband mit seinem nonkonformistischen Programm den Kirchenführern allzu weit ging. Eine revolutionäre Neuerung bedeutete es auch, dass 1977 erstmals ein Zeltlager für Mädchen stattfand. Und Mädchen durften nun bald auch zum ersten Mal als Messdienerinnen am Gottesdienst mitwirken, offiziell seit 1994.

Bei allen Auseinandersetzungen aber wurde die Pfarrgemeinschaft doch immer auch getragen von der Begeisterung und dem freiwilligen Engagement ungezählter junger und älterer Menschen, die mit Gleichgesinnten gemeinsam die Welt erkundeten, gemeinsam große Pfarrfamilienabende gestalteten und gemeinsam Hand anlegten, wenn es ein Problem zu bewältigen galt.

Im »Heiligen Jahr« 1950 zum Beispiel fuhren sechs Jugendliche aus Alsweiler mit einem Pilgerzug nach Rom, damals noch ein äußerst fernes Ziel; zwei von ihnen brachten einen Stein aus der »Heiligen Pforte« des Petersdomes mit, der später in der Pfarrkirche eingemauert wurde. Bald darauf führten die Männer des Dorfes in vielen freiwilligen Arbeitsstunden die Erweiterung der Pfarrkirche aus, der zwei Seitenschiffe hinzugefügt wurden. Erst recht ist der Bau eines Pfarrheimes, des größten Veranstaltungssaales weit und breit, hervorzuheben. Seine Fertigstellung gelang 1970 ebenfalls nur durch eine gewaltige gemeinschaftliche Anstrengung – von der Vermessung und der Ausführung der Bauarbeiten bis hin zur Finanzierung des Projekts durch Zuschüsse und Spenden, die mit Basarverkäufen und Haussammlungen der katholischen Frauengemeinschaft eingetrieben wurden.

Im Grunde hat sich dieser Geist bis heute erhalten. 2005, zum 200-jährigen Bestehen der eigenständigen Pfarrei St. Mauritius Alsweiler, stellten 28 verschiedene Vereine des Dorfes gemeinschaftlich im Pfarrheim mehrere Veranstaltungen auf die Beine. Es kamen 4 000 Euro an Einnahmen zusammen, die für eine Sanierung der feucht gewordenen Vorderwand und des Dreifaltigkeitsmosaiks in der Pfarrkirche gebraucht wurden. Im Sommer 2008 wurde neuerlich ein zweitägiges Pfarrfest organisiert. Diesmal war der Hauptzweck, Geld für das Pfarrheim zu erwirtschaften, das in eine finanzielle Schieflage geraten war. Es gab Gebäudeschäden, die Personalkosten waren hoch, die Ölpreise kletterten, und die betriebswirtschaftliche Balance drohte verloren zu gehen. Deshalb musste dringend ein Ausgleich gefunden werden, denn dieses Pfarrheim hatte für die Dorfgemeinschaft eine zentrale Funktion. »Pfarrheim ohne Vereine – null, Vereine ohne Pfarrheim – null, dann Gemeinde Alsweiler null«, pflegte Wolfgang Simon als Betreuer des Pfarrheims sarkastisch zu sagen. Die Hilfsaktion gelang, diesmal kamen 5 300 Euro zusammen. Ein großer Erfolg war der Comedyabend des Theater- und Karnevalsvereins. Und das *Public Viewing* eines Fußballspiels der Europameisterschaft auf einem großen Schirm zog besonders viele junge Leute an.

Was wiederum eine Erfahrung belegt, die auch die Chefs der Vereine im Dorf machen: Wer die Jugend gewinnen will, darf ihr nicht nur mit gut gemeinter Pädagogik kommen, sondern muss ihr etwas bieten, was sie interessiert und fasziniert. Besonders gut scheint dies den Messdienern zu gelingen, die im Jubiläumsjahr 2005 nicht weniger als 75 Mädchen und Jungen in ihren Reihen hatten und damit offenbar in die Rolle der vormaligen katholischen Jugend geschlüpft sind. Neben dem Dienst am Altar und den wöchentlichen Gruppenstunden waren es auch die Fußballturniere und vor allem wohl die jährlichen Ferienfahrten, die die Jugendlichen anzogen. Reiseziele waren die Nordeifel, die Vogesen, die Normandie, Graubünden, Mailand, München, Südtirol oder die niederländischen Nordseeinseln. Vor Ort vergnügte man sich mit Bastelabenden, Olympiaden und Fußballspielen und übte so gleichzeitig das soziale Miteinander ein.

Solche Erfahrungen machen manchem Lust auf mehr und erreichen dann schnell die globale Dimension. André Gillen, 23, Student der Theologie und Anglistik, war lange Jahre Messdiener in Alsweiler. Im Juli 2008 reiste er zusammen mit seinem 16-jährigen Bruder Tim als einer der mehr als 200 000 Teilnehmer des Weltjugendtages der katholischen Kirche nach Sydney. Nach der Rückkehr berichteten die beiden mittels einer Foto- und Plakatausstellung im Hiwwelhaus von ihren Erlebnissen. Wobei dann eine Frau auf André Gillen zukam, die erzählte, wie sie vor 50 Jahren am Katholikentag in Berlin teilgenommen und das ebenfalls als eine Weltreise empfunden hatte.

So sind die Dimensionen gewachsen, und das ist nicht das Einzige, was sich im Leben der Pfarrgemeinde geändert hat. Wie überall in Europa und in den USA, so hat die katholische Kirche in den vergangenen Jahrzehnten auch in Alsweiler an Einfluss und Anhängern verloren, wenn auch in geringerem Maße. Die Krise zeigt ihre Auswirkungen in zahlreichen Kirchenaustritten. Im Bistum Trier verminderte sich die Zahl der Katholiken zwischen 1980 und 2005 um 314 000 auf 1,6 Millionen – ein Minus von 16,4 Prozent. Auch in Alsweiler gab es Austritte, auch in Alsweiler ist die Pfarrkirche am Sonntag meist nur noch halb voll, und an den Werktagen kommen, wenn es überhaupt eine Messe gibt, jetzt durchschnittlich nur noch etwa 60 Leute, überwiegend ältere Frauen. Was immer noch relativ gut ist, im Vergleich zu Marpingen und anderen Nachbarorten. Alsweiler sei in mancher Hinsicht »noch ein kirchliches Paradies«, hat vor Jahren einmal der frühere Vikar Bernd Seibel gesagt.

Auch Gudrun Büchler, die Vorsitzende des Pfarrgemeinderats und des Kirchenchores, die erst 2001 in Alsweiler zugezogen ist, hat gleich den Eindruck gewonnen, das religiöse Leben und der Gemeinschaftsgeist seien im Ort noch weit lebendiger als anderswo. Allerdings: Der Kirchenchor, vermutlich der älteste Verein im Ort, findet keinen Nachwuchs mehr. Und bei der letzten Wahl zum Pfarrgemeinderat im November 2007 fand man kaum genügend Kandidaten.

»Wir erleben in diesen Tagen den Wandel und Übergang vom Traditionschristentum volkskirchlicher Prägung zu einem Christsein der persönlichen und bewussten Glaubensentscheidung«, schrieb dazu der Marpinger Pfarrer Leo Hofmann im Jahr 2005 in einem Buch, das der Verein für Heimatkunde zum 200-jährigen Bestehen der Pfarrei St. Mauritius Alsweiler herausgab. Leo Hofmann ist seit dem Jahr 2000 als Leiter der Seelsorgeeinheit Marpingen-Alsweiler auch für Alsweiler zuständig; an seiner Seite wirkt der junge Pfarrer Wolfgang Breininger als Kooperator.

In der Rolle des Priesters ist Leo Hofmann, gebürtig aus dem Westerwald, ganz das Gegenbild der Pfarrherren alten Schlages. Offen und umgänglich bewegt er sich bei dörflichen Ereignissen unter den Leuten, mit etlichen Bürgern ist er per Du. Im Unterschied zu seinem jungen Kollegen Breininger kleidet er sich nicht ins förmliche Priesterhabit mit dem Stehkragen, sondern trägt einen dunklen Anzug mit Krawatte, im Revers ein kleines Kreuz. Der mittlerweile 70-Jährige ist ein gebildeter und sprachgewandter Saalredner und Prediger, der meist völlig frei spricht. Wöchentlich wendet er sich nicht nur in der Predigt, sondern auch in den »Kirchlichen Nachrichten« im Gemeindeblatt an seine Gläubigen, bietet Erzählungen aus aller Welt an, beklagt den »Kauf- und Konsumrausch« oder das Fernbleiben vieler Menschen von der Eucharistiefeier, greift aktuelle Meldungen auf.

Leo Hofmann, der einst als junger Theologiestudent die Begeisterung seiner Generation über die Neuerungen des Zweiten Vatikanischen Konzils teilte, macht keine Umschweife, wenn er auf die gegenwärtige Krise zu reden kommt. »Der Bruch mit der Glaubenstradition geht an die Fundamente«, schrieb er im Buch zum Pfarrjubiläum. »Die Selbstverständ-

213

lichkeit, mit der in den Jahren nach dem Konzil vor 40 Jahren die Mehrheit der Getauften das Gemeindeleben mitgestaltete, scheint auf absehbare Zeit vorbei zu sein. Viele getaufte Christen brechen nicht nur mit der Kirche, sondern auch mit dem Glauben. Kinder und Jugendliche sind im Erscheinungsbild der Pfarrgemeinden immer seltener. Immer mehr Kinder und Jugendliche können den Glauben nicht mehr verlieren, weil sie überhaupt nichts vom Glauben erlebt und erfahren haben. Auch ältere Menschen, die 40 und 50 Jahre ihres Lebens kirchlich praktiziert haben, bleiben der Kirche fern, darunter besonders die Männer. Unübersehbar sind die Lücken bei den jungen Familien. In unserer Gesellschaft geraten überzeugte Christen mit ihren Wertvorstellungen in die Minderheit.«

Leo Hofmann hat bei Taufgesprächen, Elternabenden und anderen Gelegenheiten vielfach erfahren,»dass das Glaubenswissen enorm zurückgegangen ist«. Bei einem Interview im Juli 2007 in seinem großen, mit Ikonen und anderen religiösen Bildern geschmückten Wohnzimmer im Marpinger Pfarrhaus erklärte er mir:»Wenn man erlebt, dass Kommunionkinder noch kein Kreuzzeichen machen können oder die Kirche wie einen fremden Raum entdecken und sich gar nicht darin zurechtfinden, dann merkt man, dass Eltern einfach etwas versäumt haben.« Nach Meinung des Geistlichen durchlebt der Katholizismus derzeit»eine Zeit der Brache«.

Gerade in der Krise ist die Kirche indes auf das ehrenamtliche Engagement ihrer Mitglieder angewiesen, denn sie muss ihre Dienstleistungen einschränken. Seit Jahren herrscht ein eklatanter Mangel an Priestern, den man in der Diözese Trier zeitweise durch den Einsatz von acht Priestern aus Indien auszugleichen suchte. Auf die Dauer aber sind die katholische wie die evangelische Kirche zu Spar- und Rationalisierungsmaßnahmen gezwungen. »Vieles wird zentriert, und auch die Kirche muss in größeren Räumen operieren«, meinte Leo Hofmann dazu, »wir leben nicht in einer Quarantänestation.« Ein »Strukturplan 2020«, den der Trierer Bischof Reinhard Marx im Juli 2007, kurz vor seiner Berufung zum Erzbischof von München und Freising, noch am alten Dienstort in Kraft setzte, sieht im ältesten Bistum Deutschlands die Zusammenlegung von bisher 951 Pfarreien zu 173 »pastoralen Einheiten« vor.

Für Alsweiler bedeutet dies einen weiteren schmerzlichen Verlust. Nach der politischen Autonomie wird der Ort auch seine kirchliche Eigenständigkeit aufgeben müssen. Mit den Nachbarorten Marpingen und Urexweiler soll er künftig eine Pfarreiengemeinschaft bilden. Statt dreier Pfarrer wird es dann nur noch einen geben, mit Sitz in Marpingen. In jedem der drei Dörfer wird folglich am Wochenende nur noch ein Gottesdienst statt bisher zwei stattfinden, und nach den Worten ihres Pastors müssen sich die Bewohner auch darauf einstellen, dass nicht mehr an jeder Beerdigung ein Priester mitwirkt. Ansonsten wurde von der Diözesanleitung in Trier sogar die Schließung und Umwidmung von Kirchen nicht ausgeschlossen, wie in anderen Teilen Deutschlands bereits geschehen.

Es dürften in Zukunft noch ganz andere Herausforderungen hinzukommen, zum Beispiel dadurch, dass peu à peu immer mehr Ungläubige oder Andersgläubige zuziehen. In Alsweiler ist dieser Prozess, von vielen unbemerkt, bereits im Gange. Nur die wenigsten der neu angesiedelten Ausländer, unter ihnen auch einige Muslime, treten überhaupt noch mit der Pfarrgemeinde in Kontakt.

Für Leo Hofmann ein klarer Fall. »Die Kirche muss den Dialog suchen mit allen anderen Religionsgemeinschaften.

Sie muss diese Menschen verstehen als Mitbürger«, sagte er beim Gespräch im Pfarrhaus. »Wir können diese Menschen nicht einfach ausschließen, sondern wir müssen offen sein, wir müssen gesprächsbereit sein, wir müssen sie einladen. Wenn sie wollen, können sie zu uns kommen, zu unseren Festen und Feiern, sie können auch zu unseren Gottesdiensten kommen, wenn sie das wünschen, niemand ist ausgeschlossen.« Nur darf nach Meinung des Pfarrers das Kennenlernen nicht dahin führen, die eigene Glaubenssubstanz aufzuweichen. »Es muss ein Respekt vor der Überzeugung des anderen da sein, aber ich muss auch von anderen den Respekt für mich selber einfordern, für meine Glaubensüberzeugung.«

Die Probleme, die sich auf diesem Feld ergeben könnten, sind schon näher, als die meisten Bewohner von Alsweiler wohl ahnen. Im Kindergarten, der bis zum Sommer 2008 in Alsweiler von der katholischen Kirche betrieben wurde und dann an die Gemeinde Marpingen überging, tauchten sie zuerst auf. Kinder aus acht verschiedenen Nationen waren 2008 im Alsweiler Kindergarten angemeldet, wie Julitta del Fabro, die frühere Leiterin, berichtete, auch aus dem islamischen Kulturkreis, in dem die Rolle der Frau nicht unbedingt eine gleichberechtigte ist. In einem Fall ging eine Mutter regelmäßig zwei Meter hinter ihrem vierjährigen Jungen her und trug ihm die Tasche. Julitta del Fabro wies dann in einem Gespräch auf die anderen Sitten in Deutschland hin und machte klar, dass der Junge im Kindergarten seinen Teller selber spülen lernen müsse. »Das sind konkrete Situationen, die immer wieder auftauchen.«

Auch Monika Lambert, die Vorsitzende der Katholischen Frauengemeinschaft Deutschlands (kfd) in Alsweiler, hat schon Erfahrungen mit Zuwanderern gesammelt, die ihr den grundlegenden Wandel der dörflichen Gesellschaft vor Augen führten. In den Jahren nach dem Kollaps des Kommunismus in Mittel- und Osteuropa betreute sie mehrmals Familien von Russlanddeutschen, die aus Kasachstan und anderen Teilen der zerfallenen Sowjetunion übergesiedelt waren. Sie erlebte Menschen, die nicht mit Bettzeug umzugehen wussten, weil sie zuvor offenbar noch auf Heu und Stroh geschlafen hatten. Und es passierten Sachen,»die waren nicht in Ordnung«. Vor einiger Zeit erhielt die 46-jährige Postbeamtin einen Anruf aus der Kreisstadt St. Wendel von der Kinderschutzorganisation»Projekt Ufer«: Da hatte, wie Monika bei dieser Gelegenheit erfuhr, eine junge Familie von Kosovo-Albanern in Alsweiler ein altes Haus erworben und war dort eingezogen. Der Mann arbeitete die Woche über als Granitbauer am Flughafen in Stuttgart, die Frau brauchte Hilfe bei der Betreuung der Kinder, weil sie gerade den Führerschein machte und jeden Mittwoch für eine gute Stunde den theoretischen Verkehrsunterricht zu besuchen hatte. Es war nicht einfach, jemanden für diese Aufgabe zu finden, und es dauerte eine Weile, aber da hatte sich die junge Frau bereits entschieden, die Kinder zum Verkehrsunterricht mitzunehmen.

So dringt auch im kleinen Dorf das große Phänomen der Migration in den Alltag ein. Vermutlich ist neben den Aktivisten der Aktion 3. Welt Alsweiler e.V. keine Gruppe im Ort auf die Veränderungen, die sich da ankündigen, so gut vorbereitet wie die katholische Frauengemeinschaft, die heute 369 Mitglieder zählt. Denn neben Wallfahrten, geselligen Veranstaltungen und Sammelaktionen stellt die Auseinandersetzung mit der Lage in fremden Ländern einen wesentlichen Teil ihrer Arbeit dar. Und das könnte bald von großem Nutzen sein. Wie nie zuvor werden künftig auch in Dörfern Menschen gebraucht, die ihre sozialen Talente nicht nur im Umgang miteinander zu entfalten vermögen, sondern auch nach außen offen sind.

Die kfd-Frauen von Alsweiler sind über die Sammlungen »für die Missionen« längst hinausgegangen. Die wohlwollende Fürsorge für die »Negerkinder« ist modernen Überlegungen zur Entwicklungshilfe gewichen, und längst schaut man auch über die eigene Konfession hinaus. Zum Weltgebetstag der Frauen am 7. März 2008 zum Beispiel lud die kfd-Ortsgruppe in die Pfarrkirche nicht nur ihre Mitglieder ein, sondern explizit auch »unsere evangelischen Mitchristinnen sowie die Frauen anderer christlicher Konfessionen im Ort«.

Millionen Frauen aus 170 Ländern, so war es im örtlichen Gemeindeblättchen zu lesen, bilden alljährlich am ersten Freitag im März »eine Gebetskette« nach dem Motto »informiertes Beten – betendes Handeln«. Im Mittelpunkt der Betrachtungen stand 2008 das mittelamerikanische Land Guayana, das zweitärmste nach Haiti auf dem Kontinent. Und Monika Lambert holte, als wir uns in ihrem Haus in einem Neubaugebiet am Ortsrand von Alsweiler zu einem Gespräch über die Arbeit der kfd trafen, gleich ein Arbeitsbuch über Guayana hervor, das eigens zu diesem Anlass herausgegeben worden war.

Ich war verblüfft über die Vielfalt der angebotenen Informationen. Und ich staunte, was Monika Lambert mir beim Gespräch in ihrem Haus noch über weitere Projekte des kfd-Diözesanverbandes und seiner Regionalgruppen berichtete. Wir saßen im Wohnzimmer ihrer Familie vor einem großen Fenster, das einen umwerfend schönen Ausblick auf das Panorama des Schaumberges eröffnete. Und Monika erzählte von den Barfuß-Rechtsanwältinnen in der Dritten Welt sowie von der

Unterstützung für junge Mädchen in Afrika, Asien und Lateinamerika, die schon mit zwölf Jahren schwanger werden.

Und was war mit Malawi? Sie hatte mir doch unlängst mitgeteilt, dass die kfd-Gruppe Alsweiler jenes Geld, das sie beim großen Tag der offenen Tür im Hiwwelhaus durch den Verkauf selbst gebackenen Kuchens eingenommen hatten, zu einem Teil für ein Projekt in Malawi spenden würden. »Sagt dir Malawi was?«, fragte sie und schaute mich prüfend an. »Du kennst Malawi wahrscheinlich nur im Zusammenhang mit Madonna, der Sängerin. Die hat ihre Kinder von dort adoptiert, und das war im Fernsehen, ganz groß gemacht vor drei Jahren, und da hat man überall davon angefangen zu sprechen.«

Aber das war nicht die Art, wie die Frauen von Alsweiler in Malawi helfen wollten. Einige Frauen des kfd-Diözesanverbands waren vor einiger Zeit in dem südostafrikanischen Land gewesen. In dem Dorf Mackenzie bei Salima, unweit des Malawisees, einer Ansammlung von etwa 150 schilfgedeckten Hütten, sahen sie mit eigenen Augen die Not und Perspektivlosigkeit, in der dort die Frauen leben. Die Frauen von Mackenzie wünschten sich eine eigene Maismühle, um für sich und die Bewohner der umliegenden Dörfer den Mais zu mahlen und so etwas zu verdienen. Die kfd-Frauen im Saarland brachten mit dem Erlös von Weihnachtsmärkten, Basaren und sonstigen Aktionen rund 13 000 Euro auf und ermöglichten so den Frauen von Mackenzie den Bau dieser Maismühle, die nach den Worten von Monika Lambert »wie so ein kleines Gartenhäuschen« aussieht.

Für den Betrieb der Anlage wurde erstmals Elektrizität ins Dorf geholt, es entstanden auch Handwerksbetriebe, und die saarländischen Frauen sammelten nun Geld für den Bau eines

»Women Forum«, eines Hauses, in dem die Frauen von Mackenzie sich treffen, um beispielsweise lesen und schreiben zu lernen. Außerdem wurden 15 Nähmaschinen gekauft, auf denen die Frauen von Mackenzie Kleider fertigen wollen, ebenfalls zum Verkauf. »Die müssen das selbst lernen«, sagte Monika Lambert. »Wir bringen dort keine Kleider oder sowas hin.«

Es gibt jetzt in Mackenzie auch einen Fonds, in den die Überschüsse aus der eigenen Produktion fließen. Man hat damit schon eine Schule finanziert, und man zahlt daraus das Schulgeld für die Mädchen, die sonst zum größten Teil gar nicht in die Schule geschickt würden. Dazu werden noch zehn Aids-Waisen versorgt. Und für all diese erstaunlichen Unternehmungen wird also jetzt auch der Erlös aus dem Verkauf des Kuchens beim Tag der offenen Tür im Alsweiler Hiwwelhaus und bei anderen Veranstaltungen verwandt.

Übrigens feierte die kfd-Ortsgruppe Alsweiler im Jahr 2009 ihr 80-jähriges Bestehen. Die Urkunde, mit der der »fromme Verein mit der Bezeichnung Christliche Mütter« im Juni 1929 vom Trierer Bischof errichtet und der Leitung des Dorfpfarrers anvertraut wurde, war noch in Latein verfasst. Wer hätte damals gedacht, dass 80 Jahre später beim Jubiläum auch über die Frauen von Mackenzie in Malawi gesprochen werden würde?

# 10 Unser Mann am See Genezareth

Abwandern, zuwandern, dableiben und die Enkel in Singapur besuchen – die multikulturelle neue Heimat

Was unterscheidet ein Dorf im Saarland von einem Dorf in Thailand? Zum Beispiel Alsweiler von Sripalat? Darunee Böffel zögerte keine Sekunde lang mit der Antwort. »Also in Alsweiler ist jeder für sich«, sagt sie und zeichnet dann das Gegenbild: »Bei uns ist das Haus sehr offen, also ist jeder herzlich willkommen. Sobald die dich sehen am Balkon sitzen oder vor dem Haus, da kommen und sproochen die.« Darunee Böffel stammt aus Sripalat und lebt jetzt in Alsweiler, und wenn sie sagt »bei uns«, dann ist in diesem Falle Sripalat gemeint. Später erklärt sie: »Es wird nicht so viel geplant wie bei uns«, und dann ist »bei uns« eben in Alsweiler. Was logisch klingt, denn sie spricht, auch wenn sie gebürtige Thailänderin ist, nicht nur gut Deutsch, sondern sogar die Alsweiler Mundart. Sie sagt »sproochen« statt »plaudern«, und sie sagt »siwwe« statt »sieben« auf die Frage, wie viele Jahre sie schon in Alsweiler lebe.

So ist das eben für eine junge Frau, die jetzt zwei Heimaten hat, nachdem sie aus Sripalat in der Provinz Chaiyaphum im Nordosten Thailands mit acht Jahren erst ins Saarland und dann mit 18 nach Alsweiler geraten ist. Jetzt ist sie 25 Jahre alt, verheiratet mit dem Verwaltungsfachwirt Dirk Böffel, der auch der Trainer der ersten Mannschaft des SC Alsweiler ist, und sie erwartete bei unserem Gespräch im November 2008 gerade ihr zweites Kind.

Im Januar 2008 waren die beiden zum ersten Mal gemeinsam in Sripalat, und Dirk war »völlig perplex« über die ungezwungene Art, mit der die Leute im Haus von Darunees Großmutter auf die beiden Gäste aus Europa zugingen. Sie kamen einfach, nahmen Platz, tranken Kaffee und aßen mit, »plötzlich hockten da 30 Leute«. Und zwar jeden Tag. »Das ist halt normal bei uns«, warf Darunee ein. »Das sind Nachbarn, auch Verwandtschaft, die sehen, du bist da, die sagen Guten Tag, aber die bleiben nicht nur eine Stunde, zwei.« Sondern so lange, bis alles erzählt ist. Darunee war zum ersten Mal seit acht Jahren wieder in Thailand, diesmal mit Kind und Mann, »und das war für die interessant«.

Wobei die örtlichen Gepflogenheiten natürlich damit zu tun haben, dass die meisten Einwohner von Sripalat Reisbauern sind und je nach Saison freier über ihre Zeit verfügen können als Büroangestellte. In den Pflanz- und Erntepausen produzieren die Frauen Seide, mithilfe von Seidenraupen. »Die Leute sind arm«, sagte Darunee Böffel. Nicht jeder weiß jeden Tag, ob er am Abend satt sein wird. Für die meisten Menschen gibt es keine Kranken-, Sozial- oder Rentenversicherung, der Schulbesuch der Kinder ist nicht kostenlos. »Wenn du nicht arbeitest, hast du kein Geld.«

Sripalat ist mit mehr als 2 000 Einwohnern etwa ebenso groß wie Alsweiler. Die Straßen sind nicht geteert, bei Regen leiden sie unter den schweren Reifen der Lastwagen aus der Zuckerrohrfabrik. Die Häuser sind klein, eine Dusche haben sie bisher noch nicht. Man sitzt auf dem Boden, auch beim Essen, und man hält sich fast immer im Freien auf, denn in Thailand ist es sehr warm, bis zu 45 Grad im Hochsommer. In jedem Haus hängt ein Bild des Königs. Es gibt ein halbes Dutzend Lebensmittelgeschäfte; der Metzger und die Eierfrau kommen mit dem Auto. Kneipen und Cafés gibt es nicht. Die Einwohner von Sripalat sind Buddhisten. Im Ort steht ein Tempel, der dort tätige buddhistische Mönch erbettelt sich täglich Reis, Gemüse und Fleisch. Hochzeiten werden groß gefeiert, Beerdigungen noch größer, bis zu zwei Wochen lang.

Dirk Böffel holte bei unserem Gespräch mehrere Fotoalben hervor, darin war auch ein Elefant zu sehen, der als heiliges Tier an einer Beerdigung teilnahm. Die Leute gingen unter seinem Bauch hindurch. Früher herrschten strenge Sitten. Jungen Männern und Mädchen war es vor der Hochzeit nicht erlaubt, allein zusammen zu sein. In den vergangenen Jahren aber hat sich das geändert. Die jungen Leute »ziehen zusammen, die wohnen zusammen, die leben zusammen«, wie Darunee sagte. »Heute ist es wie in Deutschland auch.«

Was Darunee aus Sripalat erzählte, hatte ähnlich auch einmal in Alsweiler gegolten. So lange war es ja nicht her, noch kein Jahrhundert, dass auch in Alsweiler die meisten Menschen in einstöckigen Häusern wohnten, dass sie keine Duschen und keine Krankenversicherung kannten und nicht wussten, ob sie abends satt sein würden. Auch in Alsweiler hatte es eine Zeit gegeben, in der Familie und Verwandtschaft die bestimmenden Strukturen waren. Die Gesellschaft war im Inneren noch nicht nach den Prinzipien des freien Zusammenschlusses unter freien Bürgern organisiert. In Sripalat gemeinsam Fußball spielen, singen oder musizieren – unbekannt. »Die Leute setzen sich zusammen und sproochen«, sagte Darunee, das ist ihre wichtigste Freizeitbeschäftigung. Und Fernsehen natürlich. Das Programm unterscheidet sich offenbar gar nicht so stark von dem deutschen, wenn man von den Nachrichten und bestimmten Eigenheiten absieht. Singwettbewerbe, Starauftritte, Serien –»genau wie hier auch«, sagte Darunee.

Das macht ja gerade die Wucht der kulturellen Globalisierung aus: dass ungeachtet der verschiedensten Gesellschaftsformen, Religionen und Entwicklungsstufen rund um den Erdball die Menschen mit der gleichen Art von Unterhaltungsprogrammen überflutet werden, die meist in den USA ihren Ursprung haben. Nicht nur Waren werden über den Globus verbreitet, sondern auch Musik, Fernsehprogramme, Moden und Verhaltensnormen. Vor allem: Menschen ziehen in wachsender Zahl von Kontinent zu Kontinent, so wie Darunee Böffel. Sie haben dafür die unterschiedlichsten Motive, und sie bleiben unterschiedlich lang, manche für immer. Auch die Migration ist ein fundamentaler Faktor der Globalisierung.

Wieder lässt sich das gut am Beispiel Alsweilers studieren. Wann haben sich hier die ersten Fremden niedergelassen? Aus früheren Zeiten fehlen Berichte dazu, was nichts besagt. Schon die allerersten Siedler waren Zuwanderer, und Migration im großen Stil gab es schon vor 2000 Jahren zu Zeiten der Kelten und Römer; ebenso ab dem Jahr 500 nach dem Ende des Römischen Reiches und mehr als 1000 Jahre später nach dem Dreißigjährigen Krieg. Aus neuerer Zeit ist in Alsweiler die Erinnerung an Michel lebendig, einen Bauernknecht, der aus der Ukraine stammte. Er war nach dem Zweiten Weltkrieg ins Dorf gekommen und lebte dort bis zu seinem Tod. Ende der Fünfzigerjahre des 20. Jahrhunderts ließen sich die ersten Italiener im Ort nieder, Gastarbeiter, die seit etwa 1955 angeworben wurden, weil die deutschen Arbeitskräfte nicht ausreichten. Ich erinnere mich gut, wie mancher Ältere damals über »die Itaker« lästerte, wie man sie aller möglichen Teufeleien für fähig hielt und sich darüber amüsierte, dass sie Spaghetti und Knoblauch aßen. Deutsche Männer lehnten so was ab – und ahnten nicht, wie rasch ihre Kinder an diesen Gerichten Gefallen finden würden.

So ist es immer: Das andere, das Fremde ist an jedem Ort der Erde den Menschen erst einmal nicht geheuer. Sobald sie sich jedoch daran gewöhnt haben und sobald sie die anderen, die Fremden, persönlich näher kennenlernen, sieht die Sache anders aus. Alles Menschen. Inzwischen lebt in Dörfern schon die zweite oder dritte Generation von Italienern, sie reden längst heimischen Dialekt. Auch Bürger anderer Nationen zogen zu, in Alsweiler zum Beispiel aus Jugoslawien. Eine Slowenin wirkte so engagiert in der katholischen Frauengemeinschaft und der Pfarrgemeinde mit und sprach so gut Deutsch und Dialekt, dass man sie kaum je als Ausländerin ansah.

Diskussionen gab es allerdings, als in den Neunzigerjahren in einem Haus bei der Kirche Asylbewerber untergebracht wurden. Später kamen in größerer Zahl deutschstämmige Aussiedler aus der früheren Sowjetunion, die zunächst im Birkenhof, einem früheren Gasthaus am Ortsrand, Logis bekamen. Sie fassten rasch Fuß und suchten sich Arbeit, und wenn sie nichts fanden, was ihrer Ausbildung entsprach, dann nahmen sie auch einfachere Tätigkeiten an, wenngleich dies nicht leichtfiel. Etliche kauften Häuser im Ort und pflegten ihre Gärten. Sie gelten als fleißig, freundlich und zurückhaltend. Junge Männer aus dem Kreis der Russlanddeutschen versammelten sich eine Zeitlang am Kirmesplatz und randalierten dort gelegentlich, sodass mancher Bürger bei Dunkelheit nicht mehr vorbeigehen mochte. Und zwei dieser jungen Männer wurden einmal mit Messern an einem Weiher beobachtet, wo sie wohl heimlich Fische fangen wollten. Aber das blieben Ausnahmefälle. Es kam andererseits auch vor, dass eine junge Russlanddeutsche beim Klavierunterricht einen jungen Mann aus Alsweiler kennenlernte, heute sind die beiden verheiratet und haben zwei Kinder.

Ohne Aufhebens zogen weitere Menschen aus fremden Ländern ins Dorf. Ein junger Mann nahm eine Engländerin zur Frau, ein anderer eine Brasilianerin, eine junge Frau heiratete einen Algerier. In gleicher Weise kamen eine Ungarin und eine Rumänin in den Ort. So spiegelte sich im Kleinen wider, was der Kollaps des Kommunismus an neuen Freiheiten brachte. Später siedelten sich Kosovo-Albaner an. Bei einer dieser Familien schauten drei einheimische Nachbarn mit einer Flasche Wein vorbei und begrüßten die neuen Mitbürger, im Hausgang war das Foto eines Kriegshelden aufgehängt. Seit einiger Zeit lebt auch eine Familie von Tamilen im Dorf.

Der Wandel vollzog sich in aller Stille, und als ich im Sommer 2004 einmal beim Ordnungsamt der Gemeinde nach den ausländischen Einwohnern in Alsweiler fragte, wurde mir die Zahl 49 genannt. Vier Jahre später, im November 2008, waren es 60 Menschen, die eine andere als die deutsche Staatsangehörigkeit hatten. Dabei zählten die Russlanddeutschen ebenso wenig mit wie diejenigen, die nach einer Heirat die deutsche Staatsangehörigkeit angenommen haben. Einige von ihnen sind in Vereinen aktiv, haben Freunde im Dorf und nehmen intensiv am dörflichen Leben teil, so der tschechische Trainer des Tennisvereins in Alsweiler und seine Frau. Andere leben völlig zurückgezogen, das Vereinsleben ist ihnen fremd.

In der Pfarrgemeinde macht sich der Wandel kaum bemerkbar, weil die meisten Neubürger nicht katholisch sind.

Wie sich die neuesten Veränderungen in der Zusammensetzung der Bevölkerung auswirken könnten, ist kaum abzuschätzen. Die dörfliche Gesellschaft wird wie die Gesellschaft des ganzen Kontinents immer vielfältiger, immer stärker mischen sich die Menschen aus aller Welt. »Diese Migration verändert das Antlitz Europas, so wie sie Amerika verändert hat«, urteilt der polnische Schriftsteller Ryszard Kapuściński, der als Reporter die ganze Welt bereist hat. »Diese Menschen werden hierbleiben. Sie werden Kinder zur Welt bringen, die in die Schule gehen und dann zur Arbeit. Diese Migration wird fortdauern und Gesellschaften entstehen lassen, in denen sich unterschiedliche Kulturen miteinander verbinden.« Und fragt man Albert Schneider, den Chef des Ordnungsamtes der Gemeinde Marpingen, wie die Zukunft aussehen könnte, dann antwortet der mit seiner leisen Stimme nur lakonisch: »Die Zukunft ist ja schon da. Die kommen aus Litauen, die kommen aus dem Baltikum, die kommen vom Balkan und kommen aus der Türkei. Wir haben da keine Probleme. Wenn's dann noch fehlt, kommen sie aus Afghanistan.«

Albert Schneider hat dabei vor allem den Leerstand im Auge, der einer der Gründe für diesen Zustrom ist. Alte Häuser werden, wenn die letzten Bewohner gestorben sind, von den längst in einer Neubausiedlung lebenden Erben verkauft. Jahr um Jahr müssen die Besitzer sie im Preis herabsetzen, damit sie überhaupt jemand nimmt. Am Ende gehen sie günstig an eine zugewanderte Familie aus einem anderen Land, selbst wenn sie mit Verkehrslärm belastet sind.

Dahinter verbirgt sich der berühmte demografische Wandel, der im Weltmaßstab ja keineswegs in einem Rückgang der

Bevölkerung besteht. Die Menschheit schichtet sich vielmehr um, und auch das ist ein sehr wichtiger Aspekt der Globalisierung, der bis ins letzte Dorf seine Wirkung zeigt. Global gesehen, nimmt die Zahl der Menschen immer weiter und immer stärker zu. Bis 2050 könnte unsere Spezies nach einer Prognose der Vereinten Nationen bereits auf 9,1 Milliarden wachsen, gegenüber 6,5 Milliarden im Jahr 2005. Vor 200 Jahren waren wir erst eine Milliarde. Das Wachstum konzentriert sich auf Asien und Afrika, in Europa hingegen kam es schon zur Jahrtausendwende zum Stillstand. In vielen Ländern, vor allem in Deutschland, geht die Zahl der Einwohner sogar stark zurück.

Das Saarland ist davon besonders betroffen, weil hier die Zahl der Geburten schon seit längerem besonders niedrig und die Abwanderung besonders hoch ist. Zwischen 1996 und 2006 verlor das kleinste Flächenland mehr als 35 000 seiner runden Million Einwohner, über drei Prozent also. 2030 wird es nach Prognosen der Experten statt einer Million wohl nur noch 900 000 Saarländer geben – was allerdings in einer überdurchschnittlich dicht besiedelten Region keine Katastrophe ist.

Die historische Dimension der Trendumkehr lässt sich am Beispiel Alsweilers exemplarisch illustrieren. Seit 1519, dem Jahr, aus dem die ersten Aufzeichnungen vorliegen, gab es einen spürbaren Rückgang der Bevölkerung nur im Dreißigjährigen Krieg. Mit schätzungsweise 15 Einwohnern war 1667 der Tiefpunkt erreicht. Danach stieg deren Zahl kontinuierlich an, besonders stark im 19. Jahrhundert. 1994 erreichte sie mit 2 500 den historischen Höchststand, seither geht sie zurück. Am Silvestertag des Jahres 2007 lebten nur noch 2 203 Menschen im Dorf, ein Jahr später 2 191.

Natürlich ist es dabei wie fast überall in Europa ein Teil des Problems, dass der Anteil der Alten an der Gesellschaft ständig wächst und der der Jungen zurückgeht. 2006 wurden in Alsweiler nur noch neun Kinder geboren, 2007 wieder 20, 2008 nur noch zehn. Vor 50 Jahren waren es im Schnitt jedes Jahr 40 oder 50. Die wichtigste Ursache war jene Revolution des Sexualverhaltens, die durch die Erfindung der Antibabypille möglich wurde – der sogenannte Pillenknick kam zwischen 1965 und 1975 in einem brüsken Geburtenrückgang zum Ausdruck. Wieder entfaltete ein fernes Ereignis, in diesem Fall eine Erfindung aus den USA, binnen kurzer Zeit seine Wirkung bis in die hinterste Ecke Europas. Die Langzeiteffekte spürt man heute.

Kinder von Einzelkindern haben keine Onkel, keine Tanten, keine Cousins mehr. In vielen Familien wird es also nie mehr jene gewaltigen Feste geben, die früher auf dem Land bei Kindstaufen, Hochzeiten oder Beerdigungen die weitverzweigte Verwandtschaft zusammenführten und willkommener Anlass zum ausschweifenden Essen, Trinken und Schwatzen boten. Manche Familien werden bald so klein sein, dass für ein solches Fest ein Tisch ausreicht.

Im Pfarrheim jedenfalls ist die Zahl der großen Hochzeiten von Brautpaaren aus Alsweiler oder Marpingen stark zurückgegangen. Vor zwölf Jahren waren es über zwei Dutzend, jetzt sind es nur noch ein paar. Für Familienfeste alter Art, mit allem Trubel, der dazugehört, wird der große Saal heute vorwiegend von Russlanddeutschen aus dem ganzen Saarland gebucht, rund ein Dutzend Mal pro Jahr. »Null Probleme« gibt es dabei, sagt Herbert Schönecker, der Geschäftsführer des Pfarrheims, der die Lokalitäten auch an überregionale Verbände vermietet. Oft schon erspähten einheimische Passanten an einem Samstag durch die großen Scheiben glanzvolle Girlanden, die an der Decke zusammengeführt waren.

Auch weiße Baldachine für das Brautpaar wurden gesichtet, Männer mit schwarzen Schnauzbärten im schwarzen Anzug standen rauchend vor der Tür. Die umliegenden Straßen und Plätze sind an solchen Tagen mit Autos aus ganz Deutschland zugestellt.

Hier und da wurde es bei solchen Festen auch etwas lauter, und Anwohner beschwerten sich, doch änderten solche Störungen nichts am guten Einvernehmen, das die Alteingesessenen im Allgemeinen mit den Fremden haben. In vielen Fällen sind wie im Fall von Darunee Böffel aus Fremden ja Einheimische geworden. Viele Leute sind ihr mit großer Freundlichkeit begegnet, wie sie sagt, und was ihr nicht behagt, ist allenfalls der Schnee im Winter.

Christian Morvan hat ähnliche Erfahrungen gemacht. »Ich habe nie Probleme gehabt«, sagt der Franzose, »ich bin immer akzeptiert worden.« Allerdings: »Man muss auf die Leute zugehen, man darf nicht erwarten, dass die Leute zu einem kommen.« Sein Deutsch ist ganz durchdrungen vom moselfränkischen Dialekt, intoniert à la française. Der 45-Jährige stammt aus Paris, ist gelernter Koch, hat den Beruf aber aufgegeben, weil er die Arbeitsbedingungen in dieser Branche irgendwann als unerträglich empfand. Er musste sehr hart arbeiten und dann noch auf den Lohn warten. Als er zuletzt vor mehr als zwei Jahrzehnten in einem Pariser Restaurant kochte, war er schon der einzige Franzose in der Küche, alle anderen waren Nordafrikaner, schnell angelernt und dann zum Billigtarif beschäftigt. In Griechenland lernte er seine Frau Anne aus Alsweiler kennen, seit 1986 lebt er nun hier und arbeitet als Maschinenführer bei Fresenius in St. Wendel. Christian Morvan ist Mitglied im Alsweiler Angelsportverein, außerdem macht er beim Lauftreff in Marpingen mit, oft sieht man den schlanken Athleten mit weiten Schritten durch die Feldflur laufen.

Natürlich fährt Christian Morvan mit seiner Frau gelegentlich nach Paris, um die Eltern zu besuchen. Sie essen dann in einem der kleinen Restaurants in St. Germain-des-Prés, wo mittags die Angestellten der umliegenden Büros hingehen. Von Alsweiler dorthin zu kommen ist heute ein Kinderspiel. Seit es den superschnellen TGV gibt, der von Saarbrücken nach Paris nur noch eine Stunde und 50 Minuten braucht, ist die französische Hauptstadt ab Alsweiler in drei Stunden mit öffentlichen Verkehrsmitteln erreichbar: morgens um sieben Uhr Abfahrt mit dem Bus, 10 Uhr Ankunft in Paris, Gare de l'Est.»Das ist genial«, sagt Anne Morvan.

Es ist geradezu unglaublich, wenn man bedenkt, wie weit Paris bisher doch in der Vorstellung der Dorfbewohner von Alsweiler entfernt ist und wie weit es erst für unsere Vorfahren lag. Die Beschleunigung des Lebens verkleinert den Kontinent; Europa ist auch von Alsweiler aus im Tagestrip zu haben. Charles Davis erlebt es täglich in seinem Beruf, der zum guten Teil aus Reisen besteht: Abflug ab Luxemburg oder Frankfurt-Hahn im Hunsrück. Der 59-jährige Amerikaner, verheiratet mit der Alsweiler SPD-Ortsvorsitzenden Ingrid Dewes, ist als Qualitätsprüfer bei der deutschen Niederlassung der Firma Volvo Construction Equipment tätig, einer Tochter des internationalen Volvo-Konzerns. Der Firmensitz ist Konz an der Mosel, 1 200 Beschäftigte stellen dort Bagger und Radlader her, schwere, starke Maschinen. Charles Davis fliegt regelmäßig zu den Zulieferfirmen des Unternehmens in Deutschland, Italien, Tschechien, der Slowakei und der Türkei.

Die Globalisierung lebt er schon lange. Zum einen, weil Volvo Construction Equipment auch Teile aus Asien bezieht.

Zum anderen ist der lebensfrohe, stets zum Scherzen aufgelegte Amerikaner auch selbst ein Mann von Welt. Geboren wurde er in Japan als Sohn eines texanischen Sergeanten (Unteroffizier), die Mutter war Irin, die Urgroßmutter eine Schwarzfuß-Indianerin. Schon früh spielte er mehrere Instrumente und vagabundierte als Musiker durch die USA, in seiner Militärzeit auf den Philippinen ließ er sich zum Mess- und Eichtechniker ausbilden.

1978 kam er nach Deutschland, 1985 wurde er in Alsweiler sesshaft. »Das ist meine Insel«, sagt er. Den Dialekt verstand er am Anfang nur zu 30 Prozent, wie er scherzt, jetzt sei er bei 60 Prozent, aber manchmal rede man mit ihm auch hochdeutsch. In der Sprache der Musik gibt es sowieso keine Verständigungsprobleme. Charles Davis wirkt nicht nur seit Jahren als Bläser und Bassist im Musikverein Alsweiler mit, sondern auch bei benachbarten Musikvereinen. Zweieinhalb Jahre lang war er sogar der Vorsitzende des Musikvereins Alsweiler e.V.

Deutsches Dorfleben ist ihm also bestens vertraut, und bringt man es mit dem Stichwort Globalisierung in Verbindung, dann schießt es nur so aus ihm heraus. »Es geht bergab, und das ist nicht nur hier so«, sagt er. »Deutschland verliert langsam seine Eigenschaften, den Charakter, diese schöne deutsche Kultur.« Den Dialekt zum Beispiel, »der stirbt langsam aus, genau wie in Amerika«. Und warum? »Wegen dem Fernsehen.« Lebhaft zeigt er beim Gespräch in seinem Haus auf den TV-Apparat: »Das ist der größte Zeiträuber, den es gibt. Du setzt dich vor die Glotze, und drei Stunden später hast du gaaar nix getan, gaaar nix.«

Deutschland hat er in den 30 Jahren seines Aufenthalts als ein Land »mit tiefen, leuchtenden Farben« wahrgenommen, verschiedenen Farben, jede schön für sich. Jetzt aber verschwimme alle Eigenart in einem gräulichen Gemisch, meint er. *Blend* nennt man das in Amerika – Verschnitt. Und das Licht, sagt er, wird immer weniger, »es wird immer dunkler und dunkler und dunkler, und irgendwann ist es schwarz, und die Leute haben einen Teil ihrer Seele verloren«.

Die große Vermengung ist im Gange, da hat er recht, der Alltag ist übersättigt davon. Früher kaufte man, wenn man reiste, in fremden Ländern Gegenstände, die es nur dort zu kaufen gab. Ich erinnere mich, dass ich aus Frankreich große Streichholzschachteln, aus England kartonierte Schreibhefte, aus Dänemark eine bestimmte Art von Marmelade und aus Mexiko eine handgenähte Ledertasche mit heimbrachte. Heute gibt es alles billig überall, nur nirgends mehr das Gute, Solide, Besondere.

Wie die Menschen wandern und sich mischen, so verschmelzen auch ihre Kulturen und Bräuche über die Kontinente hinweg zu einer großen Melange. Der alte Rommelbooz, eine ausgehöhlte Runkelrübe mit Fratzengesicht, die man im Herbst mit einer Kerze von innen beleuchtete und ans Fenster stellte, hat auch im Saarland längst Konkurrenz bekommen durch den geschnitzten Kürbis, der zur Halloweenparty präpariert wird – ein Import aus den USA. Die Spielzeugindustrie verkauft dazu ein Sortiment an Gruselgegenständen, das Geschäft brummt. Die Volkshochschule Alsweiler bietet nicht nur Kurse im Seifensieden oder Filzen an, sondern auch Feng-Shui, Flamenco und Pilates. Und gegen eine Percussiongruppe wie die »Ramba-Samba-Trommler« aus Bliesen kommt der gute alte Spielmannszug nicht mehr an. Was nicht heißen soll, dass alles Fremde abzuweisen wäre. Nur sollte man darüber nicht das Eigene verachten und untergehen lassen.

Aber die Prozesse, die da wirksam werden, sind kaum steuerbar. Zunächst ist es ja nur die heilige Neugier, die die Menschen zum Ausprobieren treibt, und was sollte daran schlecht sein? Was wäre auch einzuwenden gegen weite Reisen? Sie können sogar das Bewusstsein für die Eigenheit des Eigenen schärfen. Und sie sind ebenfalls ein Teil der großen Wanderung, die rund um den Globus permanent im Gange ist.

Viele Menschen aus Alsweiler haben inzwischen die Welt erkundet. »Dieses ganz Fremde, das hat mich so fasziniert«, sagt zum Beispiel Wolfgang Trost, der Kirchenmusiker und Dirigent des Männergesangvereins. Er lebt sehr gerne in Alsweiler, aber ab und zu möchte er »noch was anderes sehen, damit man weiß, man lebt hier nicht im Vakuum«, wie er sagt. Nach Frankreich ist er viel gefahren, in jüngerer Zeit auch mehrmals nach Russland, wozu er eigens Russisch gelernt hat. Drei Wochen war er 2002 in einem sibirischen Dorf namens Birijusa, 300 Kilometer östlich von Krasnojarsk, 700 Kilometer westlich von Irkutsk am Baikalsee, an der Transsibirischen Eisenbahn. Von Alsweiler 7 000 Kilometer entfernt. Mit ihm reiste Klaus-Dieter Staub, ein Waffentechniker und früherer Schiffskoch, der als junger Mensch auf allen Meeren fuhr und Abenteuer erlebte, die er nach eigenen Worten nur seiner Frau erzählt hat. Birijusa hat ein einziges Lebensmittelgeschäft, kein Vereinsleben, »die Leute leben völlig isoliert, auch im Dorf«, wie Wolfgang erzählt. Eine Hauptstraße, ein paar Nebenstraßen, Schlaglöcher, Wasserlachen, Holzhäuser mit hübschen Fensterornamenten. »Die Leute leben in ihrem Gärtchen oder sitzen auf der Bank vor dem Haus, warten auf den Winter. Wenn der Winter da ist, warten sie auf den Sommer.« Die Jungen hauen ab.

In der Schule des Dorfes hat Wolfgang damals Klavier gespielt, da war die Völkerfreundschaft schnell geschlossen. Ein Kind hat ihm einen Riesenblumenstrauß überreicht. Nur die Stille war manchmal schwer erträglich. »Ich habe noch nie in meinem Leben eine solche Stille gehört.« Nachts vor allem: kein Flugzeug, kein Vogelschrei im Wald, kein einziges Geräusch, lähmend und bedrückend. Totenstille. Wolfgang und Klaus-Dieter lernten in Birijusa einen Mann kennen, Verkäufer und Fremdenführer, der gut Deutsch sprach und später nach Alsweiler auf Besuch kam. Staunend ging er tagelang durchs Dorf, unterhielt sich mit den Leuten und schrieb noch Jahre danach E-Mails, wie freundlich die Menschen und insbesondere die Kinder in Alsweiler zu ihm gewesen seien. Wolfgang hat über seine Reise nach Russland ein Buch geschrieben,»Wenn die Taiga ruft« ist der Titel, er hat es mit eigenen Zeichnungen versehen. Und als er es im Hiwwelhaus vorstellte, da war der Saal voll.

Man könnte von anderen aus Alsweiler erzählen, die ebenfalls weit herumgekommen sind, vor allem in den vergangenen 20 Jahren. Einer flog schon vor Jahren nach Australien und erlitt im Outback einen Herzinfarkt, er kehrte im Sarg in die Heimat zurück. Jahrzehnte ist es her, dass mehrere junge Männer aus dem Dorf verschwanden und bei der französischen Fremdenlegion anheuerten. In jüngerer Zeit hört man öfter auch von Abenteuern wie diesem: Eine junge Frau aus dem Dorf lebt eine Zeit lang in Québec in Kanada, um dort als Pharmazeutin zu promovieren. Natürlich schauen ihre Brüder und ihre Eltern in dieser Zeit bei ihr vorbei.

Zudem gibt es natürlich eine schwer zu schätzende Zahl von echten Emigranten, mehreren Hundert jungen Frauen und Männern, die in den vergangenen vier Jahrzehnten nach der

Schulausbildung das Dorf verließen. Fehlende Weiterbildungs- und Berufschancen dürften eine wesentliche Ursache gewesen sein, aber auch der Wunsch, die kleine Welt des Dorfes gegen die große einzutauschen. Freiheitsdrang, Neugierde und Abenteuerlust verbanden sich mit dem Wunsch nach besserem Verdienst und größeren beruflichen Möglichkeiten.

Das Phänomen ist durchaus vergleichbar mit der klassischen Auswanderung des 18. und 19. Jahrhunderts, die noch vorwiegend auf Hungersnöte, Armut und politische Beschränkung zurückging. Auch aus Alsweiler brachen damals jüngere Bauernsöhne und -töchter und ganze Familien zunächst ins Banat, nach Siebenbürgen oder nach Polen auf. Von 1840 bis 1910 emigrierten zwölf Familien in die USA; acht weitere machten sich mit dem Schiff nach Brasilien auf. Bis heute bestehen Kontakte unter einigen Nachfahren, gerade im vergangenen Jahrzehnt sind die Verbindungen aufgefrischt oder neu geknüpft worden. Die Globalisierung macht es einfach, inzwischen gibt es einen deutsch-brasilianischen Freundeskreis Nordsaarland. Man besucht sich regelmäßig, und junge Brasilianer werden schon seit Jahren im Kreis St. Wendel aus- und fortgebildet. Aktivisten aus dem St. Wendeler Land wiederum waren mehrfach schon in São Vendelino, vorzugsweise im Oktober, wenn dort das sogenannte Kerbfest gefeiert wird. Im Herbst 2001 nahmen an einer solchen Reise auch 15 Mitglieder des Musikvereins Alsweiler teil, um bei der Kirmes den Marsch zu blasen. Sie sprachen mit ihren neuen Freunden Alsweiler Dialekt – die Leute von São Vendelino reden außer Brasilianisch bis heute nämlich auch das Hunsrücker Platt ihrer Vorfahren.

Im Gegenzug sind auch schon Nachfahren von Ausgewanderten in Alsweiler aufgekreuzt, so im September 2005 der Amerikaner Rick Neis und seine Frau Paulette aus Fonds du Lac im US-Bundesstaat Wisconsin. Über Internet hatte der Kleinunternehmer und passionierte Angler schon 2001 Kontakt mit dem Angelsportverein Alsweiler aufgenommen. Nach zwölfjähriger Ahnenforschung war er auf das Heimatdorf seiner Vorfahren Jakob Neis und Catherina geb. Rauber gestoßen, die 1846 von dort fortgegangen waren. Zwei Mitglieder des Angelsportvereins hatten ihn prompt in Wisconsin besucht, jetzt kam er mit seiner Frau erstmals nach Alsweiler. Bei einem historischen Abend im Hiwwelhaus erzählte der Gast ausgiebig von seinen Forschungen und seinen Vorfahren.

Auch in den vergangenen Jahrzehnten gab es eine massive Auswanderung aus dem Dorf. Fast aus jedem Haus sind junge Frauen und Männer fortgezogen, manche in die Nachbardörfer, andere in den Raum Saarbrücken. Viele haben auch das Saarland verlassen, mehr als ein Dutzend leben im Ausland. Manch ein erstaunlicher Werdegang ist da zu verzeichnen, den sich früher für die Kinder eines Dorfes niemand hätte vorstellen können. Schon vor dem Zweiten Weltkrieg wurde ein Bauernsohn aus Alsweiler Geschäftsführer des Deutschen Hotel- und Gaststättenverbandes, er hat auch über sein Arbeitsfeld mehrere historische Bücher geschrieben. Ein heute pensionierter Textilingenieur entwarf Modekollektionen in München und bereiste die ganze Welt, ein Informatiker wurde Professor in Bayreuth, ein anderer war in der Goldgräberphase des Internetbooms im kalifornischen Silicon Valley und ist heute *Senior Vicepresident Technology Management* bei der Deutschen Telekom AG. Der Jurist und Politiker Dr. Richard Dewes war mehrere Jahre Innenminister in Thüringen.

Es ließe sich eine lange Liste vergleichbarer Karrieren

aufstellen: vom Ingenieur bei Mercedes-Benz über den Abfall-experten in Wien und den Germanistikdozenten in Toulouse bis zur Projektleiterin am Fraunhofer-Institut für Angewandte Polymerforschung in Potsdam-Colm. Zu nennen wären ferner eine Beamtin bei der EU-Behörde für Lebensmittelsicherheit in Parma, ein leitender Beamter des Bundeskriminalamtes oder eine Biolandwirtin in Holstein.

Und dann sind da noch ein paar Lebenswege, die auf besonders auffällige Weise aus jenem Rahmen fallen, der früher einem Dorfbewohner gesteckt war. Annemarie Eckert ist seit 1974 im persönlichen Sekretariat des deutschen Bundespräsidenten tätig. Werner Voltz ist Inhaber einer Eventagentur in Duisburg, die mittelalterliche Stadtfeste und Firmenevents organisiert. Kai Lermen ist Küchenchef in einem Luxushotel in Chicago. Dr. Werner Eckert ist unser Mann am See Genezareth: er landete der Liebe wegen als Geoökologe am israelischen Institut für ozeanografische und limnologische Forschung in Tabga und erforscht dort unter anderem den See Genezareth. Hin und wieder schaut er im Internet in die alte Heimat hinüber, wandert auf den Satellitenfotos von Google-Earth »auf unserem Bann«, wie er mir im Juni 2008 in einer E-Mail schrieb. »Und wenn wir hier gerade eine Chamsin-Welle mit über 40 Grad im Schatten haben, dann taucht nicht selten die versteckte Quelle am Jagdhaus wie eine Fata Morgana vor meinen Augen auf.«

Nicht nur Angenehmes wird indes aus Alsweiler erinnert, mancher hat das Leben im Dorf vor Jahren auch als bedrückend empfunden. Günter Morsch ist so einer, promovierter Historiker und Honorarprofessor an der Freien Universität Berlin. Als Spezialist für die Nazizeit leitet er die Stiftung Brandenburgische Gedenkstätten, zu der die KZ-Gedenkstätten Sachsenhausen und Ravensbrück gehören. Gerne denkt er ans gemeinsame Musizieren im Mandolinen- und im Musikverein in Alsweiler zurück – er spielte Gitarre, Posaune und Klavier und übte sich als Komponist und Arrangeur. Auch die ungezwungene Gemeinsamkeit bei Aktivitäten der katholischen Jugendverbände schildert er mit Wärme und Dankbarkeit. Aber sein Weggang aus Alsweiler »hatte schon was mit dem berühmten Satz zu tun: Stadtluft macht frei«, wie er mir bei einem Besuch in Alsweiler sagte. Günter Morsch ging 1972 »unter anderem wegen der Enge des Dorfes und des Drucks der Volksgemeinschaft« fort, und zwar nach Berlin. Keine unwichtige Rolle spielte dabei die Erfahrung von Ausgrenzung, die ihm widerfuhr, als ihn seine Schulkameraden wegen kritischer Äußerungen vorübergehend aus dem Kirmesjahrgang ausschlossen, ein »bis dahin wohl einzigartiger Vorgang«, wie er meint. »Berlin, das war«, so sagt er heute, »für einen Großteil meiner Generation das Symbol für Freiheit und Aufbruch nach Nazidiktatur und autoritärer Kanzlerdemokratie.«

Günter Morsch übt bis heute scharfe Kritik daran, dass die Zeit des Nationalsozialismus im Dorf und in der Region in seiner Jugend weitgehend verdrängt und verschwiegen wurde. »Ehemalige Mitglieder und Funktionäre der Nazibewegung übten auch nach dem Krieg noch öffentliche Ämter aus, ohne sich zu ihrer Vergangenheit und zu ihrer Verantwortung zu äußern. Dabei gibt es Schicksale von NS-Opfern, die bis heute nicht aufgeklärt wurden.« Als »besonders deprimierend und peinlich« erlebte der Forscher eine Sitzung des Gemeinderates Marpingen, als die Mehrheit der Mitglieder eine Ehrung des im KZ Auschwitz ermordeten Marpinger Sozialdemokraten Alois Kunz noch in den 1990er-Jahren ablehnte. Er selber hatte sich nicht zuletzt wegen seines schon in der Jugend stark ausgeprägten Engagements für die Aufarbeitung der Nazidiktatur »häufig als Außenseiter gefühlt« und ist früher, wenn er sich zu dieser Thematik äußerte, öfter als Nestbeschmutzer beschimpft worden – eine »bleierne Zeit« für ihn.

Michael Theobald ging aus Alsweiler fort, um Maschinenbauingenieur zu werden, und natürlich konnte er damals nicht ahnen, wie nahe sein Beruf ihn mit der Globalisierung in Berührung bringen würde – hautnah gewissermaßen, sofern ein solcher Ausdruck auf einen stampfenden Schiffsdieselmotor anzuwenden wäre. Die Riesenschiffe, die bis zu 13 000 Container durch die Ozeane transportieren, aber auch große Kreuzfahrtschiffe oder Tanker fahren mit Schweröl oder Gas oder beidem. In ihren mächtigen Motoren kann sich ein Ölnebel bilden, der die Gefahr birgt, zu explodieren und tödliche Verheerungen anzurichten, zumindest aber den Motor schwer zu schädigen. Deshalb achten die großen Reedereien der Welt in Südkorea, China, Deutschland oder Japan darauf, dass die Hersteller in aller Welt in ihre Schiffsmotoren sogenannte Ölnebeldetektoren einbauen. Und der Weltmarktführer für die Produktion dieser hochempfindlichen Geräte ist die Firma Schaller Automation im saarländischen Blieskastel.

Michael Theobald blieb, als er dort anheuerte, zwar im Saarland wohnen, aber regelmäßig fliegt er in alle Welt hinaus, nach Alaska, Kanada, Norwegen oder Asien zum Beispiel. In aller Welt präsentiert er die Schutzsysteme seiner Firma und war auch schon beim indischen Wirtschaftsminister zum Mittagessen eingeladen. Und wenn er wieder auf der Schifffahrtsmesse in Schanghai zu tun haben sollte, dann kann er gleich bei seinem älteren Bruder Peter vorbeischauen, ebenfalls Diplommaschinenbauingenieur. Der ist seit Mai 2008 nämlich dort in der Nähe im Auftrag der Ralf-Schneider-Gruppe in Konstanz dabei, für drei Gesellschaften des Unternehmens eine Handelsfirma und Produktionsstätten aufzubauen, die Spritzgießmaschinen und andere Anlagen für die chemische und die Autozuliefererindustrie herstellen.

Auch Peter kann wie sein Bruder Michael von den heißen Fronten der Globalisierung berichten, und es wurden zweieinhalb sehr angeregte Plauderstunden, als wir uns im Juli 2008 bei ihren Eltern Alice und Franz Rudolf Theobald in Alsweiler trafen. Peter erzählte von Schanghai. Als er 1995 zum ersten Mal dort war, damals als Abgesandter eines pfälzischen Pumpenfabrikanten, da war Schanghai noch nicht die brummende, brüllende 18-Millionen-Metropole von heute. Auf den Straßen sah man vor allem Fahrräder und nur alle zwei Minuten ein Auto. Viele Hochhäuser oder Hochstraßen, ja ganze Stadtviertel, die jetzt das Bild prägen, existierten noch nicht. Schanghai hatte gerade erst angesetzt zu jenem beispiellosen Boom, den der greise Staatsführer Deng Hsiao Ping um 1980 in China mit seinen Wirtschaftsreformen ausgelöst hatte, und der zu einem zentralen Element der heutigen Globalisierung wurde.

Inzwischen ist Schanghai eine Stadt mit gigantischem Smog und gigantischen Verkehrsstaus geworden. »Heute ist es Wahnsinn«, sagte Peter, »jeder dritte oder vierte Chinese in Schanghai fährt schon ein Auto.« Fahrzeuge aller Marken sind zu sehen, auch teure, auffallend viele Porsche-Cayenne zum Beispiel. Chinas Öffnung zum Weltmarkt, der Konkurrenzkampf um Aufträge und Preise, die Ankunft von Millionen schlecht bezahlter Wanderarbeiter aus der Provinz in den Städten und der massenhafte Zuzug ausländischer Firmen – Peter Theobald hat es über Jahre hinweg von Singapur aus, wo er als Repräsentant von Krauss-Maffei für Asien residierte, beobachtet und bei vielen Reisen immer wieder selber vor Ort verfolgt.

Seit Mai 2008 ist er nun am nördlichen Stadtrand von Schanghai, in der angrenzenden Stadt Taicang, in einem riesigen Gewerbegebiet tätig, wo die örtlichen Behörden in kürzester Zeit Hunderte von Firmenhallen samt Straßen-, Strom- und Wasseranschluss hinstellten und Unternehmen aus aller Welt zum Investieren einluden. Diese kamen in Scharen, rund 2 000 allein aus Europa, darunter mehr als 200 deutsche und unter diesen wiederum besonders viele baden-württembergische Mittelständler. Die Globalisierung ist nämlich nicht nur das Feld der großen Konzerne, sondern auch der kleinen Tüftler und Erfinder, die auf ihrem Sektor oft Weltmarktführer sind. Für sie alle ist es, wie Peter sagte, eine Überlebensfrage, zumindest auf den asiatischen Märkten, ob sie nach China gehen oder nicht. Wer es nicht tut und nicht wenigstens Teile der Fertigung dorthin transferiert, um Löhne, Kosten und Importzölle zu sparen, kann mit den Preisen bald nicht mehr mithalten. Außerdem verlangen die Kunden auf diesem riesigen Markt, der ja fast ein Viertel der Menschheit umfasst, ein Servicenetz.

Auch Peter Theobald war zum Zeitpunkt unseres Gesprächs mit einer klassischen Verlagerung befasst, wie sie die Globalisierung hervorbringt. *Outsourcing* heißt das. Die Anlagen, die seine Firma baut, werden zu wesentlichen Teilen weiter in Deutschland oder der Schweiz produziert, aber bestimmte andere Elemente, zum Beispiel Rahmenkonstruktionen und Behälter, sind billiger und einfacher in China herzustellen. Als leitender Manager war er gerade dabei, örtliche Zulieferfirmen zu finden und Arbeiter einzustellen, die freilich noch zu schulen waren. Weshalb er auch während seines Aufenthalts im Saarland Kontakte zu Bekannten und zum

Arbeitsamt knüpfte, um gute Handwerker und Werkmeister zu finden, die für eine Zeit lang seine neuen Beschäftigten in Taicang anlernen könnten. Franz Rudolf, sein Vater, ein pensionierter Schlosser, der früher im Neunkirchner Eisenwerk Kräne baute und reparierte, sagte bei unserem Gespräch am Tisch: »Wenn ich noch jünger wäre, käme ich mit.« Er war 75.

Der Boom in China hat seine Risiken und Beschwerlichkeiten. Ausländischen Firmen passiert es leicht, dass man ihnen die Konstruktions- und Geschäftsgeheimnisse abluchst und ihre Produkte ungeniert nachbaut. Außerdem macht die kommunistische Bürokratie strenge Vorschriften, und die Weltwirtschaftskrise setzt jetzt sowieso viele Fragezeichen. Langfristig ändert sich für europäische Unternehmen die Grundkalkulation. »In zehn Jahren ist der Lohnvorteil komplett weg«, sagte Peter Theobald. Denn auch in China steigen die Einkommen stark, in Südostasien nähert sich das Niveau bereits dem europäischen an. »Singapur und Taiwan haben in etwa die gleichen Löhne und Gehälter wie Deutschland.«

In Singapur hat Peter Theobald mit seiner Frau Ruth und den beiden Töchtern mehr als zehn Jahre verbracht, und bei einem seiner Heimatbesuche im Saarland hat er einmal auf dem Rückweg, es war am 21. Februar 2005, seine Eltern mitgenommen. Für sie war es der erste Flug. Alice und Franz Rudolf Theobald sind heute noch voll der exotischen Impressionen, die sie damals in der asiatischen Weltstadt, zwei Autostunden und elfeinhalb Flugstunden von Alsweiler entfernt, empfingen, und sie erzählen mit Begeisterung davon. Der dicke Teppich in der Flughalle in Singapur – wie im Wohnzimmer. Die Pflanzen, die Hitze, die Hilfsbereitschaft der Menschen, die gelben Taxis, die hohen Mauern und die pompösen Tore vor den Häusern, die Strom- und Wasserzähler gut sichtbar in der Außenwand – »ein

Mordseindruck«, sagte Franz Rudolf. Vor jedem Haus erkannte man anhand bestimmter Symbole, eines Kreuzes oder eines Hausaltärchens zum Beispiel, ob dort ein Christ, ein Buddhist, ein Moslem oder ein Hindu wohnte. »Friedlich leben die alle zusammen«, sagte Alice.

Sie haben sich alles genau angeschaut damals. Sie sahen die Geckos im Hof und die Mülltüten, die man wegen der Geckos abends an den Bäumen aufhing. Die Ameisenstraßen, die neuen Autos, die tollen Bauten, das Theater und den Containerhafen. Sie waren im Unterwasseraquarium und sahen alle Arten von Fischen, die man sich denken kann. Sie unternahmen mit Ruth, der Schwiegertochter, einen Ausflug an den Rand des Urwalds und sahen Eidechsen, Schlangen, Papageien, Frösche, zudem Schildkröten, »groß wie der halbe Tisch«, und Affen, Affen, Affen. Manchmal hat die sechsjährige Enkelin gedolmetscht, die kann schon Englisch. Und manchmal sind sie mit zum Markt gegangen, um Fische oder Hühner zu kaufen, und Michèle, das Hausmädchen, eine Filipina, hat daraus wunderbare Suppen gekocht. Dann die Geschäfte und Hotels. »So was an Geschäften habe ich im Leben noch nicht gesehen«, sagte Franz Rudolf, »so was von pompös.« Einmal war die ganze Familie in einem solchen Hotel zum Essen, riesige Buffets auf drei Etagen, Krabben, Fische, Sushi, 14 Sorten Fleisch.

Singapur hat Linksverkehr, und es ist dort verboten, öffentlich zu rauchen und Zigarettenkippen oder Kaugummis auf die Straße zu werfen. Einmal war die Stadt abgesperrt, da fuhr der König von Brunei mit seinem Harem vorbei – 12 oder 13 Frauen, die regelmäßig zum Einkaufen kommen. Ein andermal haben Alice und Franz Rudolf beim Spazierengehen den Premierminister von Singapur beim Joggen gesehen. Und einmal sind sie mit Peter und Ruth und den Kindern sonntags in eine Kirche gegangen, wo auf Deutsch die Messe gelesen wurde. Und als dann zwei chinesische Studenten auf Deutsch das schöne Kirchenlied »Wohin soll ich mich wenden?« sangen, »da habe ich bald die Maulsperre gekriegt«, sagte Alice.

Globalisierung heißt eben auch, dass die Welt in weiter Ferne mit Vertrautem aus der eigenen Sphäre durchsetzt ist. Einmal, in einem Geschäft, als Alice und Ruth miteinander saarländischen Dialekt sprachen, wurden sie von einer Frau angestoßen, die meinte: »Sie haben aber Ihre Heimat weit zurückgelassen!« Die Dame war aus Karlsruhe und lebte schon 30 Jahre in Australien. Und deshalb war es gar nicht so abwegig, dass Alice und Franz Rudolf, als Peter vor einiger Zeit den Umzug von Singapur nach Schanghai ankündigte, zuerst nach alter Art fragten: »Wen kennt man denn in Schanghai?« Immerhin hat sich mittlerweile herausgestellt, dass der Leiter der dortigen deutschen Schule, die die beiden Enkeltöchter besuchen, ein Saarländer ist. Aus Primstal, das ist von Alsweiler zehn Kilometer entfernt. So macht man heute Bekanntschaften von Dorf zu Dorf.

Fragt man Peter und Michael Theobald nach ihrer heutigen Bewertung der dörflichen Herkunft, so klingt aus ihren Worten die Überzeugung, dass die im Dorf eingeübte Art des persönlichen Umgangs in der weiten Welt sehr nützlich sei. »Ich empfinde es als Vorteil, aus einem Ort zu kommen«, sagte Michael. »Man durchschaut schneller, wo Schranken vorhanden sind.« Und Peter meinte: »Man ist besser fürs Management vorbereitet.« Denn neben der fachlichen sei eben gerade bei Führungsaufgaben auch soziale Kompetenz gefragt – und die Fähigkeit, offen auf andere zuzugehen. »Letztendlich, egal was für Geschäfte man betreibt: Der persönliche Kontakt ist

245

das A und O.«

Auch das bringt ja die Globalisierung an den Tag: die Menschen sind sich bei aller Verschiedenheit doch auch ähnlicher, als man glauben mag. Gerade im Persönlichen. Mögen die Systeme, die Sprachen, die Kulturen und die Religionen auch differieren, es bleibt doch etwas universell Gemeinsames. Für Volker Morsch, der sich damit auf besondere Weise befasst hat, sind dies die Menschlichkeit, die Liebe, »die göttlichen Gesetze, die für alle gelten«. Auch er hat eine Zeit lang in Asien gelebt, auch er empfindet sich unverändert »als echten Alsweiler Bub« und spricht den dörflichen Dialekt, auch er hat das Hergebrachte und das Erworbene zur eigenen Synthese gebracht. Zudem hat er ins dörfliche Saarland exotische Elemente jener fremden Welt importiert, die er auf einer spirituellen Reise nach Indien suchte und fand.

Als ich ihn im Juni 2008 in der alten Schule des Nachbarortes Gronig besuchte, wo er mit seiner Frau Sabine eine Praxis und eine Schule für Heil- und Bewegungskunst betreibt, fielen mir schon auf der Treppe die indischen Gottheiten ins Auge, die dort postiert sind. Es roch nach Räucherstäbchen. Volker empfing mich in einem Behandlungszimmer, auf einem Tischchen standen bronzene Figuren, ein Regal barg Tierschädel. In grüner Hose und grünem Hemd hockte Volker mit gekreuzten Beinen auf einem Schaffell, sein Sitz war mit einer überdimensionalen Lotosblüte aus Holz verziert. Sein dunkler Bart hatte viele Jahre wachsen dürfen. Mehr als zwei Stunden lang erzählte er mit leiser Stimme von den Abenteuern seines 39 Jahre währenden Lebens, das ihn »zum Heiler und Lehrer gemacht« habe.

Als Kind hatte er Religiosität in der katholischen Kirchengemeinde in Alsweiler kennengelernt. Er fand Gefallen an den

Riten, war »total beeindruckt« von einer Wallfahrt mit Mutter und Großmutter nach Banneux in Belgien, wurde Vorsitzender der katholischen Jugend und blieb gleichwohl unbefriedigt auf seiner Suche nach Gott. »Jesus war mein erster Guru«, sagt er heute, »mit Jesus geh ich ganz konform, nur mit dem, was daraus gemacht worden ist, kann ich nichts anfangen.«

Volker Morsch ließ sich nach der Fachoberschule für Sozialwesen zum Ergotherapeuten ausbilden und lebte eine Zeit lang in einem Bus in der Hunsrücker Bauwagenszene, wobei er nebenher eine Lederfirma gründete. Er ist der Typus Außenseiter, der stets den eigenen Weg sucht, und er hatte, wie sich aus seiner dahinfließenden Erzählung herausschälte, mehrere Schlüsselerlebnisse, die seine Bahn bestimmten. Eines war die Begegnung mit einem Amerikaner in Bad Sobernheim, der ihn in die alte asiatische Methode des Reiki einführte. Dieser japanische Begriff bezeichnet eine universelle Lebensenergie, die durch Auflegen der Hände als Heilenergie übertragen wird.

Einschneidende Erfahrungen brachte nach einem Aufenthalt in der Schweiz, wo er in einer Klinik zum Abteilungsleiter aufstieg und als Sportkletterer in die Felsen ging, eine eineinhalbjährige Reise nach Indien 1997. In Hampi, einer historischen Königsstadt, machte ihn ein Reiki-Lehrer aus Frankreich zum Reiki-Master. Außerdem befasste er sich intensivst mit Yoga: in Viruparburgadi, einem winzigen Dorf bei Hampi, führte ihn ein alter Sadhu, ein Wandermönch, in dieses philosophische System geistiger und körperlicher Übungen ein, das Volker Morsch als »einen Weg zu Gott« versteht. Unter armen Indern lebte der damals 29-Jährige monatelang in einer Lehmhütte, meditierte ganze Tage lang und übte »absolute Askese«. Zwei Monate sprach er kein Wort. Er hatte danach mirakulöse Begegnungen und Erlebnisse und war nach eigenen Worten

»kurz davor, den Reisepass in eine Felsspalte zu werfen und das orange Gewand anzuziehen und als Sadhu dortzubleiben«. Er tat es nicht, sondern suchte in einem Ashram (Kloster) die Begegnung mit einem weiblichen Guru, Gurumayi Swami Chivilasananda, die derzeit das geistliche Oberhaupt des Siddha-Yoga ist, einer von 42 Arten des Yoga. Am Ende übermittelte sie ihm »rein telepathisch«, wie Volker erzählte, die Aufforderung heimzufahren, »weil dort jetzt Arbeit auf mich wartet«. Heim nach Alsweiler in die Feldstraße, zu seinen Eltern ins Haus.

Das tat er und begann dort als Ergotherapeut und Heiler zu arbeiten. Wundersamerweise kamen Leute in Scharen, aus Alsweiler und Umgebung, »ich weiß nicht, wo die hergekommen sind und wer denen Bescheid gesagt hat«, meinte Volker. Jedenfalls behandelte und heilte er, und das tut er bis heute, und die Praxis »läuft gut«. Bald lernte er seine Frau Sabine Schmitz kennen, eine Heilpraktikerin und Physiotherapeutin. Sie stammt aus Gronig, und das erklärt, wieso die beiden sich dort in der alten Schule niederließen. Sie geben Kurse in Reiki, in Yoga und in einer »ausgleichenden Punkt- und Meridianmassage«, die sich AnPiMoMai nennt. Manche Veranstaltungen finden auch in Alsweiler statt, in einem Tipi, einem Indianerzelt, das mittels hochstehender Stangen auf einem Grundstück der Familie errichtet wurde. Volker nennt es »unser Heiligtum« und »unseren Tempel« und sagt: »Dort kommt meine Tätigkeit als Schamane mehr zum Tragen.« Geheiratet haben Volker Morsch aus Alsweiler und Sabine Schmitz aus Gronig übrigens in Indien.

# 11 Im Wurzelwerk
der Demokratie

Der Ortsvorsteher, der Bürgermeister und der Kampf um die
Dorfschule – Wechselfälle der Kommunalpolitik

Der Ortsvorsteher würde Ärger bekommen mit dieser Rede,
das schien mir nach wenigen Sätzen klar. Und nach den Mienen der Umstehenden zu urteilen, war ich nicht der Einzige,
der so empfand. »2006 war ein Jahr der Tiefen und Höhen für
Alsweiler«, hatte Paul Schäfer gerade gesagt und angefügt:
»Die Reihenfolge ist bewusst gewählt.« Schlagartig verstummte das Gemurmel an den Tischen und Stehtischen, das
in der Pause nach dem Vortrag der Gitarrengruppe des Mandolinenvereins aufgekommen war.

Paul hatte die Jacke abgelegt, als ob er jetzt Armfreiheit
brauchte, und stand im blauen Hemd, mit dunkler Weste und
leicht verrutschter Krawatte am Rednerpult. Vor den beiden
Stechpalmen, die diesem Abend einen Anflug von Festlichkeit
gaben, wirkte er ein wenig eingeengt. Mehr als 100 Frauen
und Männer füllten den großen Saal des Pfarrheims beim Neujahrsempfang der Vereinsgemeinschaft, der zu den tragenden
Ereignissen im Jahreslauf des Dorfes zählt. Die Kommunalpolitiker, die Repräsentanten der katholischen Pfarrgemeinde
und die Vorstände der Vereine kamen hier alle Jahre wieder in

der ersten oder zweiten Januarwoche für ein paar Stunden zusammen, hielten Rückschau und Ausschau und vergnügten sich an einem warmen Buffet.

Die zurückliegenden Monate waren erfüllt vom Kampf um den Erhalt der Grundschule, und diese Auseinandersetzungen hatten die Bevölkerung sehr erregt. »Die Grundschule Alsweiler läuft 2007 im Juli aus«, so fasste Paul Schäfer jetzt in einem Satz das Ergebnis all der Diskussionen, Versammlungen und vergeblichen Vorstöße zusammen. »Das sind Fakten, die geschaffen wurden und die wir zur Kenntnis nehmen müssen, auch wenn man die Entscheidung im Einzelnen nicht für richtig hält.« Als der Ortsvorsteher noch hinzufügte, man könne die Art und Weise, wie dies alles durch- und umgesetzt wurde, »nicht akzeptieren«, da brauste ein starker und langer Applaus auf. Michael Detzler und Peter Keßler, die beiden führenden CDU-Politiker der Großgemeinde, gehörten zu den wenigen, die nicht die Hände rührten.

Sie waren es, auf die die kritischen Bemerkungen des Ortsvorstehers gemünzt waren. Paul Schäfer gehörte zwar ebenfalls zur CDU und war der Ortsvorsitzende der Partei in Alsweiler, aber in dieser Frage herrschte zwischen den Christdemokraten aus Alsweiler auf der einen und der Spitze des CDU-Gemeindeverbandes sowie den Ortsverbänden in Marpingen und Urexweiler auf der anderen Seite ein kalter Krieg. Paul Schäfer hatte deshalb einen schweren Stand. Marpinger CDU-Kollegen hatten ihn unter Druck gesetzt, einige ihn auch öffentlich verhöhnt. Er aber hatte hart und kompromisslos dagegengehalten. »Die Antwort auf die Situation, wie sie jetzt ist, kann nicht Resignation sein, sondern nur Engagement«, rief er beim Vereinsempfang seinen Zuhörern zu. Und als er mit der Bemerkung schloss, Alsweiler sei ein wichtiger Teil für die Entwicklung der Gesamtgemeinde und wolle seinen Beitrag leisten, doch fordere der Ort »auch die nötige Unterstützung ein«, da bekam er wieder lang anhaltenden Beifall, während er vom Rednerpult zurück zu seinem Platz an einem der Stehtische ging. Die Gegenspieler Detzler und Keßler, an denen er vorbeimusste, wandten sich demonstrativ ab und drehten ihm den Rücken zu. Das Zerwürfnis war unübersehbar.

Es hatte viele Ursachen. Der Ausgangspunkt waren der Rückgang der Bevölkerung mit seinen Folgen für die Infrastruktur und die horrende Staatsverschuldung, die zum Kürzertreten zwang. Klar war: Wo es weniger Kinder gibt, braucht es auch weniger Lehrer und weniger Schulraum. Wie in anderen Bundesländern wurde deshalb 2005 auch im Saarland ein Struktur- und Sparplan verkündet, der die Schließung eines Drittels der 269 Grundschulen des Landes vorsah. Im Kreis St. Wendel sollte gar die Hälfte, 14 von 29 Lehrstätten, im Schuljahr 2007/2008 den Betrieb einstellen. Darunter war die Grundschule von Alsweiler, wo 2005 nur noch 17 Kinder neu zur Einschulung angemeldet worden waren. Im ganzen Land erhob sich Widerstand, auch in Alsweiler protestierten der Schulverein und der Ortsrat.

Taktische Ungeschicklichkeiten des Kultusministeriums erhitzten zusätzlich die Gemüter. Außerdem ergab sich eine paradoxe Parallelität: Gleichzeitig mit dem Vorstoß der Landesregierung wurde bekannt, dass die CDU auf Gemeindeebene den Neubau einer Grundschule in Marpingen beschlossen hatte. Sie begründete dies damit, die dort befindliche Gesamtschule benötige die Räume der jetzigen Grundschule. Andere bestritten die Richtigkeit dieses Arguments, und es erhob sich scharfer Protest, der binnen Kurzem in den vier Ortsteilen der

Gemeinde Marpingen mit 3 000 Unterschriften unterstützt wurde. In Alsweiler war der Unmut besonders heftig. Wieso in Alsweiler schließen und in Marpingen neu bauen? Warum nicht stattdessen Gesamt- und Grundschule trennen und das Alsweiler Gebäude als Grundschule für die Gesamtgemeinde weiternutzen? Und wenn Urexweiler auf Dauer eine Dependance von Marpingen bleiben durfte, warum dann Alsweiler nicht auch?

Die CDU des Gemeindeverbandes aber pochte auf Konzentration am zentralen Ort, da dort weit mehr Kinder lebten und also auch der Fahrtaufwand geringer sei. Außerdem sei nur in Marpingen wegen der Nachbarschaft zur Gesamtschule das Konzept einer Ganztagsbetreuung umsetzbar, und nur wegen dieses Synergieeffekts gebe es vom Land einen Zuschuss von einer Million Euro, argumentierte die Marpinger CDU. Eine leidenschaftliche Diskussion entbrannte. Letztendlich standen sich zwei Kontrahenten gegenüber, die gegensätzliche Interessen verfolgten. Die CDU wollte auf Landes- und Gemeindeebene möglichst viel zusammenlegen, die Bevölkerung von Alsweiler hingegen und mit ihr die Ortsverbände von CDU und SPD wollten unbedingt die eigene Schule im Dorf behalten.

Auf beiden Seiten schalteten sich die Elternvertretungen ein. Es gab Versammlungen, Resolutionen und Eingaben. In Alsweiler bildete sich eine Initiative zur Gründung einer neuartigen Privatschule. Die Akteure, meist Frauen, hielten gut besuchte Informationsabende ab und sammelten 802 Unterschriften. Das Kultusministerium und die CDU-Mehrheit im Gemeinderat Marpingen lehnten das Vorhaben aber ab.

Unter den beteiligten Politikern kam es zu schweren Spannungen. Michael Detzler war zwar aus Alsweiler, er trat als

Chef des CDU-Gemeindeverbandes aber für die zentralistische Lösung ein und verfocht die Vorstandslinie gegen die Parteifreunde im eigenen Ort. Diese rächten sich, indem sie ihn in Alsweiler nicht mehr als Beisitzer in den CDU-Ortsvorstand wählten. Darauf erklärte er dort seinen Austritt und meldete sich nach Marpingen um. Zwei CDU-Mitglieder des Gemeinderats aus Alsweiler legten, entnervt von diesen Spannungen, ihre Mandate nieder.

Paul Schäfer kam dadurch weiter unter Druck, und man begann, ihn in Marpingen zu schneiden. In der Fraktion wurde er nur noch geduldet, immer wieder kam es zu Disputen, man verdächtigte ihn des Zusammenspiels mit dem SPD-Bürgermeister Werner Laub. Für seine Gegner war es dann ein harter Schlag, als er in der Saar-Ausgabe der »Bild-Zeitung« in der Pose des Anklägers vor der Alsweiler Grundschule zu sehen war unter der Schlagzeile: »Hier verschleudern sie unsere Steuer-Millionen – Für 2 Millionen Euro wird in Marpingen eine neue Schule gebaut. Nur, um die im Nachbarort dichtzumachen.«

Der Meinungskampf eskalierte, der Unmut vieler Bürger wuchs. In Alsweiler machte sich zudem das historisch verwurzelte Empfinden breit, man werde wieder einmal vom größeren, stärkeren Nachbarort in die Ecke gedrückt. »Die Marpinger CDU, die macht uns ganz kaputt«, war das Urteil eines führenden Vereinsvertreters, durchaus kein CDU-Gegner, der damit eine verbreitete Stimmung traf. Das Alsweiler Kabarett gab ihr Ausdruck, indem es im Hiwwelhaus im Sommer 2007 die Aktivitäten der Marpinger CDU-Granden bissig glossierte. Rauschender Beifall war die Reaktion.

Die Sache rührte an die Tiefenschichten der Befindlichkeit, das sollte sich bei der Bürgermeisterwahl im Herbst desselben Jahres noch zeigen. Dass Alsweiler seine Schule verlor, war ein historischer Einschnitt. Nach der Schließung von Geschäften und Gaststätten war dies nun ebenso wie das absehbare Ende der eigenständigen Pfarrei ein weiteres Zeichen des Niedergangs, der damit allen vor Augen stand. Vielen anderen Dörfern erging es ebenso. Sie schienen nichts mehr zu gelten. Auch das war ja ein Zug der Zeit: Auf allen Ebenen zählten nur noch die großen Einheiten, es wurde rationalisiert und fusioniert, um Kosten zu sparen. Die Qualität des Lebens und der Wert einer selbstbestimmten Gestaltung des Lebensumfeldes schienen nicht mehr zu zählen. Think big – groß denken, am besten global, das war der neue Trend. Die Instanzen und Anlaufstationen, die für das tägliche Leben von Belang sind, entfernten sich immer weiter.

Im Wirtshaus, bei »Morsche Klos« und beim »Storze«, kam, wenn man über diese Dinge sprach, immer wieder auch die Rede auf die Gebiets- und Verwaltungsreform des Jahres 1974. Alsweiler hatte damals seine politische Eigenständigkeit eingebüßt und war einer von vier Ortsteilen der neuen Großkommune Marpingen geworden. Ein langjähriger Landesbeamter aus dem Dorf nannte die Reform »einen katastrophalen Fehler«. Hingegen ist der Bürgermeister Laub nach wie vor der Meinung, die Gebietsreform sei »auf jeden Fall ein richtiger Schritt« gewesen. Die Großgemeinde sei die richtige Lösung gewesen, weil sonst das Kirchturmdenken und die Einzelinteressen der Dörfer zu stark zur Geltung kämen.

Der Vorgang, mag er auch aus einer spezifisch lokalen Situation entstanden sein, hat als Konfliktkonstellation etwas Typisches. Im gleichen Sinne steht auch das Beispiel Alsweiler für viele andere Dörfer, die in Westdeutschland bei den Gebiets- und Verwaltungsreformen der 1960er- und 1970er-

Jahre ihre Selbstständigkeit aufgeben mussten und einem größeren Nachbarn zu- und untergeordnet wurden. Bis heute ist der damals eingeleitete Umbau der Kommunalstrukturen unter Fachleuten umstritten. Ist für die Bürger tatsächlich die Verwaltung effektiver, billiger und leistungsfähiger geworden, wie die Reformer es versprachen? Und welches waren die Nebeneffekte?

Diese Fragen sind in jedem Bundesland anders zu be antworten, weil jeweils unterschiedliche Lösungen gewählt wurden. Im Saarland hat man die Zahl der selbstständigen Gemeinden zum 1. Januar 1974 von 338 auf 52, ein knappes Siebtel also, verringert. Im Nachbarland Rheinland-Pfalz hingegen gibt es noch selbstständige Gemeinden mit acht Einwohnern wie Dierfeld im Kreis Bernkastel-Wittlich oder mit 24 Einwohnern wie Ammeldingen an der Our in der Südeifel. Man beließ dort den Altgemeinden weitgehend ihre Selbstständigkeit und fasste sie nur in Verbandsgemeinden zusammen – ein Modell, das der untersten Ebene des Staates mehr Autonomie lässt. Insbesondere ist damit dem oft bemühten Prinzip der Subsidiarität gedient: so viel Entscheidungskraft nach unten wie möglich und nur so viel Verlagerung nach oben wie nötig. Paul Schäfer hält aus seiner 25-jährigen kommunalpolitischen Erfahrung in Alsweiler heraus dieses Prinzip für richtig. »Alsweiler ist Verlierer dieser Gebietsreform«, sagt er. »Wir wären gut beraten gewesen, das Prinzip der Einheitsgemeinde nach Pfälzer Muster zu machen, nicht das der Großgemeinde.«

Auch in der Wissenschaft gibt es ernst zu nehmende Experten wie den Essener Geografieprofessor Gerhard Henkel, in Fachkreisen als »deutscher Dorf-Papst« bekannt, die die verschiedenen Gebiets- und Verwaltungsreformen in der alten Bundesrepublik auf breiter Front für einen Fehlschlag halten. Das damals zugrunde liegende Konzept der »Zentralen Orte« sei 1933 von dem Geografen Walter Christaller begründet und in der Nazizeit zunächst in den eroberten Ostgebieten umgesetzt worden, sagt Henkel. Es stelle nichts anderes dar als die Übertragung des Führerprinzips auf die Raumplanung.

Bei der Gebiets- und Verwaltungsreform nun wurden nach diesem Prinzip in der alten Bundesrepublik rund 16 000 Dörfer »eingemeindet«. Sie verloren damit ein gesellschaftliches und wirtschaftliches Potenzial, das von Generationen erarbeitet worden war, wie Professor Henkel in seinem Standardwerk »Der ländliche Raum« schreibt. Zuordnungen, Normsetzungen, Fremdsteuerung und »eine demokratiefeindliche Politik von oben nach unten« waren das Ergebnis. Die drastische Verringerung der Zahl ehrenamtlicher Kommunalpolitiker habe »in jedem Dorf eine existierende demokratische Basis beseitigt«. Zwar hätten sich die Voraussetzungen für eine zentrale Steuerung, also eine Fremdsteuerung, verbessert. »Nicht beachtet wurden die elementaren Funktionen der Gemeinde als unmittelbares Lebensumfeld und Handlungsspielraum der Bürger, als Bezugsgröße räumlicher Identität und als Lernfeld demokratischen und solidarischen Handelns.«

Paul Schäfer stimmt aus vollem Herzen zu: »Für mich war das Schlimmste an der Gebietsreform, dass mit Sicherheit ein großer Teil des privaten Engagements unterdrückt worden ist«, sagt er. Und aus eigener Erfahrung weiß er auch, dass die zentrale Steuerung von oben sich auch in den Parteien auswirkt, die auf der örtlichen Ebene oft durchaus sachlich und vertrauensvoll miteinander zusammenarbeiten, zum Beispiel im Ortsrat von Alsweiler. Durch die Schaffung größerer Gemeindeverbände ist hingegen eine gewisse Polarisierung und Gleichschaltung eingetreten, die vor allem den zentralen Partei- und Machtstrategien dient. Auch dies war nämlich, wie der Juraprofessor und Parteienkritiker Hans Herbert von Arnim schreibt, ein Negativeffekt der Gebietsreform: Sie drängte die nicht parteigebundenen Kräfte zurück, die in kleineren Gemeinden eine weit überproportionale Rolle spielten und teilweise in Wählergemeinschaften organisiert sind. »Dadurch wurde die politische Macht noch stärker in der Hand der Parteien und ihrer politischen Klasse konzentriert.«

Wägt man diese Argumente in der heutigen Zeit auch unter dem Gesichtspunkt der Globalisierung, so gewinnen sie noch zusätzlich an Gewicht. Was soll dem Menschen denn Heimat sein in einer Welt, die immer stärker von immer ferneren Mächten gesteuert wird und deshalb immer weniger als human erscheint, wenn nicht sein vertrautes Dorf? Und was wäre für den Dorfbewohner wertvoller als das Erlebnis, dass er an diesem einen Ort der Erde noch erwünscht ist als Mitgestalter seines Schicksals und seiner Umwelt? Als freier Bürger, der seine Talente in den Dienst der Gemeinschaft stellt und gleichberechtigt mitentscheidet, wohin das Gemeinwesen seinen Weg nimmt.

Gerade diese basisdemokratische Partizipation ist aber durch die Gebiets- und Verwaltungsreform in vielen Dörfern abgewürgt worden. Der Wandel der Lebensstile und die Vereinzelung haben diesen Effekt verstärkt. In manchen Orten gibt es schon Probleme, überhaupt noch qualifizierte Kandidaten für kommunale Ämter zu finden – ein Alarmzeichen, das Grundfragen der Demokratie berührt.

In anderen europäischen Ländern wie Frankreich, England und der Schweiz hat man jedenfalls die alten Formen der lokalen Autonomie belassen. Deshalb hat Frankreich mit seinen rund 64 Millionen Einwohnern noch immer 36 683 selbstständige Gemeinden, wogegen die 82 Millionen Deutschen in nur knapp 12 379 Kommunen (Städten und Gemeinden!) leben – ein krasser Unterschied, der sich auch darin äußert, dass führende Politiker in Frankreich bis hinauf zum Minister es nicht verachten, nebenher noch Bürgermeister ihres Heimatortes zu sein.

In Frankreich, England und der Schweiz sind eben die kleinen Dörfer als Lebensraum der Menschen anscheinend höher geschätzt. Das flache Land hat einflussreiche Interessenvertreter. In Deutschland hingegen werden die Landbewohner als provinziell belächelt und missachtet, von oben herab als lästige Bittsteller und gleichzeitig als Melkkühe traktiert, vor allem, wenn es ums Geld geht. Die kommunale Finanzausstattung ist seit Jahren ein Skandal. »Jahrelang haben Bund und Länder die Gemeinden behandelt wie ein absoluter Fürst seine Ackerbauer-Städtchen, ihnen vom Rechtsanspruch auf einen Kindergartenplatz bis zur Brückenerhaltung nach Gutdünken teure Verpflichtungen auferlegt und sich gleichzeitig großzügig aus deren Steuertopf bedient«, schreibt der Münchner Journalist Joachim Käppner.

Im Saarland ist die Finanznot geradezu dramatisch. 1993 war keine der 50 Kommunen defizitär, jetzt schreiben 80 Prozent von ihnen rote Zahlen, wie es beim Saarländischen Städte- und Gemeindetag heißt. Besonders schwer wiegt dabei, dass der Anteil an Kassenkrediten in jüngster Zeit stark steigt. Dabei handelt es sich um »Kredite, die verfressen werden«, wie ein Experte spottet, vergleichbar den kurzfristigen Überziehungskrediten eines Privatkontos, die besonders hohe Zinsen kosten und eigentlich nur zur Überwindung eines Engpasses aufgenommen werden sollten. Sie werden in den Gemeinden inzwischen zum Teil schon gebraucht, um laufende Kosten zu begleichen, etwa für die wachsende Sozialhilfe oder die Gehälter der Beschäftigten. Im ganzen Saarland belaufen sich diese Kassenkredite inzwischen auf über eine Milliarde Euro, pro Kopf waren das Anfang 2008 exakt 1 115 Euro – mit steigender Tendenz. Es ist mit weitem Abstand der höchste Wert in Deutschland.

Marpingen wiederum gehört zu den Kommunen mit den größten Geldsorgen. Der Haushalt 2007 umfasste Einnahmen von 13,7 Millionen Euro und Ausgaben von 15,5 Millionen – ein Missverhältnis, das schon 2006 das Landratsamt als kommunale Aufsichtsbehörde zu drastischen Mahnungen und Auflagen veranlasst hatte. Hinzu kamen 12,3 Millionen Euro Schulden, aufgelaufen seit 1996. Schon 2007 lasteten allein aus dem Verwaltungshaushalt pro Kopf auf der Gemeinde rund 1 255 Euro Schulden, bis 2010 wurde eine weitere drastische Steigerung auf 1 674 Euro erwartet. Wie die meisten anderen saarländischen Gemeinden könne Marpingen »aus eigener Kraft die Haushaltsnotlage nicht abwenden«, erklärte Bürgermeister Laub im Mai 2008.

Die Aufmerksamkeit der Bürger wurde indes im Sommer 2007 von Politaffären anderer Art gefangen genommen. Zwei Monate vor der Bürgermeisterwahl stellte sich heraus, dass der CDU-Gemeindeverband bei der Aufstellung seines Kandidaten eine Vorschrift des Kommunalwahlgesetzes missachtet hatte. Die Mandatslaufzeit vieler Delegierter war überschritten, die Gültigkeit der Beschlüsse stand infrage. Die CDU schob die Schuld auf Bürgermeister Laub (SPD) als Gemeindewahlleiter, weil der die Nominierung akzeptiert habe.

Der Wahltag im November wurde dann für den Sozialdemokraten Werner Laub, der bereits seit 1990 im Amt war, zu
einem Triumph. Schon aus dem ersten Wahlgang ging er mit
einem Stimmenanteil von 67,9 Prozent als Sieger hervor. In
Alsweiler erhielt er sogar 75,8 Prozent, das beste Ortsteil-Er-
gebnis. Es war klar, dass neben der Person der Kandidaten vor
allem der Kampf um die Schule und die Art der Wahlkampf-
führung den Ausschlag gegeben hatten. Verglichen mit der
Ortsratswahl von 2004, als die CDU unter Paul Schäfer noch
55,8 Prozent erhalten hatte, war es ein Erdrutsch.

Bald nach der Wahl stand die Schulfrage wieder im Blick-
punkt, wenn auch in abgewandelter Form. Die großen Schlachten waren geschlagen, in Marpingen hatte der Neubau der
Grundschule begonnen, jetzt ging es um die Folgeprojekte.
Schon im Juni 2007 hatte der Gemeinderat einstimmig beschlossen, im Alsweiler Grundschulgebäude künftig die Kindergärten von Marpingen und Alsweiler zu konzentrieren. Der
eine stand in kommunaler, der andere in kirchlicher Träger-
schaft, die ebenfalls auf die Gemeinde übergehen sollte. Eine
Krippe für die Jüngsten und ein Hort für die Ganztagsbetreuung der Größeren bis 14 Jahre sollten hinzukommen und das
Rundumangebot für alle Altersstufen komplettieren.

Alsweiler wurde so für den Verlust der Schule entschä-
digt. Das Schulgebäude blieb nicht ungenutzt, es musste aber
umgebaut werden. Zu organisieren war jetzt noch der Transport der Alsweiler Schüler nach Marpingen ab Herbst 2008.

Die Sorge für die Kinder und Jugendlichen war zum neuen
Schwerpunkt geworden, und Paul Schäfer hatte dieses Thema
in einem Aktionsplan für die Dorfentwicklung, den er in der
Form einer übersichtlichen Tabelle entworfen hatte, auf den
ersten Platz gesetzt. Der Ortsrat hatte das Konzept einstimmig

mit den Stimmen von CDU und SPD gebilligt, jetzt ging es an die Umsetzung. Die Sicherung der Jugend- und Vereinsarbeit, die Gestaltung und Belebung des Ortskerns und der Ausbau von Naherholungsmöglichkeiten waren die drei zentralen Ziele der weiteren Arbeit – eine Antwort auf jene Wandlungsprozesse, denen das Dorf unterworfen war.

Paul Schäfer hatte seine Programme in seinem Laptop eingespeichert und führte sie mir vor, als ich ihn eines Samstagnachmittags im Januar 2008 im Hiwwelhaus zu einem längeren Gespräch aufsuchte. An den Wänden seines Ortsvorsteherbüros hingen Karten und Luftaufnahmen von Alsweiler, ferner die feierliche Charta der Partnerschaft mit Bertrichamps in Lothringen, die jetzt schon mehr als 30 Jahre währte. Ein Plakat erinnerte daran, dass im Juli 2002 die Tour de France auch durch Alsweiler gegangen war, mit rund 50 000 Menschen waren im Ortsgebiet die Straßen dicht gesäumt.

Für Paul Schäfer war der Befund klar. Dem Dorf fehlte ein öffentlicher Raum der Begegnung, der Kommunikation. Es fehlte ein Platz im Zentrum, um den sich Geschäfte gruppieren und Treffpunkte ergeben könnten, da waren sich CDU und SPD einig. Akut war jetzt die Sache mit dem Kindergarten und der neuen Nutzung der Schule. Paul Schäfer war schon mehrfach von Jugendlichen mit dem Wunsch nach einem Jugendraum konfrontiert worden, den es nicht gab. Außerdem wollte er etwas für die Vereine tun, die Jugendgruppen hatten und Proberäume für sie brauchten, beispielsweise der Musik- und der Theaterverein. Schon lange sollte auch der Verein für Heimatkunde, der im beengten Keller der Grundschule seine Archivalien kaum noch unterbrachte, einen größeren Raum erhalten, um dort ein Dorfarchiv einzurichten.

Die Kinder, die Jugend und die Vereine – dies war der Schlüssel für die Zukunft der dörflichen Entwicklung, da waren sich die Kommunalpolitiker einig. Dabei waren die Vereine das Instrument, um viele Dinge in Bewegung zu bringen. Bürgermeister Laub sah es ebenso. Aus seiner Sicht waren Gemeinden wie Marpingen heute herausgefordert durch den Bevölkerungswandel, den Druck der Globalisierung und die finanzielle Notlage. »Hättest du Geld, könntest du viel machen«, sagte er beim Gespräch in seinem Amtszimmer im Marpinger Rathaus. Aber Geld ist nicht verfügbar, also was sonst? »Aus meiner Sicht gibt es eigentlich nur ein Mittel: stärkere Beteiligung der Bürger an der Entwicklung des Gemeinwesens. Ausgehende Finanzmittel muss man versuchen durch Ideen und Bürgerengagement zu kompensieren. Es ist nicht nur der Staat, der gestaltet.«

Stichwort Bürgerkommune, neudeutsch: *civil society* – ein altes Konzept, das schon im 18. Jahrhundert in der Periode der Aufklärung entstand und zurückgeht bis auf Platon und Sokrates. Es enthält die Vorstellung, dass der Staat die Sache der Bürger selber ist und dass sie also die öffentlichen Angelegenheiten selber in die Hand nehmen sollen. Gemeint ist also das Gegenteil des Obrigkeits- und Verwaltungsstaates. Aus der Not der finanziellen Engpässe heraus wird das Konzept in Deutschland jetzt neu belebt.

Zweifellos sind die Kommunen ein wehrloses Opfer staatlicher Sparmaßnahmen und zusätzlicher Ausgabenlasten, vor allem im sozialen Bereich, die ihnen von den Landtagen und dem Bundestag aufgenötigt werden. Das Ergebnis ist, dass gerade dort, wo der Staat dem Bürger am nächsten ist, immer öfter wichtige Leistungen entfallen. Und sicher sind für die Zerrüttung der Finanzen in manchem Dorf und mancher Stadt auch kommunale Politiker mitverantwortlich, die mit unsinnigen Prestigeprojekten die Finanzmisere noch vergrößert haben und nichts mehr dabei finden, ewig auf Pump zu planen. »Die Lage der Kommunen ist nicht angespannt, sie ist auch nicht dramatisch, sie ist schlicht katastrophal«, erklärte schon im Jahr 2002 das geschäftsführende Präsidialmitglied des Deutschen Städte- und Gemeindebundes, Gerd Landsberg. »Damit ist letztlich nicht nur die Frage nach der Zukunft der kommunalen Selbstverwaltung, sondern auch die Frage nach der Zukunft unseres Gesellschaftsmodells gestellt.«

Im Ganzen hat in Deutschland die unermesslich hohe Verschuldung auch bei Bund und Land inzwischen einen Grad erreicht, der die Verfassung und den Staat gefährdet. »Wenn sich der Staat über alle Maßen verschuldet, kann er die Lebensgrundlagen der Menschen auf Dauer nicht mehr sichern«, warnte 2008 der Präsident des Bundesverfassungsgerichtes, Hans-Jürgen Papier. Man darf sich ferner fragen, wozu man in Deutschland weiterhin die international vergleichsweise hohen Steuern zahlt, wenn der Staat dafür immer weniger leistet und stattdessen zum Do-it-yourself animiert. Ein teuflischer Kreislauf ist in Gang gesetzt, und wegen der immer weiter benötigten Kredite ist er eng mit den internationalen Finanzmärkten verbunden. Die Fieberkurven der Globalisierung geben also auch in der Gemeindekasse den Rahmen vor.

Und das in einer Zeit, in der dem Staat nichts übrig bleibt, als immer stärker auch mit Geld dort einzugreifen, wo die soziale Selbstorganisation der Bürger mehr und mehr versagt, nämlich in der Erziehung. Millionenfach sind Eltern offenbar heute nicht mehr willens oder in der Lage, für ihre Kinder so viel Zeit und Zuneigung aufzubringen, dass diese seelisch gesund und gesellschaftstüchtig heranwachsen.

Hier zeigt sich, dass die kulturelle Globalisierung ins Innerste der Gesellschaft reicht. Denn fast immer spielt der Einfluss des Fernsehens eine unheilvolle Rolle. Amerikanische TV-Serien verbreiten Gewalt im Übermaß, in der Zunahme alltäglicher Verrohung findet das seine logische Fortsetzung. Auch kleine Kinder werden von ihren Eltern viel zu lange mit der Flimmerkiste allein gelassen, anstatt dass man mit ihnen spielt oder ihnen etwas vorliest. »Es kommen morgens Kinder, die haben schon das Frühstücksfernsehen zu Hause geschaut, und viele Kinder gehen heim, die verbringen die Zeit nach dem Mittagessen oder während des Mittagessens auch mit Fernsehgucken«, sagt Gaby Groß, die Leiterin des kommunalen Kindergartens in Marpingen.

Der Kindergarten ist der Ort, wo früh aufscheint, welche Richtung die Gesellschaft nimmt. Gaby Groß ist seit dem 1. August 2008 auch Chefin des Kindergartens in Alsweiler. Für sie und ihre Kolleginnen ist es keine neue Erfahrung mehr, »dass die Grundform Familie sich ein Stück geändert hat, sich auflöst und andere Formen annimmt«, wie sie beim Gespräch in ihrem Büro in der »Villa Wirbelwind« in Marpingen sagte. Vor allem gibt es viel mehr alleinstehende junge Mütter, die manchmal wechselnde Beziehungen zu wechselnden Männern unterhalten, was den Kindern gewisse Orientierungsschwierigkeiten verursacht. Aber auch wenn Paare dauerhaft zusammenleben, sind heutzutage in der Regel beide Partner berufstätig, die Kinder sind oft Einzelkinder. Die Verwandtschaft schrumpft zusammen, auch die Großeltern stehen nicht wie früher für die Betreuung der Enkel bereit, weil sie selber noch arbeiten oder anderswo leben.

Dies führt dazu, dass Kinder immer früher aus der elterlichen in die staatliche Obhut gegeben werden. Gaby Groß hat selbst seit 1993 im Beruf erlebt, wie rasant sich die Verhältnisse wandelten. Früher schickte man die Kleinen frühestens ab dem dritten Lebensjahr in den Kindergarten. Dann brauchte es Krippen, wo sie schon ab dem 18. Monat willkommen waren. »Heute nehmen wir die Kinder ab der neunten Woche«, sagt die Kindergartenchefin – ein Angebot speziell für Alleinerziehende, von dem aber bisher noch niemand Gebrauch machte. Die Jüngsten sind sieben bis acht Monate alt.

Ein anderer Effekt ergibt sich in den Familien. Wenn mit den Kindern niemand mehr geduldig das Spielen, Singen und Erzählen oder die Beschäftigung mit Bauklötzchen übt, dann führt dieses psychosoziale Alleingelassensein dazu, dass die Kleinen bestimmte menschliche Fähigkeiten gar nicht erst entwickeln. Die Kindergärtnerinnen in Alsweiler und Marpingen kennen zur Genüge die Zeichen des Mangels. Da gibt es Kinder, die kaum je ganze Sätze formulieren, sondern nur stammeln: »Mach mal!« Gemeinsames Essen, gemeinsame Unterhaltung, einander zuhören, ausreden lassen, einander helfen – unbekannt. »Es sind auch viele Kinder total wuselig«, sagt Gaby Groß. Sie sind nervös, unkonzentriert, reden in Sprechblasen wie die Helden der Zeichentrickfilme. Manche sind es nicht gewohnt, sich selber die Schuhe zu binden, sind unselbstständig und konfliktunfähig. Manche dürfen, wenn sie einmal krank sind, sich zu Hause gar nicht richtig auskurieren, sondern werden rasch von der zeitgeplagten Mutter wieder in den Kindergarten geschickt. Manche offenbaren erstaunliche Wissenslücken. Wo kommen die Pommes frites her? Wie kommt die Milch in die Tüte? Hat ihnen der Papa oder die Mama nicht erklärt.

Die Erzieherinnen versuchen gegenzuhalten mit Gruppenspielen und Expeditionen in den Alltag. Sie ziehen in Wald

und Feld und erklären ihren Schützlingen, was ein Saueramp-
fer und ein Spitzwegerich ist oder wie ein Baum funktioniert.
Man läuft durchs Dorf, und die Kinder zeigen einander, wo sie
wohnen, wo die Tante, die Großmutter und die Urgroßmutter
zu Hause sind. Man geht zur Feuerwehr und zum Bäcker, und
man erprobt beim Äpfelsammeln auf der Wiese und in der
Kelterei, wie aus dem Apfel der Apfelsaft wird.

Ein grundlegender Wandel offenbart sich an solchen Klei-
nigkeiten. Was früher dem Kind in der Familie und im dörflichen Verband wie von selber an Basiswissen über die Natur,
die Menschen und die Gesellschaft zufiel, das muss ihm heute
durch staatliche Institutionen beigebracht werden. Gerade im
Dorf war der Zugang zur Komplexität der Welt so einfach und
natürlich, weil die Überschaubarkeit sich verband mit der Fülle alles Vorhandenen, die man über lange Zeit am immer gleichen Beispiel beobachten konnte. Wer das Leben im Dorf in
seiner Vielfalt begriff, hatte viel von der Welt begriffen, wenn
auch nicht alles. Es war ein quasi natürliches Erziehungspro-
gramm, das heutzutage wieder weltweit als vorbildhaft gilt.

»It takes a village to educate a child – es braucht ein Dorf,
um ein Kind zu erziehen«, so propagierte es schon in den
1990er-Jahren die amerikanische Präsidentengattin und heutige Außenministerin Hillary Clinton. Gemeint war: Erziehung
ist eine Sache der ganzen Gesellschaft, und wo die Gesellschaft nicht mitwirkt, misslingt sie. Clintons Losung gründet
auf einem nigerianischen Sprichwort, und sie wird heute häufig auch von der deutschen Familienministerin Ursula von der
Leyen gebraucht. Der saarländische Philosoph Peter Wust,
aufgewachsen in Rissenthal bei Losheim als ältestes von elf
Kindern eines Siebmachers, später Professor an der Universität in Münster, drückte das Gleiche auf andere Weise aus:

»Das Dorf war meine erste Universität, und zwar eine solche, die bis jetzt durch keine bessere ersetzt werden konnte.« Nur ist bedauerlicherweise heute das Dorf dabei, diese urtümliche Erziehungskraft zu verlieren, weil seine Vielfalt, sein Gemeinschaftsgeist und seine Familienstrukturen verblassen. Kindergarten? Vor 50 Jahren hat man in Alsweiler noch im Gemeinderat darüber diskutiert, ob überhaupt ein Kindergarten gebraucht werde, was allerdings schon damals eine Minderheitsmeinung war. Damals wurden auch andere Aufgaben, die man heute als öffentliche ansieht, in Selbsthilfe erledigt. Zum Beispiel setzten bis 1953 die Männer des Dorfes gemeinschaftlich die Feldwege instand, wenn der Regen sie unpassierbar gemacht hatte. Bei einer Bürgerversammlung beschloss man dann, das sogenannte Fronstatut, das diese Fragen regelte und seit 1915 galt, außer Kraft zu setzen und mit der Herrichtung der Wege Gemeindearbeiter zu beauftragen. Ein neues Verständnis von der Rolle des Staates nahm Gestalt an.

In ähnlicher Weise ist offenbar in den vergangenen Jahren die Zuständigkeit für die Erziehung der Kinder von den Eltern weitgehend auf den Staat und damit auf die Schule und die Lehrer übergegangen. So empfindet es jedenfalls mancher Lehrer. »Unser Beruf hat sich komplett gewandelt. Wir sind nicht mehr dafür da, Wissen zu vermitteln. Wir sind da, um die Gesellschaft mitzuformen«, sagt Gudrun Hinsberger, die vor der Schließung die letzte Leiterin der Grundschule in Alsweiler war und heute als stellvertretende Schulleiterin in Theley tätig ist. Sie hat vielfältigste Erfahrungen gesammelt, nicht nur in Rheinland-Pfalz und im Saarland. Als Ehefrau eines Luftwaffenpiloten, der jahrelang in den USA und in Frankreich stationiert war, wirkte sie als Lehrerin auch in Beuvry bei Lille in Nordfrankreich. Und in Wichita Falls in Texas sowie in Victorville in Kalifornien, nördlich von Los Angeles, gewann sie Einblick in das amerikanische Schulwesen, weil dort ihr Sohn Nicolas eine *public school* besuchte. Auf diese Weise lernte sie die Ganztagsschule kennen. Man sollte sie ihrer Meinung nach dringend auch in Deutschland einführen, um die Kinder aus der Verwahrlosung vor dem Fernsehapparat zu erlösen. »Wir sind eines der wenigen Länder, die nur morgens Schule halten«, sagt sie. Und ebenso fest ist die Lehrerin von den Vorzügen jener offenen, experimentellen Art des Lernens überzeugt, die die italienische Reformpädagogin Maria Montessori 1906 nach dem Motto »Hilf mir, es selbst zu tun« begründete. Kinder sollen erzählen, probieren, soziale Kompetenz erwerben, nicht vorzeitig durch die Verteilung von Zensuren deprimiert, sondern langfristig in ihrer Persönlichkeit gestärkt werden.

Ihr Befund der Lage ist ähnlich bestürzend wie der von Gaby Groß, der Kindergärtnerin. Die traurige Realität ist, dass viel zu viele Kinder auch auf dem Land hyperaktiv sind – und vollkommen überfordert, wenn sie in die Schule kommen und dort vom ersten Tag an einen fünfstündigen Unterricht absolvieren sollen, wie das im Saarland verlangt wird. »Das ist Wahnsinn, weil die Kinder es nicht gewohnt sind, den ganzen Morgen sich nach irgendwelchen Regeln zu verhalten«, sagt Gudrun Hinsberger. »Durch die Schulreform sind oft 29 bis 30 Kinder in einer Klasse und können sich dort kaum bewegen, die Räume sind zu klein, um offene Unterrichtsformen zu verwirklichen.« Am Ende des Unterrichts fliehen dann nicht nur die Zöglinge, sondern auch die Lehrer »völlig entnervt« aus der Schule. Obwohl ein Kind doch von Natur aus eigentlich wissbegierig ist und das Lernen ein menschliches Grundbedürfnis, wie die Pädagogin meint.

Entlastung bietet wiederum, wo nicht Eltern ein Einsehen haben, ein gesellschaftlicher Eingriff auf örtlicher Ebene. Im Falle Alsweilers und Marpingens geht er vom Jugendbüro aus, das die Gemeinde Marpingen schon 1999 zusammen mit einem freien Jugendhilfeträger installierte. Als erste Kommune im Saarland und eine der ersten bundesweit initiierte sie auch ein sogenanntes lokales Bündnis für Familien, wie es vom Bundesfamilienministerium propagiert und aus dem EU-Sozialfonds finanziell gefördert wird. Vereine, Verbände, Unternehmer, Pädagogen, Eltern und Sozialexperten tüftelten gemeinsam Konzepte aus, wie die neuen Probleme der Familien erkannt und gelöst werden können. Zusammen mit der Arbeiterwohlfahrt Saarland wurde des Weiteren für Kinder zwischen fünf und sieben Jahren ein Mini-Coolness-Training und für ältere ein soziales Kompetenztraining entwickelt: Geübt werden Rücksichtnahme, Einfühlungsvermögen, Stärkung der Gefühlswahrnehmung und des Selbstwertgefühls, Zusammenarbeit und gewaltlose Konfliktlösung. Ergänzend dazu hat die Gesamtschule Marpingen schon 2006 für die fünften und sechsten Klassen ein neues Schulfach eingeführt, dem die Schüler selber den Namen »Fit for life« gaben. In Rollenspielen, Fantasiereisen, Gruppendiskussionen und Präsentationen trainieren sie ihr Selbstvertrauen, ihre kommunikativen Fähigkeiten, ihre soziale Kompetenz. Das Jugendbüro Marpingen tut ein Übriges, indem es auch für die Freizeit »als Anbieter einer sozialen Dienstleistung« auftritt, wie sein Leiter Marcus Gramlich es formuliert. Der 35-jährige Diplompädagoge organisiert zusammen mit den dörflichen Vereinen jedes Jahr im Sommer ein Ferienprogramm für die Kinder der vier Marpinger Ortsteile; die Nachfrage ist groß. Irgendwie geht es also weiter. Durch *social engineering* auf breiter Front sucht man zu retten, was zu retten ist. Die Gesellschaft muss sich also besinnen – und sie tut es.

Im Hiwwelhaus brannte wieder einmal Licht am Freitagabend, Paul Schäfer hatte zu einem Dorfgespräch eingeladen. Mehr als 50 Personen waren gekommen, darunter ein Dutzend Frauen. Der Ortsvorsteher warf vom Laptop aus Fotos und Grafiken auf eine Leinwand, Bürgermeister Werner Laub moderierte die Diskussion. Natürlich ging es auch wieder um die Schule. Gerade vor ein paar Tagen hatte der 20. Oktober 2008 eine historische Zäsur markiert: Seit diesem Tag war die neue Grundschule in Marpingen in Betrieb. Und damit war die Volksschule Alsweiler ausrangiert – mehr als 200 Jahre dörfliche Schulgeschichte kamen an ihr Ende. Und just ein paar Wochen zuvor, am 13. August, hatte die »Saarbrücker Zeitung« berichtet, dass die Landesregierung das saarländische Schulordnungsgesetz so ändern wolle, dass eine Schulschließung in einem Dorf künftig nur noch mit Zustimmung des Schulträgers möglich sein sollte. Paul Schäfer projizierte den Artikel auf die Leinwand, und ein leichtes Stöhnen ging durchs Publikum, als er in ruhigem Ton sagte: »Das hätten wir vor drei Jahren gebraucht in Alsweiler.« Natürlich – man hätte Nein sagen können, und die Schule wäre geblieben.

# 12 Das Netz der kurzen Wege

Wie ein Ministerialbeamter, ein Professor und andere verhindern wollen, dass das deutsche Dorf untergeht

Was tun? Otmar Weber stellt sich diese Frage täglich, und sein Büro ist voller Antworten. In den Regalen stapeln sich Papiere und Bücher, auf dem Boden stehen Kartons voller Broschüren, und aus seiner Aktentasche holt Otmar Weber jetzt ein Faltblatt hervor und reicht es herüber:»Melanie« steht darauf. Dann erzählt er von einem Film, den er hat produzieren lassen. Alle Ortsvorsteher und Bürgermeister, alle Bauamtsleiter und Kulturamtsleiter im ganzen Saarland haben ihn bekommen, außerdem die Staatskanzleien aller anderen deutschen Bundesländer –»wollen Sie ihn grad sehen?« Schon hat Otmar Weber eine CD-ROM in der Hand und schiebt sie in den Laptop: Menschen in Dörfern sind zu sehen.

Langes Fackeln ist seine Sache nicht. Der Beamte, der in Jeans und kurzärmeligem Hemd hinter seinem Schreibtisch sitzt, hat einen gewissen Ruf als Macher und Anschieber, als Mann fürs Dorf. Seit 1999 leitet der frühere Chef des Sozialamtes in Lebach die Agentur Ländlicher Raum, die damals im saarländischen Umweltministerium gegründet wurde. Und seither ist er rastlos im Land unterwegs, vor allem in jenen 261 der mehr als 300 Dörfer des Saarlandes, die weniger als 4 000 Einwohner haben. »Das ist meine Klientel.« Otmar Weber ist der Ministerialbeauftragte für die Dorfentwicklung und als solcher vom frühen Morgen bis zu manchem langen Abend damit befasst, den Niedergang des saarländischen Dorfes aufzuhalten. Er versucht, den Trend umzukehren. »Wir machen Luscht aufs Dorf«, lautet einer seiner Slogans, wobei der lustvolle Zischlaut dem saarländischen Dialekt geschuldet ist.

Früher als andere hat der saarländische Umweltminister Stefan Mörsdorf (CDU) die Gefährdung der Dörfer erkannt und Weichen gestellt; jedenfalls ist sein williger Exekutor Otmar Weber schon öfter nach Rheinland-Pfalz und Hessen eingeladen worden, um als Frontmann und Pionier über seine Erfahrungen zu berichten. Worauf er durchaus »ein bisschen stolz« ist. Und er berichtet, lebhaft wie ein Wasserfall, von seinen Treffen mit den saarländischen Ortsvorstehern, den Dorfbegehungen, den abendlichen Versammlungen mit den Vereinsvorsitzenden, den Dorfgesprächen mit den Bürgern und den Treffen mit den Kommunalpolitikern, bei denen er auch schon mal sagt: »Wenn Sie für ein Neubaugebiet stimmen im Rat, dann machen Sie nix anderes, als den Wert Ihres eigenen Hauses zu mindern.« Danach sei Ruhe im Raum, sagt er.

Was tun? Neubaugebiete ausweisen auf keinen Fall, das walte »Melanie«. »Melanie« ist eine schöne Abkürzung für ein bürokratisches Wortungetüm: Modellvorhaben zur Eindämmung des Landschaftsverbrauchs durch innerörtliche Entwicklung. Es geht um den Leerstand von Häusern, um Verödung des Ortskerns, um Leerstandskataster, Flächen-Recycling und auch um »kreativen Abriss«. In Illingen hat

Weber mit dem dortigen Bürgermeister ein Modellprojekt entwickelt, das auch eine Häuserbörse im Internet einschließt und anderen Gemeinden inzwischen als Vorbild dient.

Otmar Weber versteht sich als Anreger, Anstifter, Aufreißer, er zeigt den Leuten,»was man alles im Dorf tun kann, um die Lebensqualität innerhalb der Dorflage zu erhalten«. Aber tun müssen sie es selber. Bei Bürgerversammlungen arbeitet er, wie er in seinem Büro am Saarufer in Saarbrücken erzählt, immer darauf hin, dass am Ende einer Diskussion Arbeitsgruppen eingesetzt werden. Und meist schlägt er als Vorsitzende dafür gerade die vor, die in der Diskussion sachlich fundierte Kritik geübt haben.

Er winkt auch mit Geld. 110 000 Euro hat der Beamte im Jahr zu verteilen, er fördert damit rund 50 bis 60 kleinere Vorhaben in verschiedenen Dörfern. Voraussetzung dafür ist nur, dass die Bürger ihrerseits bei einem Projekt den Wert der Förderung in Form eigener Arbeitsleistungen einbringen, die Arbeitsstunde zu 14,50 Euro gerechnet. Außerdem soll jedes Projekt die Menschen zusammenführen, gemeinschaftliche Aktivitäten anstacheln und möglichst auch in Zukunft Gemeinschaft und Kommunikation stiften. Es geht ja um die Wiederbelebung der alten Dorfgemeinschaft.

So gab es beispielsweise Geld für Geschichtsvereine, die eine Dorfchronik verfassten. Und mit gesteigerter Begeisterung schildert der Beamte, wie es ihm in Gonnesweiler, einem Ort mit knapp 1 000 Einwohnern im nördlichen Saarland, erging, das war nämlich»das Dollschde«. Dort hatte man vor Zeiten eine alte Schlosskapelle abgerissen, um die Durchfahrtstraße zu verbreitern, doch jetzt reute es die Bürger offenbar. Bei einem Dorfgespräch mit etwa 100 Einwohnern sprachen sie es an. Weber fragte, wer denn bereit wäre, jeden Samstag an einem solchen Wiederaufbau mitzuschuften, und es erhoben sich 30 Mann. Da sagte der Beamte aus Saarbrücken spontan 5 000 Euro für die Bodenplatte zu, ein örtliches Sägewerk stiftete Holz, der alte Schreiner drechselte den Altar, andere Handwerker taten das Ihre, und die Kinder bepflanzten die Beete. Binnen Kurzem hatte Gonnesweiler wieder ein Kapellchen im Wert von 100 000 Euro, der alten Schlosskapelle nachempfunden, im Juni 2005 war feierliche Einweihung.

In anderen Dörfern waren andere Probleme zu erörtern. Im Bohnental zum Beispiel, ebenfalls eines von Otmar Webers Lieblingsprojekten. Dort leben rund 2 800 Einwohner in fünf benachbarten Dörfern, die zu zwei verschiedenen Gemeinden gehören. Man bildete Arbeitskreise und eine Tal-Entwicklungsgruppe. Ein Rundwanderweg entstand, und es begannen Gespräche unter den 64 Vereinen der fünf Orte mit dem Ziel einer Kooperation bis hin zur Fusion, so wie im Falle zweier Obst- und Gartenbauvereine, die auf diese Weise ihr Überleben sichern. »Vereine sind ein Kernthema der Dorfentwicklung«, sagt Weber. »Was haben Sie denn im Dorf, wenn Sie die Vereine wegholen? Nur noch Internet und Fernsehen.«

Es gibt auch Einsätze, die kein Ergebnis bringen, und einen solchen hat Otmar Weber vor Jahren in Alsweiler hinter sich gebracht. Zusammen mit dem Vermessungsingenieur Wolfgang Simon versuchte er, wieder ein Lebensmittelgeschäft in den Ort zu bringen, jedoch vergebens. Edeka und andere seien nicht in Dörfer unter 5 000 Einwohner zu locken, Alsweiler habe »irgendwann mal gepennt«, sagt er. »Sie können das auch nicht mehr rückwärts drehen, weil Sie keinen Investor finden.«

Nicht in jedem Fall, aber doch in manchem lässt sich also etwas gegen die Malaise tun. Auch in anderen Bundesländern haben die zuständigen Ministerien für Umwelt oder Landwirtschaft ihre Fachleute auf diese Fragen angesetzt. Baden-Württemberg hat ähnlich wie das Saarland ein sogenanntes Modellprojekt zur Eindämmung des Landschaftsverbrauchs initiiert. 13 Gemeinden wurden daraus mit insgesamt zehn Millionen Euro bedacht beim Versuch, alte Häuser im Ortskern zu renovieren und neu zu nutzen und keine Neubauten auf der grünen Wiese mehr zu erlauben.

Was tun? Nicht nur die Leerstände, sondern die Gesamtheit der Probleme im ländlichen Raum müssten eigentlich die Politik herausfordern. Leider ist die Misere aber auf der Ebene der Länder, des Bundes und der EU nur ein Nebenthema, obwohl es Millionen Menschen betrifft. Zwar hat man das Problem in Berlin und Brüssel erkannt, und die EU fördert mit Milliarden Projekte, um gegenzusteuern. Fachlich ist das Thema aber dort immer noch den Agrarressorts zu- und untergeordnet, hinter denen es in der öffentlichen Wahrnehmung leicht verschwindet. Die Organisation für wirtschaftliche Zusammenarbeit und Entwicklung (OECD) bemängelte deshalb 2007 in einer Studie, in Deutschland sei die Politik zur Entwicklung des ländlichen Raums noch immer viel zu stark auf die Landwirtschaft ausgerichtet. »Der Entwicklungspfad des ländlichen Deutschland sollte als nationales Anliegen betrachtet werden, das für die Zukunft von Stadt- und Landbewohnern gleichermaßen von Bedeutung sein wird«, erklärte die OECD.

Wie man auf lange Sicht mit den Problemen umgehen könnte, wird in Deutschland vorwiegend auf regionaler Ebene untersucht und debattiert. Dort sind die einschlägigen

Fachinstitutionen verortet. In München wirkt zum Beispiel seit 1988 als eingetragener Verein die Bayerische Akademie Ländlicher Raum. Ähnliche Einrichtungen gibt es in Hessen, Baden-Württemberg und Schleswig-Holstein, zu ihren Mitgliedern zählen Kommunal- und Landespolitiker ebenso wie Planer und Forscher, auch Verbands- und Behördenleiter.

Eine Besonderheit ist das Dorfsymposion in Bleiwäsche, einem kleinen Ort bei Paderborn. Sein Name wurde unter Fachleuten zum Begriff für einen interessanten Meinungsaustausch zu Problemen des ländlichen Raums. Dies verdankt sich dem schlichten Umstand, dass im Nachbarort Fürstenberg ein gewisser Gerhard Henkel lebt. Er war bis 2005 Professor am Institut für Geografie der Universität Duisburg-Essen, in Fürstenberg ist er geboren und aufgewachsen. Als junger Mann entfloh er der dörflichen Enge zum Studium nach Münster, Würzburg und Köln. Später kehrte er zurück, gründete eine Familie, engagierte sich in der Kommunalpolitik und im Vereinsleben, war gar Vorsitzender des Sportvereins – und machte zugleich als Forscher das dörfliche Leben und dessen aufregende Metamorphosen zu seinem Lebensthema.

Professor Henkel gilt als Doyen der deutschen Dorfforscher. Er hat ein Standardwerk mit dem Titel »Der Ländliche Raum« verfasst. Als junger Assistent schrieb er 1977 einen Aufruf an interessierte Kollegen, lud sie zu einem Kolloquium und beklagte die Verschandelung und Vernachlässigung vieler deutscher Ortschaften in der Nachkriegszeit. Einer der ersten, die ihm antworteten, war der Historiker Carl-Hans Hauptmeyer aus Hannover, damals Assistent, später Professor für die Geschichte des späten Mittelalters und der frühen Neuzeit, niedersächsische Regionalgeschichte inklusive. Hauptmeyer gehörte 1979 zu jenen Forschern, die im Hotel Waldwinkel in Bleiwäsche zum ersten von mittlerweile mehr als 15 »Bleiwäscher Dorfsymposien« zusammenkamen. Ihre Zahl wurde von Professor Henkel bewusst klein gehalten, damit vertiefte Diskussionen möglich wurden, anfangs waren auch nur Wissenschaftler willkommen. Bald bat der Gastgeber aber auch Architekten, Stadt- und Raumplaner sowie Beamte aus Fachbehörden und Ministerien hinzu. Zu ihnen gehörte der Architekt Detlev Simons, Professor für ländliche Siedlungsplanung in Stuttgart, ein Herr mit Fliege, der lange Vorsitzender der deutschen Sektion der Organisation »Ecovast« (European Council for the Village and Small Town) war. Man traf sich alle zwei Jahre mit wechselnden Gästen, ab 1982 wurden auch Kommunalpolitiker und andere Praktiker eingeladen. Man diskutierte, tauschte sich aus, am Ende wurden eine Resolution beschlossen und die Vorträge veröffentlicht.

Es lohnt sich sehr, sie nachzulesen. Erst einmal wird es jeden Einzelkämpfer aus jedem Einzeldorf beruhigen, dass er mit seinen Sorgen nicht allein ist, und manche Frage wird ihm überhaupt erst aufgehen. Man gewöhnt sich als Dorfbewohner ja daran, in Deutschland und im Rest der Welt zur missachteten Hälfte der Menschheit zu gehören. Immer ist ja anderes größer und wichtiger, immer ist ja anderswo die Lage anders, ist ja jedes Dorf ein anderes Dorf. Andererseits zeigt gerade die Lektüre der Bleiwäscher Protokolle und Vorträge, wie sehr sich doch bei aller Verschiedenheit die Probleme gleichen.

Es war in Bleiwäsche ja nicht das Hohelied vom schönen Leben auf dem Lande anzustimmen, sondern der Abgesang auf den Verlust der Ruhe, der wirtschaftlichen Basis, der Selbstständigkeit und der Identität. Schon 1984, beim vierten Bleiwäscher Symposion, beklagten die Teilnehmer einen »politischen, administrativen, wirtschaftlichen und kulturellen Zentralismus«, der durch die voraufgegangenen Gebiets-, Schul-, Post- und Landwirtschaftsreformen »die Entmündigung« des ländlichen Raumes begünstigt habe. Lässt man die weiteren Symposien Revue passieren, so kann man schon aus den gewählten Themen das Mosaik der Misere zusammensetzen. Kultur auf dem Lande, der Wegfall von Arbeitsplätzen in der Landwirtschaft, das Dorf im Einflussbereich von Großstädten, die Dorferneuerung, die urbanistische Fremdsteuerung – immer wieder waren weitere Einbußen zu beklagen.

Die Fragestellungen illustrieren, wie groß die Bandbreite der Diskussionen und Beteiligten ist. So befasste man sich im Mai 2002 mit der Schließung von Geschäften, Bank- und Postfilialen, mit jenen Infrastrukturverlusten also, die bundesweit in einem halben Jahrhundert nach Schätzungen zwischen 50 und 90 Prozent des früheren Bestands betrafen; man sondierte, was zu tun sei nach dem Kahlschlag, was zu erwarten sei von einem neuen Bürgerbüro oder Bürgerladen. Und Helmut Wagner, der Bürgermeister der Gemeinde Sternenfels bei Pforzheim, berichtete von seinem erfolgreichen KOMM-IN-Modell, einem vielfältigen, mit modernster Informationstechnologie ausgestatteten Dienstleistungszentrum als Ersatz für Post, Bank, Lebensmittelgeschäft und Bäckerladen.

1996 stand »das Dorf in Wissenschaft und Kunst« auf dem Programm. Wer dies für allzu hochgestochen hält, für ein Gelehrtensujet aus dem Elfenbeinturm, der verkennt, wie wohl es auch einem Ortsbürgermeister tut, wenn er erfährt, dass sein kleines Dorf die Spielart einer großen, weltge-schichtlichen Idee ist. Ihr haben sich zu allen Zeiten in allen Ländern auch Maler, Dichter, Philosophen und Forscher ge-widmet, neuerdings auch Fotografen und Filmemacher. Viele von ihnen kamen ja selber vom Dorf. Das Dorf in Literatur und Malerei, das Dorf bei Vergil, Tolstoj, Faulkner oder bei van Gogh und Chagall – was kann nicht auch aus der Annä-herung von dieser Seite her an Bewusstsein erwachsen über eine Lebenswelt, die von Künstlern stets ebenso als Kosmos alles Menschlichen erachtet wurde wie die Stadt. Und man-cher Kommunalpolitiker und sonstige Teilnehmer, der je in diesen Bleiwäscher Kreis vorgedrungen ist, hat sich gewun-dert, dass so viele kluge Professoren, Planer und sonstige Experten sich so intensiv mit dem Leben auf dem Lande be-fassen.

Mir ging es ebenso, als ich im Mai 2004 an der Tagung über dörfliche Lebensstile teilnehmen konnte. Ein Ausflug in die Geschichte leitete die Beratungen ein. Professor Karl Heinz Schneider, Historiker aus Hannover, der sich sogleich als Nachfahr »kleiner Leute« vom Land bekannte, legte dar, dass die Globalisierung auch auf dem Lande nichts Neues ist. Schon im 18. Jahrhundert war die deutsche Provinz nicht mehr weltenfern und abgeschottet, sondern in den großen Markt integriert. Schon damals setzte eine Modernisierung ein, und schon vor gut 100 Jahren entstand in Deutschland der Typ des modernen Dorfes mit eigener Schule, eigener Post und eigenem Kolonialwarenladen – eine Ausstattung, die so vielen kleinen Orten gerade wieder verlorengegangen ist. Schon um 1900, im Saarland sogar schon früher, begann auch eine starke Diversifizierung, wie Schneider weiter dar-legte, es gab schon Arbeiterbauern und Pendler. »Die Menschen lebten nicht nur in *einem* Dorf, auch nicht vor 50 oder 100 Jahren.«

»Dörfliche Lebensstile – Mythos, Chance oder Hemmschuh der ländlichen Entwicklung«, so lautete das Thema. »Dörfliche Lebensstile sind *kein* Mythos«, so bilanzierte die Kaiserslauterner Soziologieprofessorin Anette Spellerberg, die in Bleiwäsche Erhebungen ihrer Studenten in westpfälzischen Dörfern vorstellte und zudem aus allgemeinen Statistiken schöpfte. Es gibt sie also, diese eigene Lebensart, noch immer, auch wenn mancher meint, auf dem Lande werde nur städtisches Verhalten nachgeahmt. Der Sozialforscher Albert Herrenknecht unterscheidet, wie die Referentin erläuterte, deutlich nach Habitus zwischen Alteinwohnern, Zugezogenen, Emanzipierten und Außenseitern im Dorf. Der häusliche und der aufgeschlossen-integrative Typus Mensch sind auf dem Lande häufiger als in der Stadt zu finden, dafür seltener der moderne Selbstverwirklicher, der Hochkulturgenießer oder der junge Erlebnistyp. Ansonsten ist auch in den Dörfern alles im Fluss, die Sozialstruktur hat sich »rapide verändert«, wie Frau Spellerberg sagte. Bäuerliche Lebensweisen sind im Alltag noch zu erkennen, werden allerdings mit modernen Verhaltensformen kombiniert. Und der Patriarch alten Schlages ist dahin.

Eher hat da schon ein Charismatiker Erfolg, ein Mann wie Michael Pelzer, gelernter Firmensyndikus, seit 1990 Bürgermeister von Weyarn, Oberbayern, zweimal im CSU-Gebiet mit über 90 Prozent wiedergewählt, obwohl Sozialdemokrat. Er ist ein mitreißender Redner, und er präsentierte in Bleiwäsche sein Modell demokratischer Beteiligung der Bürger an Planung, Beschlussfassung und Mittelvergabe in der Gemeinde, nebst professioneller Begleitung. Es wurde ein beispielhaft erfolgreicher Versuch, der Suburbanisierung Weyarns durch die nahe Metropole München zu entgehen und den wirtschaftlichen Abwärtstrend umzukehren. Michael Pelzer wollte ganz bewusst das Dorf ein Dorf sein lassen und sich nicht dem Sog der Großstadt ergeben. »Bürgerversammlungen waren früher Rechenschaftsberichte, sind heute Zukunftswerkstätten«, sagte er.

Längst mischen sich in deutschen Dörfern Traditionsbewusstsein und Modernität ganz ungezwungen, wie auch andere in Bleiwäsche berichteten. Dorfbewohner, junge zumal, sehen heute dieselben Fernsehnachrichten wie die Städter, hängen am selben Internet, brettern samstags nachts 100 Kilometer weit mit den gleichen Autos in die gleichen Megadiscos – und markieren dann doch einen merklichen Unterschied, wenn sie in der Hexennacht den Maibaum aufrichten und zur 1 200-Jahr-Feier ihres Heimatorts im Festzelt aus voller Kehle das Hohenzollern-Lied schmettern.

Von solchen Volksfesten, von Umzügen und anderen »dörflichen Heimatinszenierungen« erzählte in Bleiwäsche Christel Köhle-Hezinger, Professorin für Volkskunde in Jena, geboren und aufgewachsen in einem Weinbauerndorf am Neckar. Verklärungen eines ländlich-heiteren Arkadiens als Projektionsvorlage städtischer Idyll-Sehnsüchte sind ihre Sache nicht. »Es geht nicht darum, dass wir die Asche anbeten, sondern das Feuer am Brennen halten«, formulierte sie, Gustav Mahler zitierend. Ihr war es um den schöpferischen, zeitgemäßen Umgang mit dem Gewesenen zu tun. Dass just nach dem »Dörferlegen« bei der Gebietsreform so viele neue Heimatmuseen gerade in den eingemeindeten Orten entstanden, dass vielerorts geradezu ein Kult mit der Geschichte getrieben wird, mit Ritterspielen, Freilichtaufführungen, Festumzügen –

für die Professorin aus Jena ist es nur dann nichts Verwerfliches, wenn die Geschichte bewusst auf die Gegenwart bezogen wird. Sie weiß natürlich andererseits:»Heimat, das Dorf, braucht die Inszenierung für Einheimische und Fremde.« Und sie würdigte auch das Verdienst der Heimatforscher, oft Außenseiter oder Käuze,»den mittelalterlichen Narren nicht unähnlich«, die in ihren Heimatbüchern doch die örtliche Geschichte erst sichern für die Überlieferung als Hausschatz der Alten an die Jungen.

Nichts bietet ja eben gerade auf dem Land so wirksam Schutz gegen die Schrecken der Globalisierung wie die Besinnung auf eigene Tradition und Identität. In Bleiwäsche war das bei dieser Tagung im sonnigen Mai 2004 Gemeingut.»Der lokal verwurzelte Globalist«, so brachte es am Ende Professor Carl-Hans Hauptmeyer auf den Begriff, das ist der Dorfmensch der Zukunft, handelnd nach der Devise: Wir machen das selber. Dörfliche Lebensstile also sind für die Menschen, denen sie noch eigen sind, absolut kein Hemmschuh – allenfalls und bestenfalls und erwünschtermaßen ein Hemmschuh »gegenüber einer hemmungslosen Globalisierung und einer hemmungslosen Gleichmacherei«, wie Hauptmeyer sagte. Zwei Jahre später, als man über den Leerstand von Gebäuden in den Dörfern diskutierte, bilanzierte er:»Wir haben eine besondere Phase der Dorfauflösung.« Und artikulierte beiläufig auch, wie er den Sinn und Auftrag dieser Bleiwäscher Begegnungen sieht.»Wir sind hier als Dorflobby«, erklärte der Historiker in kämpferischem Ton.»Wir sind Anwälte des Dorfes. Wir sind Partei für das Dorf, für den ländlichen Raum, wir betrachten ihn als besonderes Kulturgut.« Und doch war sein Plädoyer nicht frei von resignativen Untertönen:»Über vieles haben wir hier schon vor 25 Jahren gesprochen.«

Was tun? Das deutsche Dorf braucht eine Lobby, nicht nur in der Politik. Am Beispiel anderer Länder lässt sich studieren, wie kleine Dörfer und ihre Bewohner sich durch überregionale Zusammenarbeit Gehör verschaffen und ihre ökonomischen Interessen fördern. In Frankreich gibt es seit 1982 eine Vereinigung der 151 schönsten Dörfer des Landes, die einen gemeinsamen Führer über die »Villages de charme« herausgeben. Auch in Italien gibt es eine Organisation der schönsten Dörfer des Landes, ebenso im belgischen Landesteil Wallonien.

In Estland vertritt die Estnische Dorfbewegung die Interessen des ländlichen Raums, und die Finnen vom Land haben sich im Verband der Dorfaktion organisiert, der mit hauptamtlichen Beschäftigten auch bei der Verteilung von EU-Geldern hilft. Die schwedischen Nachbarn haben ebenfalls eine Aktionsbewegung für das Dorf gegründet und handeln nach dem Motto »Ganz Schweden soll leben!« 4 300 dörfliche Aktionsgruppen machen mit, alle zwei Jahre trifft man sich zu einem »ländlichen Parlament«, bei dem politische Außenwirkung ebenso ein Ziel ist wie die Geselligkeit. Das gute Beispiel hat bereits Dorfbewohner in Ungarn, der Slowakei und Russland zur Nachahmung inspiriert. Und in Schottland wurde eine Internetplattform zu Themen des ländlichen Raums eingerichtet.

In England gibt es bereits seit 1926 einen Interessenverband mit dem Namen *Campaign to Protect Rural England*, der dafür kämpft, »die Schönheit, das Leben und die Einzigartigkeit unserer *countryside*« zu schützen. Das ländliche England sei »ein vitaler, aber unterbewerteter Aktivposten der Nation«, heißt es auf der Internetseite der Organisation. Durchaus selbstbewusst hält der Verband es sich zugute, dazu beigetragen zu haben, dass trotz aller Verluste in England die Zersiedelung der Landschaft noch nicht so weit fortgeschritten sei wie in anderen Ländern. Die Organisation zählt mehr als 60 000 Mitglieder, ihr Präsident ist derzeit der Beststellerautor Bill Bryson, zu seinen Stellvertretern zählen eine kämpferische Lady, der frühere Chef der nationalen Denkmalbehörde sowie bekannte Fernsehgrößen. Die Schirmherrschaft hat Ihre Majestät, die Königin Elizabeth II., höchstpersönlich inne.

Was tun in Deutschland? Natürlich wäre die Gründung einer solchen Organisation zur Verteidigung des ländlichen Raumes oder eines Verbandes der deutschen Dörfer ein großer Schritt nach vorn. Auch die Einberufung eines deutschen Dorftages und schon die Einrichtung eines Dorfportals im Internet könnten wichtige Impulse geben. Denn mehr als alles andere behindert die Aktivisten in den einzelnen Orten der Umstand, dass sie isoliert agieren.

Doch auch jetzt schon kann sich jeder Aktivist vor Ort in den Dokumenten über die Symposien von Bleiwäsche eine Fülle von Anregungen holen. Wo Bürgermeister, Beamte oder Forscher aus der Praxis berichteten und wo sie von Erfolgen erzählen konnten, ergaben sich bei näherem Hinschauen stets ähnliche Handlungsmuster. Zum einen braucht es, um ein Projekt zum Erfolg zu führen, einzelne Persönlichkeiten, die eine Sache in Bewegung bringen. Das kann ein Ortsvorsteher oder Bürgermeister sein, aber auch ein Vereinsvorsitzender oder eine Gruppe von Menschen. Zum zweiten kommt man am besten voran, wenn sich lokale Aktivisten und Kommunalpolitiker mit außenstehenden Wissenschaftlern verbünden, die allgemeine Erkenntnisse und Erfahrungen aus anderen Projekten beisteuern. Drittens ist es unerlässlich, die Bürger zu beteiligen, sei es in Form von Fragebogenaktionen, durch Versammlungen oder die Gründung von Arbeitsgruppen. In jüngster Zeit tritt an vielen Orten noch eine neue Art von Dorfvereinen hinzu, die sich mit der Dorfentwicklung befassen. Von großer Bedeutung ist es viertens auch, die Medien einzuschalten und breite Öffentlichkeit herzustellen. Nicht nur der Information wegen, sondern auch, um den Aktivisten und Einwohnern das Gefühl zu geben, dass ihre Sache wichtig ist. Die Basis aller Aktivitäten ist nämlich ein gesundes Selbstwertgefühl, wie Fachleute übereinstimmend betonen.

Unerlässlich sind auch Leitbilder, um die Eigenart eines Dorfes zu definieren und daraus seine Ausrichtung für die Zukunft abzuleiten. In Ströbeck bei Halberstadt in Sachsen-Anhalt brauchte man nicht lang zu suchen, denn seit dem Mittelalter hat hier das Schachspiel eine starke Tradition. Ein gefangener Adliger hatte es den Bauern beigebracht. Diese praktizierten es über Generationen auf eigene Art, weshalb Bürgermeister Rudi Krosch und seine 2 000 Mitbewohner inzwischen den Eintrag in die UNESCO-Liste des immateriellen Kulturerbes der Welt anstreben. Dem Verband der Kulturdörfer Europas gehören sie schon an, die Bekanntheit lockt junge Familien als Zuwanderer her, der Rückgang der Bevölkerung ist in Ströbeck kein Thema. Gefahr droht nur von der in Sachsen-Anhalt eingeleiteten Gebietsreform, die das Ende der Selbstständigkeit bringen soll. In der Bleiwäscher Runde der Bürgermeister und Professoren gab es keinen, der die zentralisierende Fusionswut der Raumplaner gutheißen mochte.

Nicht Hierarchie, sondern Autonomie ist der Humus, auf dem auch Dörfer wie Ströbeck sich zur Marke mausern und weit über die eigene Kirchturmspitze hinaus attraktiv werden. Im südniedersächsischen Jühnde gelang dies, von Forschern der Universität in Göttingen angestoßen, mit der Umstellung der Energieversorgung auf Biogas. Drei Viertel der Bürger machten mit, und Jühnde wurde bundesweit bekannt als Bio-Energiedorf.

Oft fragte ich mich, während ich den Vorträgen und Debatten lauschte, in welcher Weise ein Dorf wie Alsweiler von den vorgetragenen Erkenntnissen profitieren könnte. Denn fast alles, was da vorgetragen wurde, schien mir übertragbar. In den zentralen Punkten sind die Probleme tatsächlich für fast alle Dörfer in Deutschland gleich. Die Bevölkerung nimmt ab, der Anteil der Alten steigt, der der Jungen sinkt. Ausgleich kommt nur durch Migration, und die Zuwanderer sind oft Menschen aus fremden Nationen und Kulturkreisen, die am Gemeinschaftsleben teilweise noch weniger interessiert sind als die früher zugezogenen Städter. Man lebt aneinander vorbei, das Dorf zerfällt in Einzelteile: Die Alten sind einsam, die Zugezogenen fühlen sich fremd, viele Junge leiden unter einem Mangel an Zuwendung. Was tun? Man muss die einsamen Alten zurück in die Gemeinschaft holen und sie zur Mitarbeit ermuntern, man muss den Jungen Gesprächspartner und Raum zur gemeinschaftlichen Entfaltung geben, man muss die Zugezogenen ansprechen, die unterschiedlichen Gruppen zusammenführen. Und all das natürlich in Zusammenarbeit mit den Bürgern und Vereinen.

Die Großfamilie alten Schlages ist im Untergehen begriffen, auf ihre Rekonstruktion kann man nicht mehr hoffen. Stattdessen sollte man das soziale Leben nach neuen Regeln organisieren, zum Beispiel den Regeln der Nachbarschaft und Freundschaft. Gerade auf dem Dorf. Nachbarschaft und Nähe sind hier seit eh und je das soziale Gestaltungsprinzip, und die Erfahrung der Vereinsarbeit ist ein kostbares soziales Kapital. Wie in alten Zeiten, als die Dorfbewohner arm und ohnmächtig waren, müssen sie sich jetzt wieder auf die Solidarität besinnen. Wieder sind sie aufeinander angewiesen. An die Stelle der Familien könnten Initiativgruppen treten. Es gibt bereits Modelle für sogenannte Zeitspenden: An einer Art von Tauschbörse erhält man eine Dienstleistung gegen eine andere – früher eine Selbstverständlichkeit, heute eine organisatorische Herausforderung. Eine alte Frau passt einen Nachmittag auf die Kinder auf, deren Vater ihr dafür die Hecke schneidet. Oder: Mähst du mir den Rasen, koch ich dir Marmelade ein. So schilderte es in Bleiwäsche anhand konkreter Erfahrungen die Mainzer Dorfplanerin Nathalie Franzen, und so hat es mittlerweile auch die Arbeiterwohlfahrt des Kreises St. Wendel im Programm.

Auch wirtschaftliche Überlegungen sind von zentraler Bedeutung. Dörfer brauchen neue Arbeitsplätze, die neuen Medien bieten dafür neue Möglichkeiten, weil sie von Orten unabhängig machen. Mancher Arbeitsplatz könnte aus der Stadt zurück aufs Land verlagert werden. Dörfer könnten von der Globalisierung ja auch profitieren. Sie werden auch touristische Ziele, wenn sie etwas bieten, das die städtischen Nomaden immer noch auf dem Lande suchen: Ruhe, frische Luft, direkten Zugang zur Natur, natürliches und schmackhaftes Essen, unverstellte menschliche Kontakte und Freundlichkeit. Auch in Alsweiler werden dazu Überlegungen angestellt. Mehrere Familien vermieten bereits erfolgreich Fremdenzimmer.

Systematisch müsste man weitere Potenziale aufspüren, vor allem auch Frauen und alte Menschen zur Mitwirkung animieren. Meist kümmern sich um solche Fragen nur die politisch interessierten Männer der mittleren Generation, und deren Aufmerksamkeit ist nach den Erfahrungen der Mainzer Dorfplanerin Nathalie Franzen mehr auf praktische Dinge wie Fußgängerampeln, Bänke oder Gehwege gerichtet als auf komplexe soziale Zusammenhänge. Wann also wird in einem Dorf der erste fernsehfreie Tag ausgerufen, an dem die Bürger sich versammeln? Wie könnte jenseits des von der Bundesregierung propagierten Mehr-Generationen-Hauses auch in anderer Hinsicht das Mehr-Generationen-Prinzip im dörflichen Alltag wieder etabliert werden?

Eine wichtige Aufgabe haben auch die Heimatforscher. Vieles, was über Jahrhunderte die Eigenart eines Dorfes und seiner Bewohner ausgemacht hat, ist dabei, für immer zu verschwinden, von den alten Häusern angefangen. Verschiedentlich ist eine »historische Dorfanalyse« sogar zum Ausgangspunkt für alle weitere Entwicklungsplanung gemacht worden, so bei einem Modellprojekt in dem oberschwäbischen Ort Heudorf (Gemeinde Dürmentingen) bei Biberach. Dort haben auf Initiative des Schwäbischen Heimatbundes ein Historiker, ein Geograph und ein Dorfplaner gemeinsam mit den Bürgern eine rund 250 Seiten starke Studie erstellt, die über die einzelnen Häuser und die gesamte Dorfstruktur höchst interessante Erkenntnisse erbrachte.

Jenseits des Denkmalschutzes sollten Heimatforscher auch den dörflichen Dialekt dokumentieren, die alten Lieder und Gedichte sammeln, die alten Geschichten sowieso. Und was wird aus den tradierten Kochrezepten? Was jetzt nicht aufgeschrieben wird, geht für alle Zeiten verloren. Denn die mündliche Überlieferung bricht ab, nie war deshalb die Einrichtung eines Dorfarchivs so wichtig wie heute.

Mit den Zuwanderern kommen auch neue kulturelle Traditionen ins Dorf, bald wird sich eine neue Art von Mischbevölkerung ergeben. Was tun? Die Lösung kann gewiss nicht sein, sich im Dorf gegen Fremde abzuschotten. Wann also steigt in einem deutschen Dorf der erste internationale Heimatabend, zu dem nicht nur die Zuwanderer, sondern ebenso die weitaus zahlreicheren Auswanderer aus dem Dorf einmal alle eingeladen werden? Diese Menschen, die den Ort ihrer Jugend vor vielen Jahren verlassen haben, trafen damals an anderen Orten als Fremde ein und sind dort jetzt heimisch geworden. Und sie könnten beim Besuch in der alten Heimat wichtige Ratgeber sein, wenn man sie nach ihren Erfahrungen fragt und bei bestimmten Projekten um ihre Mithilfe bittet.

Eine historisch neue Situation ist eingetreten, sie verlangt nach neuen Lösungen. Im Kreis St. Wendel ist dazu schon eine Idee geboren worden. Der Kommunalpolitiker Hermann Scheid (CDU) aus Oberthal, 24 Jahre lang Amtsvorsteher beziehungsweise Bürgermeister von Nohfelden, bemerkte schon vor Jahren, dass Menschen aus den Dörfern der Umgebung draußen in der Welt beachtliche Positionen erlangt hatten. Ein Wasserwirtschaftler aus Oberthal, inzwischen Ordinarius in Kassel, war mit Planungen am Panamakanal befasst. Ein früherer Einwohner von Nohfelden war ein hohes Tier bei einem Luftfahrtkonzern geworden, ein Professor für Physik war auf der Vorschlagsliste für den Nobelpreis gelandet. Hermann Scheid entwickelte den Plan, solche Persönlichkeiten einmal wieder in der Heimat zu versammeln, mit ihnen die Entwicklung des Kreises St. Wendel zu diskutieren, den einen oder anderen zum Vortrag vor den Oberklassen der St. Wendeler Gymnasien einzuladen.

Zwei weitere Projekte im Raum St.Wendel können als Beispiele für einen kreativen Umgang mit der Globalisierung gelten. Klaus Bouillon, der Bürgermeister von St. Wendel, kämpft seit 25 Jahren mit einer Vielzahl von Initiativen gegen den Niedergang an, in den ein grausamer Strukturwandel die Kreisstadt hätte stürzen können. Wie in vielen deutschen Klein- und Mittelstädten zu beobachten, so setzte auch hier in der Innenstadt das Geschäftesterben ein, es litt die ganze Stadt. Was tun? Der CDU-Mann Bouillon, der gern in Jeans und Hemdsärmeln daherkommt, machte St. Wendel zu einer Stadt des Sportes und lockte damit Tausende herbei. In St. Wendel fanden Weltmeisterschaften der Supermoto-, Radcross-, Mountain-Bike- und Querfeldein-Fahrer statt, auch die Elite des Billardspiels focht hier Titelkämpfe aus. Ferner gab es Wettbewerbe im Rollskilaufen und im Tretrollerfahren, Jazztage, Märchenfeste und Festivals der Straßenzauberer. In jüngster Zeit kam ein Marathonlauf hinzu, Weihnachts- und Ostermärkte wurden ins Leben gerufen. Dies generiert Millionenumsätze, Geschäfte, Hotels und Gaststätten spüren es kräftig. Als 1999 das seit Jahrzehnten in St. Wendel stationierte 1. Kürassierregiment der Französischen Armee sich aus Deutschland verabschiedete und sein Kasernenareal am Stadtrand aufgab, bewältigten Bouillon und seine Helfer binnen weniger Jahre eine umfassende Konversion. Neue Firmen und Behörden siedelten sich an, hinzu kamen ein Schwimmbad, eine Skateranlage, ein Golfplatz samt Hotel sowie ein Sport- und Fitnessparcours, der auch in der Nacht genutzt werden kann, bei Scheinwerferlicht.

Zudem heuerte Bouillon einen City-Piloten an, der etwas gegen den wachsenden Leerstand von Geschäften tut. Und tatsächlich kann das städtische Projekt einer »Vitalisierung der Handelsstrukturen«, das bundesweit Beachtung fand, erste Erfolge melden. Mit einem systematischen Flächenmanagement sowie mit Zuschüssen für Existenzgründer und für Ladenbesitzer, die ihre Lokale sanieren, gelang es, mehrere Geschäftshäuser aufzumöbeln und den Leerstand in der Innenstadt zu reduzieren.

Indes, die Konzentration im Handel und die Globalisierung schaffen Strukturen, gegen die man kaum noch ankommt – nur unter Aufbietung aller Kräfte und aller Fantasie. Und nicht ohne Geld. Das zeigt auch ein anderes Projekt, das ebenfalls weit über St. Wendel hinaus als Pioniertat gelten darf. In diesem Fall hat es der Förster Werner Feldkamp mit vielen anderen entwickelt. Er ist ein Zugewanderter aus dem Oldenburger Land. Als Forstmann und Kreisnaturschutzbeauftragter hatte er schon 1993 im Heimatbuch des Kreises St. Wendel gewarnt, es werde »vor dem Hintergrund einer fast grenzenlosen Mobilität und zunehmender Globalisierung« verstärkter Anstrengungen bedürfen, »dem Menschen noch eine gewisse Bodenhaftung zu erhalten«. Es drohe der Verlust der kulturellen Identität des ländlichen Lebens, weil die Bewohner die Kulturlandschaft im Umfeld ihrer Dörfer bald gar nicht mehr nutzten und damit auch nicht mehr erhielten.

Aus diesen Anfängen entwickelte sich 1994 die Kulturlandschaftsinitiative St. Wendeler Land als Bündnis verschiedenster Institutionen, Vereinigungen und Privatpersonen, 48 sind es heute. Unter ihnen sind die Kreisverbände der Jäger, der Bauern, der Fischer, der Imker, der Landfrauen sowie der Obst- und Gartenbauvereine, ferner die Lebenshilfe, mehrere historische Vereine, einzelne landwirtschaftliche Erzeuger sowie das saarländische Umweltministerium, Kreis und Stadt St. Wendel und eine Reihe weiterer Gemeinden.

Marpingen ist auch dabei, Bürgermeister Werner Laub sitzt im elfköpfigen Vorstand und der Förster Feldkamp ist der Vorsitzende. Unter seiner Federführung entwarf die Initiative ein Konzept für den Aufbau eines Lokalwarenmarktes und erhielt dafür 2005 von der saarländischen Landesregierung den Zuschlag für einen EU-Zuschuss von knapp 2,5 Millionen Euro aus dem Programm LEADER plus, einem Topf für die wirtschaftliche Entwicklung der ländlichen Regionen. Die Grundidee war: So wie vor 100 Jahren die Kolonialwaren das überwiegend lokale Erzeugerangebot mit exotischen Waren ergänzten, so sollte jetzt das globalisierte Grundsortiment der Warenhäuser und Discounter um die Lokalwaren erweitert werden.

Es bedurfte zahlloser Gespräche und Konferenzen, bis eine größere Zahl heimischer Erzeuger von Lokalwaren sich zusammenfand, mittlerweile sind es 46. Darunter sind natürlich Bauernhöfe, auch Biolandwirte, ferner eine Bauernhofmetzgerei, ein Geflügelhof, eine Schäferei, ein Schreiner, zwei Sägewerke, eine Seifensiederin und das Brennerteam eines Obst- und Gartenbauvereins. Vor allem ist der Wendelinushof bei St. Wendel mit von der Partie, ein heute von sozialen Einrichtungen betriebenes traditionsreiches Landgut, das früher zum nahegelegenen Missionshaus gehörte und auf dem heute Behinderte als Landwirte und Metzger arbeiten und ausgebildet werden. Dort gibt es auch ein großes Geschäft, ein weiterer Laden eröffnete in Marpingen, hinzu kamen zwei mobile Händler. Im Ganzen werden mittlerweile mehr als 400 Erzeugnisse aus dem Kreis St. Wendel angeboten: Fleisch, Wurst, Käste, Brot, Gemüse oder Obst genauso wie Nudeln, Senf, Apfelsaft und Schnäpse aller Art. Die handgemachten Seifen nicht zu vergessen! Und auch nicht das Rapsöl, das die

Erzeugergemeinschaft St. Wendeler Ölsaaten sehr erfolgreich bereits in mehreren Produktlinien herstellt, darunter auch eine für die geschmacklich besonders anspruchsvollen Nachbarn in Frankreich. Wie weiter? Ein Anfang ist gemacht, ein Beispiel gesetzt. Wobei sich Werner Feldkamp wohl bewusst ist, dass noch sehr viel zu tun ist.»Es gibt noch enorme Optimierungsmöglichkeiten«, sagte Feldkamp bei einem Gespräch im Sommer 2007. Immerhin konnte er zusammen mit seinem Stellvertreter Thomas Gebel, dem stellvertretenden Leiter des Umweltamtes des Kreises, im Sommer 2008 bilanzieren, das Projekt habe Investitionen von rund zehn Millionen Euro angestoßen; rund 70 Arbeitsplätze seien entstanden, davon 27 befristet. 2007 betrug der Jahresumsatz an Waren und Dienstleistungen nicht weniger als 2,5 Millionen Euro. Im Jahr darauf wurde die Förderung durch die EU bis Ende 2013 verlängert, im Ganzen winken 1,9 Millionen Euro. Neue Projekte wurden angeschoben, alte fortgesetzt und konsolidiert. Und im Jahr 2015 wollen Werner Feldkamp & Co. den Lokalwarenmarkt »in die Selbstständigkeit entlassen«. Das System muss sich dann selber tragen.

Sicher ist schon jetzt, dass dieses St. Wendeler Projekt, wenn es gelingt, enorme Ausstrahlungskraft entwickeln könnte. Was funktioniert, wird nachgeahmt, und für die Initiatoren wäre dies das schönste Kompliment. Schon jetzt sind Kontakte in die Nachbarregionen geknüpft, wo Gleichgesinnte sich auf ihre Weise mit der Problematik befassen. Und eines Tages könnten sich auch anderswo solche Netzwerke von Menschen bilden, die über die Globalisierung der Lebensmittelproduktion nicht mehr nur schimpfen, sondern ihr eine Alternative entgegensetzen wollen.

Seit mehr als zwei Jahrzehnten verfolgt die Organisation Slow Food die gleichen Ziele. Sie wurde 1986 in Italien von Gourmets gegründet, die gegen die Eröffnung des ersten Fast-Food-Restaurants der amerikanischen Kette McDonald's in Rom protestiert hatten. Bald wurde eine internationale Bewegung daraus, die ihre Abneigung gegen das Fast Food (schnelles Essen) gleich im Namen kundtat und das Gegenteil propagierte. Nicht Hetze, sondern Langsamkeit verspricht Qualität. Was langsam und nach alter Handwerkskunst erzeugt und möglichst wenig transportiert wird, ist einfach besser. Und das schmeckt man. Slow Food hat inzwischen einen urbanistischen Ableger bekommen, der sich Slow City oder in Rückbesinnung auf die italienischen Ursprünge Città Slow nennt: langsame Stadt. Ein kleines Netz ist in Europa schon geknüpft worden, in Deutschland haben bislang neun Städte sich zusammengefunden; die erste war Hersbruck bei Nürnberg. Entscheidendes Ziel ist die Wahrung der Regionalkultur auf vielfältigste Art.

Sollte sich einmal auch eine solche Bewegung selbstbewusster Dörfer gründen, etwa unter dem Namen Villagio Slow oder Slow Village, so wäre einer der Kandidaten sicher der hübsche, rund 450 Einwohner zählende Ort Ellershausen im nordhessischen Landkreis Waldeck-Frankenberg, den ich als Heimatort meiner Ehefrau kennenlernte. Im September 2008 gründete sich dort – unter unserer Beteiligung – ein Verein namens »Ellershäuser Tafelrunde«, der sich auf der untersten Ebene der Gesellschaft ebenfalls den Aufbau eines sinnvollen kleinen Kreislaufs zum Ziel gesetzt hat. Landwirte, Züchter und Gastronomen fanden sich mit Leuten zusammen, die gern gut essen. Die Inhaber einer Schäferei und eines Milchviehbetriebs, ein Ziegenzüchter und Käseproduzent, ein Schweine-,

Rinder- und Gänsezüchter, ein junger Metzger sowie die Be-
sitzerinnen eines Landhotels beschlossen, in ihrem Dorf und
ihrem Tal miteinander zusammenzuarbeiten und zu versuchen,
auch andere Bewohner des Dorfes und der umliegenden Orte
für ihr Anliegen zu gewinnen. Um damit selbstbewusst der
Globalisierung etwas Eigenes entgegenzusetzen. »Uns kommt
es darauf an, Kultur, Geschichte, Brauchtum, Ökologie und
die Freude am guten Essen zusammenzubringen«, erklärte
der Vorsitzende Stephan Mielinski, ein studierter Agrarwis-
senschaftler. »Das ist für uns der Ausdruck eines modernen
Heimatgefühls.«

# 13  Bis das letzte Lied verhallt

Der MGV 1880 Alsweiler und der Niedergang des deutschen
Männergesangs – historischer Exkurs in die Gegenwart

»Und ewig bleiben treu die Alten« – gerade hat Paul Hoffmann diesen wehmütigen Vers zitiert, der so gut auf die Lage
passt. Einer aus der Runde setzt noch einen Witz darauf, und
am Ende lachen sie doch wieder alle, obwohl die ganze Angelegenheit sie eigentlich eher traurig stimmt. Melancholisch
geradezu wie die Geschichte von der alten Uhr, die ein Leben
lang die Schicksalsstunden anzeigt, bis sie am Ende einfach
stehen bleibt.»Sie schlug an des Freundes Bahr', sie schlug
am Traualtar« – mit ebenso viel Schmelz wie Routine haben
sie es zuvor gesungen. Dann das Liedlein von den Schalmeien,
die klingen, und den Mägdlein, die springen. Auf dem Programm dieses Abends stand ferner eine jener Motetten zum
Lobe der Musik, die so andachtsvoll den Blick auf die Tiefen-
dimensionen dieser Kunstgattung weiten:»Das Wahre, das
Schöne – der Reichtum der Töne – die bleiben bestehn.« Wolfgang Trost, der ewig fordernde Dirigent, hatte vom Klavier her
gelobt und getadelt wie immer bei der Chorprobe.»Auf den
Lippen singen«, rief er,»nicht kehlig.« Einige Passagen ließ
er wiederholen. Mal waren ihm die Bässe zu laut, mal mahnte
er:»Hergucken, auswendig jetzt!« Paul Hoffmann war sicher
nicht damit gemeint, denn der singt alles auswendig.

Nun also ist die Gesangstunde vorbei, nun sitzen sie, 25 Männer und sechs Frauen, auf den gepolsterten Stühlen im Vereinsraum des Pfarrheims. Vor der eingerollten Fahne und der großen Schrankwand, in der die Noten verwahrt sind, hören sie sich die Fragen ihres Probengastes nach der Zukunft des deutschen Männergesangvereins an. Rasch kommen die Antworten aus allen Ecken. Ja, natürlich, die junge Generation, die bleibt leider weg, die mag lieber das englische Zeugs als das deutsche Volkslied, die hat Computer und Sportvereine und tausend sonstige Angebote, »das ist eine andere Generation«. X-mal haben sie das schon erörtert. Eine Lösung gibt es nicht, anderswo ist es ja nicht besser. »Wir sind ja blöd, wir können nicht Englisch«, ruft einer. Die anderen lachen.

Mit fester Stimme, die augenblickliche Stille erzeugt, zitiert nun Paul Hoffmann, der im ersten Bass sitzt, jenes oft gesungene Lied: »Und ewig bleiben treu die Alten, bis das letzte Lied verhallt.« Nach kurzer Pause setzt er hinzu: »So ist die Lage bei uns. Kommt kein Junger dazu. Wir bleiben treu, die Alten, bis das letzte Lied verhallt. Dann ist eben fini.« Ein anderer wirft mild sarkastisch ein: »Ja, Paul, wir machen noch 20 Jahre, und dann ist Schluss.« Und da ist das Gelächter nun riesengroß. Weil Paul Hoffmann, der älteste Sänger des Männergesangvereins 1880 Alsweiler, nämlich schon 84 Jahre alt ist.

Schon seit 30 Jahren ist er der Älteste in der Runde, er traut sich gar nicht aufzuhören, aus lauter Angst, »das macht dann Schule«. Es könnte das Ende sein. Und diese spezifische Befindlichkeit, diese Mischung aus Durchhaltewillen und Einsicht ins Unabänderliche, die auch im Anblick des Abgrunds noch einen Witz gebiert, gibt besser als jede Statistik eine Antwort auf die Frage, wie es heutzutage um den traditionsreichen deutschen Männergesangverein bestellt ist. Der MGV 1880 Alsweiler und der MGV als solcher nähern sich nach einer mehr als hundertjährigen Blüte dem historischen Untergang. Still und leise und meist auch ohne Servus verschwindet aus der deutschen Kulturlandschaft, der dörflichen und kleinstädtischen vor allem, eine Institution, die eine abgelebte Epoche musikalisch untermalte. Aus der Sturmzeit der Industrialisierung und des nationalen Hochgefühls im 19. Jahrhundert hatte der deutsche Männergesangverein das Waldesrauschen der romantischen Volkspoesie in die postmoderne Gegenwart hinübergebracht. Dort aber geht er nun in die Knie vor dem gewandelten Geschmack der jüngeren Generationen. Die Schlacht gegen die Studios in London und New York ist verloren.

Viele Gesangvereine haben sich deshalb in gemischte Chöre verwandelt oder dem Pop, der internationalen Folklore, dem Musical und der Hochkultur zugewandt – oder beides; der deutsche Chorgesang als solcher ist nicht tot. Andere aber, und zu ihnen zählt der MGV 1880 Alsweiler, hängen nun einmal an den hergebrachten Weisen. Schon lange läuft ihnen kein junger Sänger mehr zu, sie schrumpfen, und ihre Lebensdauer scheint begrenzt. Es verlischt damit auch eine Art der Geselligkeit, die in der letzten Phase vor der Globalisierung den Beteiligten den harten Alltag erleichtert und erheitert hat. Ein Lebensgefühl sagt Adieu, und es fragt sich, wie weit damit auch das deutsche Volkslied aus dem deutschen Alltag verschwindet.

Paul Hoffmann kann von dieser altmodischen Empfindungswelt an seinem Küchentisch sehr anschaulich erzählen, und wenn es um bestimmte herausragende Ereignisse geht, dann hat er nicht nur die Fotos in seinem Album oder die Bilder und Urkunden an der Wand unterstützend zur Hand, sondern auch seine Tonbanddokumentationen. Ein Hobby aus alter Zeit. Alles aufgenommen: Sängerfeste, Auszeichnungen, die Ständchen des Männerchores zu seinem 60., 70., 75. und 80. Geburtstag, die Ansprachen des Vereinsvorsitzenden Herbert Schmidt aus diesem Anlass, seine eigenen Dankesreden. »Des Lebens Sonnenschein ist Singen und Fröhlichsein« – er hat es mehr als einmal gesagt. Alles dokumentiert.

Alles säuberlich geordnet, genau so wie die Noten in dem alten Schrank, der in Paul Hoffmanns Scheune steht, hinter dem Traktor. Der Schreiner hat ihn vor Jahren eigens gefertigt, einen Notenschrank mit vielen Gefachen. Auf hölzernen Führungsschienen zieht man daraus die Bodenbrettchen hervor, auf denen je ein oder zwei komplette Männerchor-Sätze alter Lieder lagern. Erster Tenor, zweiter Tenor, erster Bass, zweiter Bass. Über 100 Stapel im Ganzen, alle durchnummeriert, alle ein wenig staubig und muffelnd. Eine Fahne steht daneben mit der Aufschrift: »Wo man singt, da lass dich nieder. Böse Menschen haben keine Lieder.«

Irgendwann war kein anderer Platz mehr da für die Fahne und die aussortierte Literatur. Paul Hoffmann hat den Schrank deshalb quasi ins Asyl genommen. Schließlich war er der Notenwart des MGV 1880 Alsweiler, mehr als 30 Jahre lang, bis zum 80. Geburtstag. Stellte vor jeder Gesangstunde die Stühle, legte die Noten heraus, richtete das Klavier. Und in jüngerer Zeit hat er dem Dirigenten Wolfgang Trost regelrecht mit Aufhören gedroht und verlangt, der solle doch endlich mal wieder die alten Lieder aus dem alten Schrank in seiner Scheune hervorholen lassen, »da sind doch wunderbare Sachen dabei«. Nur zu alt, auch für den MGV 1880 Alsweiler.

Es ist ein Vorgang von hoher symbolischer Aussagekraft.

Was einst im hellen Licht der Bühnen und der Plätze zum edlen Vortrag kam und mit Beifallsstürmen bedacht wurde, dämmert jetzt im feuchten Winkel dahin. Kaum hörbar haucht nicht nur in diesem alten Notenschrank eine Ära ihr Leben aus, die einst mit revolutionärem Elan begann und ihren festen Platz in der deutschen Geschichte hat. Ursprünglich gehörten ja im zweiten Viertel des 19. Jahrhunderts die neu gegründeten Gesangsvereine ebenso wie die Organisationen der Turner, Schützen und Studenten zu den Trägern jener liberal-demokratischen Bewegung, die gegen die Kleinstaaterei der 34 Territorialherrscher und ihres fürstlichen Anhangs für einen deutschen Einheitsstaat kämpfte, den es eben noch nicht gab. »Einigkeit und Recht und Freiheit« lautete die Losung. Dass August Heinrich Hoffmann von Fallersleben 1841 auf Helgoland in seinem Deutschlandlied zudem die zweite Strophe mit einem Lob auf »deutsche Frauen, deutsche Treue, deutschen Wein und deutschen Sang« begann, war kein Zufall. Noch ehe 1871 der Fürst von Bismarck nach den »Einigungskriegen« gegen Dänemark, Österreich und Frankreich das Deutsche Reich dann zu seinen Bedingungen gründete, hatte schon 1860 in Coburg das erste Deutsche Turnfest und 1861 in Nürnberg der erste Deutsche Sängertag stattgefunden. Dort schallte es im nationalen Gefühlsüberschwang schon markig: »Die Deutschen singen fest im Takt, so haben sie auch das Schwert gepackt.« Von nun an ließ sich manche akademische »Liedertafel« und mancher ländliche »Liederkranz« zu vaterländischen Kampfgesängen hinreißen, doch es entstanden bald darauf auch sozialdemokratische Arbeiterchöre.

Der MGV 1880 Alsweiler ist keiner dieser Linien eindeutig zuzuordnen. In der Saarregion, die damals den südlichsten Zipfel der preußischen Rheinprovinz darstellte, hatte sich ein eigenes, von paternalistischer Fürsorge geformtes Milieu herausgebildet. Schon 1836 gab es im stürmisch boomenden Montanrevier die ersten Bergmannschöre und -kapellen. Gleichzeitig gründeten sich in den Städten die ersten Gesangvereine der Honoratioren, so 1845 in St. Wendel. Die umliegenden Dörfer zogen nach.

Dabei war für die Gründung des Männergesangvereins 1880 Alsweiler außer dem Vergnügen am Gesang auch die Pflege der Geselligkeit eines der Hauptmotive. Als erster Dirigent übernahm der Hauptlehrer, Küster und Organist Matthias Josef Klaus die musikalische Leitung. Aus späteren Jahren ist überliefert, dass die beiden Weltkriege des 20. Jahrhunderts die Vereinstätigkeit vorübergehend zum Erliegen brachten, weil die meisten Mitglieder zum Militär eingezogen waren, sieben kamen um.

Es kam zu Querelen und Konkurrenzgründungen, später versöhnte man sich wieder. 1950 stand der Verein mit 65 aktiven Sängern in schönster Blüte, pompös feierte man das 70. Gründungsjubiläum. Derartige Jubiläen zählten stets zu den auffälligsten Aktivitäten der deutschen Männergesangvereine. Sie bildeten einen Ehren- und einen Festausschuss, luden befreundete Vereine zum Wett-, Preis-, Freundschafts- oder Ehrensingen ein, veranstalteten einen Festkommers und einen Umzug mit Ehrenjungfern und Girlanden.

Vier Tage lang, vom Freitag bis zum Montag, vibrierte das Dorf drei Jahrzehnte später, im Juni 1980, beim Hundertjährigen des MGV Alsweiler 1880. Im großen Festzelt ging der halbe Landkreis ein und aus. Edmund Theobald, der seit 1951 dem Vorstand als Schriftführer angehört, erinnert sich trocken, dass er damals auf seiner alten Schreibmaschine rund 100 Einladungen getippt und verschickt hat, 38 Vereine kamen. O ja, der Schriftverkehr. Edmund Theobald ist auch selber »angeschrieben worden von x Vereinen jedes Jahr« und hat mit ihnen korrespondiert. Und ist auch deshalb ewig Schriftführer geblieben, weil das kein anderer machen wollte und er nun mal »ein Bürokrat« war, ein schreibgewohnter Beamter, genauso wie der langjährige Vorsitzende und der Kassier.

Was nicht heißen soll, es habe keinen Spaß gemacht all die Jahrzehnte lang, im Gegenteil. Die wöchentliche Wiederkehr der Proben, die Sängerfeste und die Ausflüge im Bus – sie fügen sich in langen Stunden am Küchen-, Kneipen- oder Wohnzimmertisch in den Erzählungen der Alten zusammen zum Genrebild einer Gemeinschaft, die ihre »Singetätigkeit« und das »gemütliche Beisammensein« als Ausgleich für harte Arbeit und sonstige Fährnisse des Lebens empfand. Manche Lieder brachten dies auch unverbrämt zum Ausdruck: »Dann singen wir die alten Lieder, und vorbei ist alles Weh.« Was ja mit neueren wissenschaftlichen Erkenntnissen über die therapeutische Wirkung der Musik einwandfrei zusammengeht. »Singen befreit ja wirklich, oft geht's einem ja selber so«, sagt auch heute noch der Chorleiter Wolfgang Trost. Und Singen im Gesangverein war in einem Dorf in früheren Jahrzehnten für viele einer der wenigen direkten Zugänge zur Kultur, zu jener Art von Schönheit, die man auch versteht.

Ohnedies gehörte Singen lange zu den beliebtesten Beschäftigungen, bei der Arbeit auf dem Feld ebenso wie am Abend auf der Bank unterm Baum, auch nach dem Zweiten Weltkrieg noch. Damals waren etliche der Sänger als Berg- und Hüttenarbeiter im Saarrevier tätig. Sie fuhren Wechselschicht und konnten anfangs gar nicht jeden Sonntag zur Probe kommen. Paul Hoffmann, erst Bäcker, dann erster Walzer am Hochofen der Hütte in Neunkirchen, war einer von ihnen. Wie etliche andere betrieb er zudem Landwirtschaft im Nebenerwerb, kam werktags von der Arbeit heim, gegessen, »Löffel aus dem Maul und dann fort aufs Feld, und dann vier Kinder«, sagt er. »Das war Kampf, das war Kampf.« Und sonntags die Singerei, »das war mein Ganzes«. Er sang die schönen Lieder – und war zudem wie mancher andere Sänger noch Mitglied in anderen Vereinen.

Es spielte sich ein, dass ein Teil der Sänger nach Probenende am Sonntagnachmittag noch im Wirtshaus Trapp beisammen saß. Man schwatzte und scherzte und sang (»Hab oft im Kreise der Lieben …«). Draußen wurde es dunkel darüber. Dann eilte Paul Hoffmann nach Hause, um rasch im Stall die Kühe zu füttern – und kehrte schnurstracks ins Wirtshaus zurück, »weil ich gedacht habe: ich muss dabei sein, wie es weitergeht«. »Ja«, sagt er, »so verrückt war man damals.« Die Ehefrau hat's ertragen. Und andere Ehefrauen sah man durchs Kneipenfenster, wie sie mit den Kindern, das Kleinste im Wagen, zum Friedhof gingen, dieweil der Gatte noch drinnen an der Theke stand. Gab einer eine Runde aus, dann sangen sie: »Dem Spender sei ein Trulala, Trulala, Trulala, vielleicht ist noch ein Spender da.«

Und dann erst die Sängerfeste und die Fahrten an die Mosel in den Fünfzigerjahren, halbe Weltreisen damals. »Die Dinger kannst du gar nicht alle erzählen, was damals abgelaufen ist«, sagt Edmund Theobald, der Schriftführer. Es war die Zeit bis 1957, als das Saarland unter französischer Oberhoheit stand und im Hunsrück eine Grenze zu passieren war, über die man auf der Rückfahrt im vollbesetzten Bus Zigaretten, Wein und anderes schmuggelte. Edmund und Gisela Theobald sowie Herbert Schmidt, der Vorsitzende, und seine spätere Frau Tilly haben damals im deutschen Ausland ihre Eheringe gekauft und unverzollt eingeführt – am Finger. Und Adolf Hoffmann, ein anderer Veteran des MGV, erinnert sich, dass die Saarländer an der Mosel den Wein wegsoffen wie zu Hause das Bier, was nicht gut tat. Und sangen dazu: »Der Wein kann's Wasser nicht leiden.«

Man dürstete nach Erlebnissen und Erkenntnissen, man arbeitete hart und lebte genügsam, Urlaubsreisen waren unbekannt. Am Werktag reichte es nicht jedem zum Bier, und für die Sängerfeste musste mancher sparen. »Die Leute haben sonst doch nichts gehabt«, sagt Adolf Hoffmann. In Teilen lässt sich die weitere Vereinsgeschichte lesen als Barometer wachsenden Wohlstands und zunehmender Weltläufigkeit. Die Ausflüge, an denen stets auch die Ehefrauen teilnahmen, führten an den Rhein (»Du goldener Wein«), in den Schwarzwald, die Lüneburger Heide und das Allgäu. Man gestaltete Messen im Würzburger Dom und im Kloster Ettal, auf der Insel Mainau drückte den Sängern die Gräfin Bernadotte die Hand. Später ging es nach Brügge und Brüssel, Paris und Versailles. In Paul Hoffmanns Fotoalbum grüßen die Sänger und ihre Frauen von Rheinschiffen, Gasthaustreppen, blühenden Balkonen und Kathedralenstufen. Man suchte auch abgewanderte Mitbürger aus Alsweiler an ihren neuen Wohnorten auf und knüpfte Kontakte zu dortigen Gesangvereinen. Und was den Vorrat an Gaudi angeht, der zum Bestand eines jeden deutschen Männergesangvereins gehört, so ist natürlich der Spaß mit der Wutz als einer der Höhepunkte zu vermerken.

Deutsches Dorfleben, anno 1987: Am Pfingstsonntag kamen sieben Sänger im Stammlokal auf die Idee, für den Verein ein Glücksschwein aufzuziehen, mundartlich Wutz genannt.

Sie gründeten einen Wutze-Ausschuss, der Schriftführer setzte ein Protokoll über die Verteilung der Lasten und Kosten auf, die Wirtin beglaubigte es. Die Aufzucht des Ferkels übernahm Adolf Hoffmann, der im Ort nicht nur als Sänger, Vorsitzender des Mandolinenvereins (seit 1959) und tüchtiger Metallhandwerker bekannt ist, sondern auch als einer der letzten landwirtschaftlichen Selbstversorger. Naturgemäß endete die Sache kurz vor Silvester mit einem Schlachtfest, zu welchem Adolf Hoffmann und seine Frau Rosemarie 15 Sorten selbst gebrannten Schnaps bereitstellten und bei welchem das schöne Lied zum Vortrag kam: »Heut wird die Wutz geschlacht', heut wird die Worschd gemacht, im schönen, schönen Alsbachtal.« Die Presse wurde alarmiert und meldete launig, die Wutz habe in ihrem kurzen, glücklichen Leben auch eine Gesangsausbildung erhalten.

Drei Mal wurde der Verein zum Bacchanal ins Stammlokal geladen, ein viertes Mal tat sich exklusiv der Wutze-Ausschuss am Eisbein gütlich, und als sich dann der örtliche Pfarrer ironisch beschwerte, er habe von all dem nicht ein Grämmlein abgekriegt, sprach Adolf Hoffmann sofort bei ihm vor. Er brachte Schinken, trieb seine Scherze und trank Holunderbranntwein mit dem Geistlichen, bis der am Ende dem Gesangverein beitrat. So etwas hatte es in 180 Jahren Pfarrgeschichte noch nicht gegeben. Zwei Tage später schickte Adolf Hoffmann den Laufkassierer des MGV ins Pfarrhaus, und wenn er all dies heute detailreich zu Hause am Küchentisch erzählt, dann grinst er immer noch bis über beide Ohren.

Indes hat eitel Freude und Sonnenschein nicht zu allen Zeiten im Gesangverein geherrscht. Die heute 70- bis 80-Jährigen, die kohortenweise um 1950 als 15- bis 20-Jährige eintraten, dann gemeinsam alterten und heute das Gros der Mitglieder stellen, fochten vielmehr schon in den Fünfzigerjahren harte Konflikte mit den damals Alten aus. Es ging um innere Strukturen und Mitspracherechte, etliche Alte verloren darüber die Lust. In manchen Jahren kamen zeitweise nur noch 17 bis 20 Sänger zu den Proben. Eine Rolle spielten dabei das Repertoire und das, was der langjährige Vorsitzende Herbert Schmidt lachend »die Wirtschaftspolitik« nennt: Man stritt darum, in welchem Lokal die Proben stattfinden sollten. Der 78-jährige Herbert Schmidt, der 1954 als 23-Jähriger zum ersten Mal gewählt wurde und, mit Unterbrechungen, auf 50 Amtsjahre kommt, hat früher auch schon einmal davon gesprochen, es habe neben den Jahren der Anerkennung und Erfolge »auch schlechte Zeiten gegeben, in denen wir manchmal am Fortbestehen des Vereins gezweifelt haben«.

Ortsübergreifend sind es vor allem die Krise der Tenöre und die Nachwuchssorgen, die fast alle deutschen Männerchöre quälen. Bei Jubelfeiern haben die Entsandten der überörtlichen Verbände meist mehr Ehrennadeln für 50-jährige als für 25-jährige Singetätigkeit zu vergeben, die Alterspyramide steht kopf. Der Vorstand des MGV 1880 Alsweiler versuchte, den Problemen beizukommen, indem er mit Hausbesuchen um neue Mitglieder warb, ohne Erfolg. Eine Zeit lang sang man zusammen mit den Chören in Winterbach und St. Wendel, es blieb Episode. Dann gründete man einen Kinderchor und einen Frauenchor, die mit den Männern zeitweise als gemischter Chor auftraten – auch das taugte nicht auf Dauer, zumal der örtliche Kirchenchor eine Konkurrenz witterte.

Die rettende Idee hatte der junge Dirigent Wolfgang Trost, der 1974 als Musikstudent im letzten Semester und werdender Kantor den Stab übernahm. Er schlug 1984 vor, die Frauen mit Altstimmen im Tenor zu integrieren und sie eine Oktav tiefer singen zu lassen – ein rares, wenn nicht einmaliges Experiment. Es gelang, und heute sind alle Herren des Lobes voll über die zehn Damen, die sie »Teneusen« nennen und die die vier Tenöre über Wasser halten. »Wir haben damit unseren Tenor vor allen Dingen in der Höhe aufgewertet, ein ganz neues Klangvolumen«, sagt der Dirigent. »Es war für uns eine Überlebensmaßnahme, und sie hat sich bewährt. Ich könnte darauf heute nicht mehr verzichten.« In voller Stärke besteht der Männergesangverein 1880 Alsweiler also jetzt aus 33 Männern, der jüngste 55 Jahre alt, und zehn Frauen. Und wenn er zum festlichen Auftritt die Bühne erklimmt, sind es neben dunkelblauen Anzügen und türkisfarbenen Krawatten eben auch weiße Blusen und türkisfarbene Schals, die das Bild bestimmen.

Den Namen hat der MGV deshalb nicht geändert, auch das Programm nicht. Die Sänger wollten es nicht, auch wenn es ihnen nicht entging, dass in der engeren Nachbarschaft des Kreises St. Wendel und ebenso auf Landes- oder Bundesebene grundlegende Neuerungen um sich griffen. Man hörte und las davon seit Jahren ständig, und auch bei der 125-Jahr-Feier des MGV Alsweiler am 12. Juni 2005 war es beim Freundschaftssingen im festlich geschmückten Saal des katholischen Pfarrheims spürbar: Die Welt der deutschen Männerchöre ist im epochalen Umbruch begriffen.

Nicht nur deshalb, weil Chöre, die früher 50, 60 oder 100 Mann auf die Bühne brachten, so drastisch geschrumpft sind. Und auch nicht deshalb, weil beispielsweise der Männerchor 1898 Oberthal (20 Sänger) von einer Frau, einer Russlanddeutschen, dirigiert wurde. Den Fall hat man jetzt öfter. Die Oberthaler brachten auch einen Klaviersolisten mit, der ihnen zu Titeln wie »Balkanblut« und »Balkanfeuer« die fetzigen Rhythmen zauberte. Unter dem Motto »Wenn Zigeuner Hochzeit machen« setzte auch der Sängerchor 1875 Theley (28 Mann) auf mitreißenden Schwung und wurde ebenfalls mit prasselndem Applaus belohnt. Der Männerchor Winterbach (18 Sänger), gegründet 1910, offerierte nicht nur ein mittelalterliches Studentenlied auf Latein, sondern auch amerikanischen Musicalsound (»Hier der Broadway, da Manhattan«). Und der Gesangverein Concordia 1878 Urexweiler (28 Männer) glänzte mit russischer Schwermut, irischer Folklore und einem kraftvoll-altdeutschen Trinklied: »Ich bin gerade so-o wie der Erzbischof von Köllen, er leert sein Gläslein frohgemut und lässt es wieder föllen.«

Daneben brachten die teilnehmenden Chöre, mehrere gemischte darunter, auch reichlich traditionelle deutsche Volkslieder zum Vortrag. Nicht zuletzt besorgte dies der gastgebende MGV 1880 Alsweiler, der mit seinen 28 Männern und neun Frauen an diesem Tag der stattlichste der Vereine war. Nach Mozarts »Weihe des Gesangs«, »Wanderers Nachtlied« und »Des Gesellen Wanderlied« setzte er den Schlusspunkt mit dem Vers: »Rein, rein, rein – muss das Herz des Sängers sein.« Nur schade, dass an diesem beschaulichen Sonntag, der an die lärmende Wildheit früherer Zeltfeste nicht die leiseste Erinnerung aufkommen ließ, der Chor »Courage« aus dem Nachbarort Tholey mangels Sängermasse nicht auftreten konnte. Es wäre für die fast ausschließlich älteren Zuhörer sicher ein besonderes Schauspiel geworden. Der Klangkörper besteht nämlich aus 20 Frauen, die Spirituals und Gospel lieben und die den Männerpart mit drei Überlebenden des Männergesangvereins 1883 Tholey besetzt haben.

Ansonsten zeigt auch der Blick in den Lokalteil der »Saarbrücker Zeitung« und in die Fachorgane der Dachorganisationen tektonische Verschiebungen an. Der Männergesangverein Kastel von 1908 ist im Jahr 2006 eingegangen, dafür gibt es jetzt im Ort eine Sing-Family. Der MGV Liederkranz 1892 Urweiler strich im Mai 2006 die Buchstaben M, G und V aus dem Namen und wandelte sich zum gemischten Chor, die musikalische Leitung hat eine Frau. Der Schaumbergchor Sotzweiler-Bergweiler hält in Nachbarorten Ausschau nach Fusionspartnern. Immer wieder liest man auch von den Evolution Lady Singers, dem »etwas anderen Frauenchor« aus Neunkirchen, oder den Gospelsängern von Saint Michael aus Gehweiler, von Concert Kids und Vocal Comedys, und außerdem war wieder mal der Gesangverein »Haste Töne« Niederkirchen »on tour«. Bei der großen »Nacht der Chöre« in der Kreisstadt St. Wendel traten im Juni 2005 nicht nur klassische Männerchöre, gemischte Chöre und junge gemischte Ensembles an, sondern erstmals auch der sogenannte Projektchor des Kreischorverbandes, der mit »Humor im Chor« und Sprechgesängen aufwartete.

Solche Projektchöre sind eine Antwort darauf, dass der Kreisverband zuvor immer wieder »auf kein gutes Sängerjahr« zurückblicken konnte, wie es schon Anfang 1999 im Lokalblatt hieß. Sie kommen der zeitgenössischen Lebensart junger Leute entgegen: Man ist vielseitig, liebt die Abwechslung und Herausforderung, scheut zu viele Bindungen. Frauen und Männer aus mehreren Orten, die durchaus ihren angestammten Vereinen die Treue halten, finden sich für ein paar Wochen oder Monate zusammen, um regelmäßig unter einem innovativen Dirigenten ein anspruchsvolles Werk einzustudieren. »Und dann wird zusammen gekämpft und zusammen geprobt, und wenn das Projekt gestaltet und aufgeführt ist, zerfällt dieser Projektchor wieder«, sagt der MGV-Dirigent

Wolfgang Trost. »Das war früher undenkbar.« Heute ist es an der Tagesordnung.

Heutzutage ist eben auch der Rahmen völlig neu gesetzt. Heutzutage nennt sich nicht einmal der Deutsche Sängerbund, der 1862 in Coburg gegründet, 1933 von den Nazis gleichgeschaltet und 1949 neu formiert wurde, noch beim traditionsschweren Namen. Nach jahrelangen Diskussionen fusionierte die Organisation 2005 in Magdeburg mit dem einst als Dachverband der Arbeiterchöre gegründeten Deutschen Allgemeinen Sängerbund zum Deutschen Chorverband e.V. Der neue Name wurde auch deshalb gewählt, weil längst nicht mehr die Sänger den Ton angeben, sondern die Sängerinnen. Bei der Fusion 2005 gab es 8 433 Männergesangvereine, 2 289 Frauenchöre und 7 812 gemischte Chöre. Inzwischen hat sich deren Gesamtzahl noch erhöht, auch wenn die einzelnen aktiven Sängerinnen und Sänger weniger werden, weil allgemein die Bevölkerung schrumpft. Derzeit umfasst der Deutsche Chorverband als weltweit größte Vereinigung dieser Art rund 750 000 singende Menschen in etwa 27 000 Chören, Jugendchöre mitgerechnet, zudem weit über eine Million fördernder Vereinsmitglieder. Zu den 37 föderalistisch organisierten Einzelverbänden zählt auch der Saarländische Chorverband, dem 434 Chöre angehören. Früher hieß er Saar-Sängerbund, und an seinen Jahreshauptversammlungen hat in den vergangenen fünf Jahrzehnten Herbert Schmidt, der Vorsitzende des MGV 1880 Alsweiler, selbstverständlich fast immer teilgenommen.

Dass der Gesangverein seit dem Jahr 2000 im Ort nicht mehr der einzige Mitgliedschor im Landesverband war, gehört zur Abrundung des Bildes. Damals gründeten junge Männer und Frauen die »Vielharmonie«, indem sie zwei Jugendchöre aus Alsweiler und Bliesen zusammenlegten. Einer der beiden hatte sich aus dem Kirchenchor Alsweiler ausgezweigt. Das Programm ist vielfältig, es umfasst Rock, Pop, Folklore, Musical und Schlager genauso wie das deutsche Volkslied, das Kunstlied, die klassische Chorliteratur oder den gregorianischen Gesang – Hauptsache schwung- und anspruchsvoll. Der Chor stieß unter der Stabführung des jungen Musik- und Religionslehrers Christoph Demuth rasch bei Singwettbewerben auf vordere Plätze vor und durfte auch im Fernsehen auftreten. Und längst hat sich das 30-köpfige Ensemble auch einen Stammplatz im dörflichen Kulturgeschehen erobert, zu Weihnachten 2006 führte es eine Mozartmesse auf. Und selbstverständlich war es im Juni 2005 auch zum Kommersabend aus Anlass des 125. MGV-Geburtstages eingeladen.

Erst hatte dort schon der Mandolinenverein durch Ragtime-Synkopen das Publikum angestachelt. Dann heizte der Musikverein mit einem Moon-River-Verschnitt und Melodien aus dem Film »Die Dornenvögel« die Laune weiter auf – die Konkurrenz in Hollywood wird mit den eigenen Waffen bekämpft. Anschließend führten zwölf Frauen und neun Männer der »Vielharmonie« vor, dass sie bei ihren Proben nicht nur Stimmen bilden und Harmonien üben, sondern auch Show- und Knalleffekte einstudieren. In schwarzen Hosen und roten Hemden oder Blusen boten sie nicht nur moderne Variationen auf das Schubertlied von der Forelle dar, sondern auch ein tempostarkes deutsches Jägerlied und einen rhythmisch wiegenden Spiritual. Zum Schluss gingen sie mit einem afrikanischen Zulusong (»Sing a hamba«) trällernd von der Bühne ab.

Die Unterschiede zum Männerchor sind eklatant, in beiden Klangkörpern sind sich die Verantwortlichen über die kontrastierenden Konzeptionen und Wünsche der jungen und der alten Sänger im Klaren. Man begegnet sich mit Respekt, es fällt kein abschätziges Wort. Über Geschmäcker lässt sich nicht streiten. Es ist ja nur zu offensichtlich, dass den Jungen die Alten zu bieder, den Alten die Jungen zu modernistisch sind. Christoph Demuth, der Dirigent der »Vielharmonie«, ist der Meinung, der eigentliche Einbruch für die deutschen Männergesangvereine sei um 1968 gekommen; die damalige Rebellion der Jugend habe sie ins Abseits gedrängt. Ähnlich sieht es der Historiker und Musikwissenschaftler Dietmar Klenke, Professor in Paderborn, der ein Standardwerk über den »singenden deutschen Mann« verfasst hat. Er nennt es »eine linksintellektuelle Legendenbildung« der 68er, dass die Gesangvereine damals noch nationalkonservativ beherrscht gewesen seien. Man habe sie zu Unrecht als »männerbündischen Hort der Reaktion verschrien«, dabei sei schon der Deutsche Sängerbund längst nichts anderes mehr gewesen als »eine moderne Freizeitorganisation in bürgerlich liberal-konservativem Milieu«.

Die Zeiten haben sich geändert, und dass dabei der gewandelte Musikgeschmack ein elementarer Faktor ist, belegt auch die Entwicklung des Alsweiler Musikvereins. Er besteht seit 1927 und hat mit dem Nachwuchs weit weniger Sorgen als der Gesangverein. Mitglieder aus allen Altersstufen, von 15 bis 75 Jahren, wirken mit. Die Auswahl der Musikstücke ist dafür ebenso ausschlaggebend wie die systematisch aufgebaute Jugendarbeit. Der Musikverein hat viel Modernes, Rhythmisches im Programm, auch amerikanische Unterhaltungsmusik. Dass diese jungen Trompeter, Hornisten, Klarinettisten und Schlagzeuger den Darbietungen des MGV 1880 Alsweiler nicht allzu viel abgewinnen können, geben sie zum Verdruss der Sänger mitunter deutlich zu verstehen: indem sie beim

Konzert der Dorfvereine gleich verschwinden, wenn sie als Erste an der Reihe waren.

So bleibt im Strom der Zeiten der deutsche Männergesangverein alten Schlages zurück auf einer Insel, deren Sphärenklänge anderen nichts mehr bedeuten. Zusammen mit dem letzten Einzelhandelsgeschäft, der Postfiliale, der Schule, dem einen oder anderen Wirtshaus rotiert er hinüber in die Welt der Erinnerungen derer, für die diese Zeiten und Verhältnisse ihr Leben waren.

Paul Hoffmann, der Senior des MGV 1880 Alsweiler, der in seiner Küche seine Fotos und Urkunden und Tonband-Dokumentationen hütet, schenkt ab und zu einem Sängerkameraden zum Geburtstag eine alte Aufnahme. Und hört sich selber immer wieder noch einmal das eine oder andere Lied von damals an, die eine oder andere Ansprache zu seinem 60., 70., 75. oder 80. Geburtstag. »Wenn du das hörst«, sagt er, »das tut dir so gut, wirklich gut.« Und er weiß doch wie alle anderen, dass die Entwicklung unausweichlich ist. Auch Wolfgang Trost, der Dirigent, ist sich »ganz sicher«, dass das Männerchorwesen in der Art, wie es bisher praktiziert wurde über Generationen, »im Auslaufen begriffen« ist. Und mit ihm vielleicht auch das deutsche Volkslied in jener Form, in der es erst von den Männerchören in alle Winkel der Gesellschaft transportiert worden ist.

Wobei sich bald vielleicht noch viel grundsätzlichere Fragen stellen: Wie lange wird in Deutschland überhaupt noch gesungen? Wolfgang Trost hat schon in mancher Geburtstagsgesellschaft Leute singen hören, deren Stimme trotz bester Anlagen nach seinen Worten einfach »brach liegt«, nie erkannt, nie gefördert, nie gepflegt, nie zum Klingen gebracht. Und immer häufiger stößt er beim Musikunterricht auf Kinder, die nie einen

Ton gesungen haben, wenn sie in die Schule kommen: »Das Kind weiß gar nicht umzugehen mit der Stimme.«

Christoph Demuth, der Dirigent der »Vielharmonie«, macht die gleiche Erfahrung und konstatiert »eine ganz schlimme Entwicklung«: In vielen jungen Familien wird überhaupt nicht mehr gesungen. »Es ist ganz erschreckend festzustellen, wie hoch die Defizite bei manchen Kindern sind, was die sprachliche Kompetenz anbelangt. Es ist auch ganz erschreckend festzustellen, welche Stimmschädigungen schon im Kindesalter vorliegen.« Weil nämlich die Eltern nicht mehr mit den Sprösslingen sprechen und singen, sondern ihnen Fernseher und CD-Player anschalten, wobei die Kinder nur das Falsche imitieren. Christoph Demuth würde deshalb am liebsten die »Vielharmonie« wie eine Firma mit vielen Tochtergesellschaften zum Konzern ausbauen, der bis in die frühesten Kinderjahre vordringt. Ein Jugend- und ein Kinderchor sind bereits gegründet, jetzt sucht er jemanden, der eine musikalische Krabbelgruppe bilden möchte. Sonst könnte nämlich nach dem historischen Untergang des deutschen Männergesangvereins vielleicht in 20 Jahren auch jene blühende deutsche Chorlandschaft verdorren und veröden, die sich inzwischen neu herausgebildet hat. Und diese Katastrophe, sagt Christoph Demuth, »ist vorprogrammiert«.

Für den MGV rückt sie jetzt schon näher, die Anzeichen mehren sich. Im März 2007 gab Edmund Theobald nach 56 Jahren das Amt des Schriftführers auf. Man sang ihm ein Ständchen, die Ernennung zum Ehrenmitglied lehnte er ab. »Am Schluss haben wir nur noch Ehrenmitglieder«, meinte er. Im selben Monat feierte Paul Hoffmann seinen 85. Geburtstag. Wiederum trat der MGV 1880 Alsweiler in voller Formation im Pfarrheim an. Wie immer würdigte der Vorsitzende Herbert

Schmidt die Singetätigkeit des Jubilars, wie immer hatte sich auch Paul eine Rede aufgesetzt und bedankte sich. Eine Zeit lang vorher hatte er die Vereinskollegen regelrecht schockiert, als er wieder einmal ernsthaft vom Aufhören sprach: »Ich lasse es jetzt langsam ausklingen.« Die Frauen des Vereins schenkten ihm deshalb beim Geburtstag jede eine Rose und gaben ihm jede einen Kuss. »Das kann ich ihnen«, sagte Paul daraufhin, »ja wirklich nicht antun.«

# 14  In der Tiefe des Vergessens

Morgendliche Dialektübung und nächtliche Lichterwirrnis –
eine Autofahrt durchs Dorf

Eines Tages, nach vielen Gängen und Erörterungen, zog ich
wieder durch den Ort. Diesmal ging ich nicht zu Fuß, sondern
legte alle Wege so zurück, wie die Menschen auf dem Dorf
es heute meistens tun: im Auto. Raureif lag auf der Motor-
haube, als ich am Morgen vor die Tür schaute, auch die Zwei-
ge waren weiß. Der Tag begann mit Kratzen. Es war so neblig,
dass man kaum 50 Meter weit sah. Der Schaumberg hielt sich
hinter einer Wattewand verborgen, das Land lag stumm, und
die Hauptstraße war kaum befahren, als ich in sie hineinbog.
Meine Mutter wollte auf die Bank und zum Einkaufen, ich
brachte sie im Auto hin.

Der Schalterraum der Kreissparkassenfiliale war weltein-
heitlich mit einem schwer ummantelten Geldautomaten und
schusssicheren Trennglasscheiben bestückt, auf den Tischchen
lagen Flyer über Online-Banking. Der Schalterbeamte grüßte
freundlich hinter seinem dicken Glas hervor. In ein paar Monaten würde die Kreissparkasse St. Wendel ihr 150-jähriges
Bestehen feiern, Alsweiler hatte 1900 als dritter Ort eine
Zweigstelle bekommen. Die Gründung war eine soziale Tat
gewesen, die die Bauern vom Wucher durch private Geldver-
leiher befreite. Zwei Bauern aus Alsweiler hatten zu den ersten

Kreditnehmern gehört. Heute war die Bank über den Deutschen Sparkassen- und Giroverband an die Weltfinanzmärkte angeschlossen.

Ich hatte darüber vor einiger Zeit mit einem Experten der Sparkasse in St. Wendel gesprochen. Er erzählte mir vom Kampf gegen die Ganoven, die in fernen Welten sitzen und mit Computerhacking versuchen, im unsichtbaren Netz der Telefonverbindungen Bankdaten oder Passwörter zu ergattern, um Geld auf ihre Konten zu leiten. *Phishing* war das Wort dafür, das man sich merken musste, ein englisches natürlich. Ein anderes: *skimming*, das Anbringen unauffälliger Vorrichtungen für den Datenklau am Kartenschlitz des Geldautomaten oder der Sparkassen-Eingangstür.

War solches auch in Alsweiler zu befürchten? An diesem Morgen schien es nicht so. Nur Kunden aus dem Dorf waren im Raum, man kannte sich. Diejenigen, die vor dem Geldautomaten warteten, hielten zwei diskrete Meter Abstand. Und wer hinausging, wurde vom freundlichen Schalterbeamten gefragt, ob er einen Wandkalender haben wolle. Auf dem Titelblatt prangte ein Herbstfoto der Abtei Tholey, im Inneren war unter den Sehenswürdigkeiten auch das Alsweiler Hiwwelhaus abgebildet. Der Text war in Deutsch.

In der gegenüberliegenden Mauritius-Apotheke holte ich mir eine Dose »Alsweller Huschdegutzjer«, selbst hergestellte Hustenbonbons nach altem Rezept, die der Apotheker Thomas Jung hier vor mehr als zehn Jahren eingeführt hatte. Inzwischen war er weggezogen, aber seine Huschdegutzjer, seine Salbeigutzjer und sein Beinwohl-Gel vertrieb auch seine Nachfolgerin hier weiterhin.

Auf dem Rückweg zum Auto begegnete ich Agnes, und binnen kürzester Zeit waren wir in ein Gespräch über den Gebrauch der Mundart verstrickt. Wir sprachen Platt, natürlich. Ihr Sohn Hans, Bauingenieur in Dortmund, und der Enkel Fabian sprachen ebenfalls Alsweiler Platt mit ihr, wie sie erzählte. Einmal hatte Hans sie vom Büro aus angerufen, da hatten die Kollegen gestaunt und gelacht, »die verstehn häi gar neischt«, hatte Hans gesagt.

Der Gebrauch der Mundart war ein häufiges Thema in Gesprächen zwischen Ausgewanderten und Dagebliebenen. Die meisten der Weggezogenen benutzten, wenn sie zurückkamen, den Dialekt wie eh und je. »Onn annere Schossele, die senn drei Dae ford onn kenne kää Platt mi«, sagte Agnes. Der Ausdruck »Schossel« bezeichnet ähnlich wie »Schoude« oder »Schookes« einen Menschen, der wurstig, unbedacht, unsensibel ist. In schweren Fällen ist ein Schossel ein Depp, ein Blödmann, ein Vollidiot. Groß ist die Zahl der Varianten und Zwischentöne, noch größer der Vorrat an solchen Schimpfworten, die selten wirklich ernst gemeint sind. Und unermesslich der kulturelle Reichtum, der mit all diesen alten Wörtern untergeht im Ozean des Vergessens und der globalen Gleichmacherei.

Natürlich kommt man in der Welt nicht weit mit der moselfränkischen Mundart, die hier im nördlichen Teil des Saarlands gesprochen wird. Aber wer aus der Welt zurückkommt und auch im Dorf dann Hochdeutsch sprüchelt, gilt als Parvenü, der sich für was Besseres hält. Man amüsiert sich darüber.

Gleichzeitig verblasst jedoch die Mundart im Ort selber immer mehr. Bei Veranstaltungen bemühen sich fast alle Redner um hochdeutsche Artikulation, auch wenn nur Einheimische anwesend sind. Leise und unauffällig ist der Dialekt dabei zu vergehen.

Rudi spricht ihn noch, wenn er in Alsweiler ist. Er stand mit Herbert am Parkplatz beim Back-»Shop«, ich steuerte gleich den Wagen auf den Bürgersteig und stieg aus. Etwa 30 Jahre waren vergangen, seit wir uns zuletzt gesehen hatten. Ich wusste nur, dass er Elektrotechnik studiert und eine leitende Stelle bei der Telekom in Darmstadt erlangt hatte, außerdem hatte er wohl in Rom gearbeitet. Rudi hatte vor 40 Jahren eine der ersten Elektrogitarren im Dorf, mit Freunden hatte er eine Band gegründet, »The new generation«. So fing das mit dem Englisch damals an. Wir plauderten kurz und verabredeten, uns am Abend im Wirtshaus zu treffen.

Der Tag fing gut an: mit neuen Geschichten. Ich hatte den Termin für diese Expedition in den Alltag wieder, wie zwei Jahre zuvor, willkürlich ausgewählt, nach Lücken im Kalender und Urlaubsgelegenheit. Und wieder überließ ich es dem Zufall, auf wen ich an diesem Freitag, dem 14. November 2008, treffen, wohin es mich treiben würde. Wieder hatte man mir, als ich am Vortag aus Prag eingetroffen war, die Neuigkeiten erzählt. Der Männergesangverein hatte eine Komposition seines Dirigenten Wolfgang Trost aufgeführt: »Alsweiler könnte im Himmel sein, so lieblich liegt's drunten im Tal. Am Alsbach, da bin ich so gerne daheim, ich grüß dich vieltausendmal.« Den Text hatte ein ehemaliger Chorsänger geschrieben.

Zwei Personen waren gestorben. Diesmal hatte es Luise getroffen, die mit ihrer Schwester Angela so viele Jahrzehnte lang das Gasthaus Trapp geführt hatte. Die beiden waren eine Institution, es war eine große Beerdigung. Auch Dietmar war tot, ein pensionierter Waldarbeiter. Er hatte es mit dem Herzen, wollte Tannenzweige für ein Gesteck zu Allerheiligen holen und kam nicht zurück. Man fand ihn eingeklemmt zwischen seinem Auto und einem Baum.

Die Fahrt nach Tholey stand nun an, zu Aldi und Edeka. Als wir das Haus von Rosemarie und Adolf Hoffmann passierten, klopfte Rosi gerade auf der Treppe einen Teppich aus. Ich hielt am Straßenrand an und begrüßte sie. Adolf war mit dem Traktor unterwegs. In ein paar Monaten würde der Mandolinenverein sein 50-jähriges Gründungsjubiläum begehen, und Adolf würde dann 50 Jahre lang der Vorsitzende sein.

Auf dem Parkplatz bei Aldi in Tholey traf ich Margit und Hans Jakob aus Alsweiler, sie Musiklehrerin, er hauptamtlicher Kirchenmusiker. Auch ihre beiden Töchter waren Musikerinnen. Die eine spielte Cello bei der Württembergischen Philharmonie in Reutlingen, die andere hatte als Geigerin der »Itchy Fingers«, einer örtlichen Irish-Folk-Gruppe, im Hiwwelhaus Begeisterungsstürme geerntet. Es waren schlechte Zeiten für Musiker. Wir sprachen mehr als eine Viertelstunde darüber, und währenddessen bemerkte ich, dass andere Leute ebenfalls auf dem Parkplatz beieinanderstanden und plauderten. Auch drinnen im Geschäft kam es zu solchen Begegnungen. Die dörfliche Kommunikation existierte also noch, nur war sie exiliert an Unorte, auf Parkplätze im Nachbarort, vor Käsetruhen und Schokoladenregale. »Wenn du Leute treffen willst, musst du zu Aldi gehen«, sagte meine Mutter.

Aldi bot Kiwis aus Neuseeland an, das Stück zu 39 Cents. Schneespray zu 1,49, es ging auf Weihnachten zu. Für 9,99 war eine LED-Lichterkette zu haben, 80 weiße Leuchtdioden. Mit Aldi konnte man auch verreisen: Kreuzfahrt Karibik 1 299, Flugsafari Namibia 1 999, große Australien-Rundreise 2 899 Euro, »faszinierendes Down Under«. Und dann der Doppelbild-Leuchtglobus zu 12,99. Er zeigte die physische Erdoberfläche nach Vegetationszonen. Knipste man das Licht an, waren die Ländergrenzen und die Hauptstädte hervorgehoben. »Das Kartenbild hat den neuesten Stand in deutscher Beschriftung.«

Die Welt war ein bonbonfarbener Ballon. Man kann die Globalisierung leicht begreifen, wenn man sich vor diese Kugel setzt, sie ein bisschen dreht und sich dabei die Containerschiffe vorstellt, wie sie vom Indischen Ozean her auf den Suezkanal zuhalten oder wie sie sich hinter Hawaii durch den Pazifik quälen. Man schaut den blauen Meeren auf den Grund, dorthin, wo die Tiefseekabel liegen. Und man hält ein bisschen Abstand, damit man die Satelliten auf ihren Bahnen nicht stört.

In Alsweiler setzte ich meinen Streifzug im Wirtshaus fort. Es ging auf Mittag zu. Heidrun, die Wirtin, schnitt Möhren und Kartoffeln für die Gemüsesuppe klein, während Martin noch eine Runde auf seinen Geburtstag gab. Draußen war der Himmel aufgerissen. Der Schaumberg schwebte im Blau, der modernistische Betonturm leuchtete. Wie schade, dass man ihn zurzeit nicht besteigen konnte. Zu gerne hätte ich den weiten Blick über die Hügel und Senken genossen. An klaren Tagen sah man bis nach Lothringen, bis zum Atomkraftwerk von Cattenom. Aber der Turm war gesperrt, es haperte am Brandschutz.

»Nenne ihn Hirt seiner Dörfer, / der verteilt seiner Wolken Regen, / wie auch die Jahre / Zeiten und Schicksale würfeln«, hatte Johannes Kühn, der Poet aus dem Nachbarort Hasborn, auf den Schaumberg gedichtet. In allen Epochen, schon bei den Kelten, Römern und Franken, war dieser Berg der Beherrscher der Region. Im Mittelalter stand dort die Burg, der die umliegenden Siedlungen untertan waren. Auch heute ist der Schaumberg die unerschütterte Dominante der Region. Sein Turm ist am oberen Ende bestückt mit rund 20 Antennen verschiedenster Art, teils wie große Schüsseln anzusehen. Rundfunk und Mobilfunk werden hier weitergeleitet – der Schaumberg ist eine Schaltstation im planetaren Netz der Telekommunikation, ein Herrschersitz auch in der digitalen Welt. Längst hat jemand auf dem Turm auch eine Webcam angebracht, unter der Internetadresse www.tholey.de/ webcam/ sieht man schemenhaft, was man sähe, dürfte man hinauf.

Im Kleinen hat auch Alsweiler seine Schaltzentrale, eine Ortsvermittlungsstelle, ein unscheinbares Haus am Ortsausgang nach Tholey. Hier werden die Kupferdrähte aus den Haushalten mit einem Glasfaserkabel zusammengeführt, das zum Fernmeldezentrum nach St. Wendel führt; von dort eröffnen die Leitungen nach Saarbrücken und Frankfurt den Zugang zur weiten Welt. Ohne diese Kabel wäre die Globalisierung nicht denkbar. Ohne Telefondraht kein Internet, keine weltweite Kommunikation. Im Kreis St. Wendel wurden 1901 die ersten Fernsprecher eingeführt. 1913 erhielt in Alsweiler der Gastwirt Nikolaus Morsch, »Morsche Kloos«, den ersten Anschluss, Tel. Nr. 11.

Auch im Dorf reden die Menschen mittlerweile mehr übers Telefon miteinander als Auge in Auge. Aber es gibt noch Oasen, wo die persönliche Begegnung zählt wie eh und je. Man schaut, wer kommt, erfährt, was neu ist, nimmt Anteil am Leben der anderen. Der Laden von Gisela und Resi in der Dorfmitte ist ein solcher Ort. Früher war es ein Schreibwarenhandel, es gab auch die »Saarbrücker« und die »Bild-Zeitung«, ein paar Zeitschriften, Tabakwaren. So ist es immer noch, aber Gisela und Resi, die das Geschäft 1991 übernahmen, haben daraus auch eine »Bastelecke« gemacht. Außerdem werden hier Toto- und Lottoscheine angenommen. Und neben einer großen Zahl von Zeitschriften werden heute auch der »Spiegel«, der »Stern«, die »Zeit« und das »Handelsblatt« geführt, am Wochenende auch die überregionalen Tageszeitungen.

Es gibt also viele Gründe, bei Gisela und Resi vorbeizuschauen, und einer der wichtigsten ist, dass hinter dem Verkaufsraum ein kleines, mit Regalen bis zur Decke ausstaffiertes Hinterzimmer liegt. Hier befindet sich das heimliche Kommunikationszentrum von Alsweiler. Durchs Fenster fällt der Blick auf ein Eternitdach und vier dunkle Fichten. Im Raum befinden sich ein Stehtisch, zwei Hocker und eine Kaffeemaschine – eine Einladung zum Verweilen.

An diesem Freitagnachmittag traf ich, nachdem ich das Auto vor der Tür abgestellt hatte, neben Resi auch eine 62-jährige Frau an, die 1994 nach der Trennung vom Ehemann mit ihren drei Kindern zufällig in Alsweiler gelandet war, weil sich dort eine passende Wohnung fand. Die frühere Lehrerin hatte, da ihr Mann als Offizier der Bundeswehr weit herumkam, unter anderem in Koblenz und Chanteloup-les-Vignes bei Paris gelebt. Hier im Lädchen lernte sie die ersten Leute aus Alsweiler kennen. Man schenkte ihr Äpfel und sagte ihr: »Dort oben haben wir Mirabellen stehen, wenn du willst, kannst du dir die holen.« Besondere Erfahrungen sammelte sie, wenn sie mit einer ihrer Töchter, die geistig und körperlich schwerbehindert ist, auf der Straße unterwegs war. »Hier im Dorf geht das«, meinte sie, »außer mit den Kindern.« Aber im Allgemeinen habe sich das Verhalten der Menschen geändert. »Sie sind gleichgültig und schauen an dir vorbei.«

Resi hatte laufend im Verkaufsraum zu tun, mal wollte eine Frau eine Zeitschrift, mal ein Kind ein Heft haben. Zwischendurch kam sie ins Hinterzimmer, um sich an der Plauderei zu beteiligen. Die Geschäfte gingen nicht mehr so gut wie früher, »die Generation zwischen 30 und 40, die fehlt«, sagte sie, »die kaufen nix im Dorf.«

Im Laden spürte man, dass eine Krisenzeit angebrochen war. Die Leute hielten ihr Geld zusammen, wie Resi sagte. Eine wachsende Zahl von Menschen hatte finanzielle Probleme. Zeitverträge, Arbeitslosigkeit, Hartz IV. Billigware war gefragt, nicht nur an den Wühltischen des Kik-Textildiscounters in Tholey, sondern auch im Zeitschriftenhandel. Gisela und Resi hatten jetzt eine neue Art von Klatschillustrierten im Angebot, die gut gingen. 40 Seiten, dünnes Papier, »alles drin für nur 0,49 Euro«. Sie hießen »Adel exklusiv« oder »Echt Spitze«, und sie brachten nur noch minimalen Verdienst. Vor allem das Geschäft mit der Bastelware ließ zu wünschen übrig. »Es bastelt keiner mehr«, sagte Resi. Vor 15 Jahren erzielten die beiden Kauffrauen erkleckliche Umsätze mit Kindergärten und Schulen, »das ist alles weg, weil das alles übers Internet geht«.

Das Geschäft quoll über von Absonderlichkeiten, die man beim Basteln brauchen kann. Fische, Frösche oder Kühe aus Keramik stapelten sich in den Regalen, ebenso rote Ferraris. Rund 500 Rollen lagen auf Halterungen und Regalen, alle Arten von Bändern, Kordeln und Schnüren waren darauf gewickelt. Männer kamen ins Geschäft, kauften Zigaretten oder füllten Toto- und Lottoscheine aus. Für die, die es mit den Augen hatten, hielt Resi eine Brille bereit. Der Lotto-Toto-Automat hat einen Touchscreen und ist online mit der Zentrale in Saarbrücken verbunden.

Eine Frau holte ein Geschenk ab, das Resi und Gisela gefertigt hatten. Sie drapierten Geldscheine je nach erwünschter Summe in einem kleinen Genre-Idyll, das sinnig den Anlass des Geschenkes darstellte. Dem Hundeverein in Primstal fertigten sie ein Hüttchen, aus dem die Banknoten hervorlugten, ein Malermeister erhielt zum 50. Geburtstag eine Werkstattszenerie mit Pinsel und Farbtopf. Alles Unikate. Die Nachfrage ging weit über Alsweiler hinaus.

Hans-Josef, der zweite Vorsitzende des Sportvereins, betrat den Laden und griff nach einem Totoschein. »Und du schreibst alles auf?«, sagte er, als er mich am Stehtisch mit dem Notizblock erblickte. »Dann musst du auch mal schreiben, dass hier in Alsweiler sich nichts mehr tut. Das große Sterben ist hier.« Keine Geschäfte mehr, nur noch eine Kneipe, sagte er.

Resi erzählte, manchmal gegen Mittag, »wenn jemand weggeläutet wird«, erhalte sie ein halbes Dutzend Anrufe von Leuten, die wissen wollten, wer gestorben sei. Für solche Botschaften sind immer noch die Glocken das Primärmedium. Resi und Gisela fragen dann mitunter beim Pfarrer nach, um die Nachricht weitergeben zu können. Nach alter Art wird nach dem Mittagsläuten um 11.30 Uhr zusätzlich zwei Mal geläutet, wenn eine Frau, und drei Mal, wenn ein Mann gestorben ist.

Es war Zeit, weiterzufahren, ich wollte nach Tholey und kurz in die Abteikirche schauen. Historisch war sie ja ein wichtiger Teil der Alsweiler Geschichte. Am Ortsausgang sah ich unterhalb der alten Drahtfabrik einen angerosteten Container mit der Aufschrift »AERSK«. Offenbar war durch eine Beschädigung der erste Buchstabe dieses Wortes getilgt worden, ein M, denn zweifellos war dies ein Container der weltgrößten Reederei Maersk aus Kopenhagen. Wo war er überall gewesen, ehe er hier endete?

Der Schaumberg hüllte sich schon wieder in Nebel. Am Eingang von Tholey kam mir ein vermummter Mann auf einem Quad entgegen, einem vierrädrigen Motorrad, das dumpf in die Dämmerung dröhnte. Der Brunnen, der vor der Abtei-kirche plätscherte, wirkte wie ein Relikt aus versunkener Zeit. Vor der Eingangstür stand ein Container mit Bauschutt, im Inneren nahm ein Bauzelt das hintere Drittel des gotischen Schiffes ein. Man erneuerte gerade die Heizung, und es fanden Ausgrabungen statt.

Vor dem Gasthaus Morsch in Alsweiler war nur ein Park-platz besetzt, als ich wieder ins Dorf zurückkehrte. Neben der Tür stand ein Rollator, eine fahrbare Gehhilfe, wie sie von alten Menschen benutzt wird. Am großen Rundtisch saßen Krämersch Maria, Dicke Mathilde und Meiands Paul, die drei Eisernen des Jahrgangs 1922, die sich hier einmal im Monat trafen. Heute hatte sich Anni, die einstige Wirtin des Lokals, zu ihnen gesellt, Jahrgang 1920. »Ich hab in meinem ganzen Leben noch keinen Alkohol und kein Nikotin zu mir genom-men«, sagte Anni. Reinhold, ihr verstorbener Mann, der Vater des jetzigen Wirtes, hatte uns hier vor 40 Jahren das Billard-spiel beigebracht.

Auf seinem Stammplatz vor der Tür zum Nebenzimmer wartete Reinhard auf mich und lachte. Wir hatten vor ein paar Tagen telefoniert, er war gerade 60 geworden, wir kannten uns von jugendlichen Streifzügen. Durch einen Zufall war er in der Volksschule zu seinem Spitznamen Jimmy gekommen, und er hatte sich einen Jux daraus gemacht, sich Visitenkarten anzu-fertigen, auf denen stand: »Jimmy, der Mann für alle Fälle – morgens müde, abends helle.« Auf die Frage, wie es ihm gehe, pflegte er zu antworten: »Wie einem alten Jagdhund, alles hängt nach hinten.«

Reinhard hatte gerade von einer Krankengymnastin aus dem Dorf erfahren, das Saarland liege bei der Krebsrate in

Deutschland an erster Stelle, und im Saarland nehme Alsweiler die erste Stelle ein. »Die hat das irgendwo in einem Bericht gehört.« Bald stieß Rudi dazu, der Telekom-Ingenieur, den ich am Morgen getroffen hatte. »Sehr viel hat sich geändert in Alsweiler«, sagte Rudi, »das Dorf wird mehr und mehr zu einem Schlafdorf. Wenn ich abends hier im Dorf bin, und es wird dunkel – verdammt, was kann ich denn dann noch hier machen?«

Wir plauderten, Reinhard wollte die Geschichte von dem Elefantenbullen loswerden. 74 war das, in Kenia. Reinhard hatte im Wirtshaus in Alsweiler von einer Afrikareise gehört und war mitgefahren. Nach Mombasa, dann mit dem Bus auf Safari, Tiere gucken, und dann stand auf einmal dieser Elefantenbulle vor ihm. Er war in eine Eisenfalle geraten, ein Bein quasi abgerissen. Reinhard war noch 70 bis 80 Meter vom Kleinbus weg, ein Schwarzer sah das Ganze und fuhr mit dem Bus auf ihn zu, Reinhard ging langsam zurück, dann rein in den Bus und weg. Mein lieber Schwan, das war knapp.

Rudi erzählte von seiner Arbeit, er war Diplomingenieur und Diplomwirtschaftsingenieur. Ein Jahr hatte er in Paris gewohnt, im selben Haus wie früher Hemingway, und für France Télécom gearbeitet, danach war er für die Deutsche Telekom sieben Jahre immer wieder mal von Darmstadt aus nach Paris, Zürich, Moskau, Madrid, London, Rom und Peking geflogen und hatte dort jeweils bis zu vier Wochen mit Partnerfirmen kooperiert. Die Telekom wollte sich global betätigen, und Rudi wurde einer ihrer Pfadfinder. Es ging um Neugründungen und Firmenübernahmen, *mergers and acquisitions.* Projektmanagement, *due-diligence,* finanzwirtschaftliche Risikoabschätzung. »Das ist ein Teil der Globalisierung der Telekom gewesen«, sagte Rudi. »Die wollten ja ein

*worldwide player* werden, und das ist ja total gescheitert.«
Woran? »Das ist gescheitert am Größenwahn von Ron Sommer. Es ging um Globalisierung, egal, was es kostet.« Die
Unternehmensberater, sagte Rudi, schlugen Neugründungen,
Fusionen und Übernahmen vor, die nur für sie selber rentabel
waren, wegen der Provisionen. Am Ende stand eine gigantische Verschuldung, einer der Gründe, warum die T-Aktie von
100 auf 12 Euro fiel und warum Ron Sommer 2002 als Vor-
standsvorsitzender der Deutschen Telekom AG zurücktreten
musste. Das noch zum Thema Telefon. Man sieht: Die Globalisierung fällt nicht vom Himmel. Sie wird von Menschen
gemacht.

Rudi war inzwischen aus gesundheitlichen Gründen pen-
sioniert. Was Alsweiler betraf, da hatte er so eine Idee: alle
noch vorhandenen Informationen über das alte Brauchtum
zusammentragen, das Ganze systematisch ordnen, nach dem
Jahreslauf. Neujahr, Lichtmess, Fastnacht, die Ostersitten, die
Hexennacht, die Hochzeitsbräuche mit Seilspannen und We-
gezoll, die Kirmes mit Straußtanz und Hammel, die Haus-
schlachtung, das Schlittschuhfahren. Und wenn man das alles
mal aufschriebe, dann sollte man, so Rudi, auch die schönen
alten Wörter und Redensarten verwenden. »Ich haue dir eins
über die Kreid'« war so ein Spruch. Rudi hatte herausgefunden, dass es mit dem deutschen Wort Kreide nichts zu tun
hatte, sondern vom französischen *la crête* abgeleitet war, und
das bezeichnete einen Höhenrücken, auch den Hahnenkamm.

Ein unbeschwerter Abend im Wirtshaus nahm seinen Lauf.
Die Gespräche sprangen hin und her, die Kneipe füllte sich
allmählich. Das Gewirr der Stimmen nahm zu, der Raum lud
sich auf mit jener elektrisierenden Spannung, die den Reiz
eines solchen Bierabends ausmacht. En passant sprach man

mit vielen Menschen. Jedes Kaff ist ein Kosmos, hier war es wieder zu greifen. Am Fenster saßen die Kartenspieler, die sich jeden Freitag trafen, auch am Tresen war bald kein Platz mehr frei. Es wurden Hähnchen gegessen, Bier getrunken, Geschichten erzählt.

An der Theke sprachen sie über den Fußball, die Weltgeschichte und den amerikanischen Immobilienmarkt. Und wieder einmal kam die Rede auf den Finanzskandal, den es vor einigen Jahren, lange vor der Weltfinanzkrise, in Alsweiler gegeben hatte. Ein Einwohner, Finanzierungsberater in der Immobilienbranche, hatte etlichen Bewohnern, auch Freunden und Verwandten, Anlagepapiere verkauft, die besonders hohe Zinsen bringen sollten. Die Sache war geplatzt, die Firma, bei der er arbeitete, meldete Insolvenz an. Manche Leute verloren sehr viel Geld, und Bauhandwerker blieben auf Rechnungen sitzen. Und da denkt man, so etwas komme nur in den Nachrichten und in Manhattan vor.

Es wurde halb zwölf. Ich wollte noch eine Fahrt durch das nächtliche Dorf unternehmen. Einfach mal sehen, was sich noch tat. Einfach noch im Kopf eine Art von Strich ziehen unter alles. Dieser Tag und diese Fahrt waren ja das Ende meiner Recherchen für dieses Buch, die im Ganzen mehr als sieben Jahre gedauert hatten – neben meiner beruflichen Tätigkeit, die ja nur im Urlaub und am einen oder anderen langen Wochenende dafür Zeit ließ. Mit der Geschichte des Dorfes sowie den Hintergründen der Globalisierung hatte ich mich vorher schon beschäftigt. Was ich dann bei den Besuchen in Alsweiler nach und nach als die neue dörfliche Gegenwart zu fassen bekam, schien mir wertvoll für das Verständnis der Prozesse, die überall in der Welt vor sich gingen. Die reine Neugier trieb mich – und ebenso das sichere Empfinden, dass man die große Welt um vieles besser versteht, wenn man die kleine, einen einzigen Ort, zum Beispiel den Ort seiner Herkunft, in allen Einzelheiten erforscht.

Der *Foreign Correspondent* als Heimatforscher – das war der Ansatz, der mich reizte. Was ist schon Heimat in dieser Zeit? Die ganze Welt so gut wie das Dorf. Das Dorf als Welt, die Welt als Dorf. Der Einstieg ergab sich zwanglos beim Verein für Heimatkunde, dem ich seit seiner Gründung 1985 angehörte. Zu einigen Mitgliedern hatte ich Kontakt gehalten, und als ich 2001 für vier Jahre aus dem Ausland nach München zurückkehrte, beschloss ich, mich an den Aktivitäten des Vereins wieder zu beteiligen. Das führte dazu, dass die Vereinskollegen mich zum Vorsitzenden wählten – der langjährige Amtsinhaber Raimund Kirz gab aus Gesundheitsgründen auf, ein anderer Kandidat stand nicht bereit, wie das in kleinen Vereinen vorkommt. Ich willigte nur ein, weil meine Freunde es hinzunehmen versprachen, dass ich aus beruflichen Gründen nur im Abstand mehrerer Wochen oder Monate im Dorf sein konnte.

Aber es gab ja E-Mail inzwischen, Entfernung spielte keine große Rolle mehr. Ohnehin vollzieht sich die Arbeit eines historischen Vereins überwiegend im stillen Kämmerchen einzelner Forscher oder in Arbeitsgruppen von Experten. Rasch zeigte sich, dass auch die Dorfbewohner zur nomadisierenden Lebensweise überzugehen schienen. Einmal kam eine Vorstandssitzung nicht zustande, weil der Kassierer gerade in Istanbul und der Schriftführer in Südafrika war.

Jedenfalls war ich, als ich mich später entschloss, tatsächlich dieses Buch zu schreiben, ins örtliche Geschehen durchaus stärker eingebunden, als dies ein Journalist normalerweise sein sollte. Ich war auch mit den meisten der Menschen, die ich befragte und beobachtete, seit Langem bestens bekannt.

Paul Schäfer, der Ortsvorsteher, war ein Schulfreund gewesen, mit dem ich einst durch die Wiesen und Wälder gezogen war. Auch Werner Laub, den Marpinger Bürgermeister, kannte ich aus alter Zeit. Mit anderen war ich zur Schule gegangen, hatte ich musiziert, in Jugendgruppen gebastelt oder Zeltlager organisiert. Ich kam in den Ort nicht als Fremder, nur als Entfremdeter, und ich hatte besseren Zugang zu den Menschen als ein Außenstehender, dem sich ein Dorf auch versperren kann.

Journalistische Arbeit ist aber sowieso nur möglich, wenn ein Reporter das Vertrauen derer gewinnt, über die er berichten will. Wie der Ethnologe bei der Feldforschung wird der Reporter zum *participant observer*, zum teilnehmenden Beobachter, der der Nähe ebenso wie des Abstands bedarf und deshalb immer wieder in innere Konflikte gerät. Auch mir blieb dies natürlich nicht erspart. Der niederländische Autor Geert Mak hatte das Gleiche erlebt, als er am Beispiel des friesischen Ortes Jorwerd »den Untergang des Dorfes in Europa« beschrieb. »Schon bald befand ich mich hier nicht mehr nur als Journalist, wie in der Stadt, sondern auch als Nachbar, Bekannter und Freund«, schrieb er. Diese Nähe ist ja gerade das Besondere am Dorf. Wer sich ihr entzieht, verpasst das Eigentliche.

Allerdings verpflichtet dies den Reporter nach meinem Verständnis dazu, eine gewisse dörfliche Intimität zu wahren. Auch diesen Zwiespalt erlebte ich nicht als Erster. Der französische Soziologe Pierre Bourdieu, der sich vielfach mit seiner dörflichen Herkunft beschäftigt hat, schilderte in einem »soziologischen Selbstversuch«, wie er in seiner alten Heimat, dem Béarn am Fuß der Pyrenäen, mit Unterstützung seines Vaters die Probleme der bäuerlichen Junggesellen untersuchte. Zeitweise hatte er »das Gefühl, einen Verrat zu begehen«, weshalb er den Nachdruck der betreffenden Arbeit später ablehnte, um sie »gegen übelwollende oder voyeuristische Lesarten zu schützen«.

Ich selber stellte im Laufe der Recherchen fest, dass die Interessenkonflikte geringer waren als befürchtet. Allen rund 75 Personen, die ich interviewte, beschrieb ich, was für ein Buch ich da verfassen wollte, während ich das Mikrofon aufbaute oder den Notizblock zückte. Alle zeigten sich aufgeschlossen, alle waren an der geschilderten Problematik interessiert, viele begrüßten mein Vorhaben ausdrücklich und ermunterten mich.

Ich fühlte mich als Dorfschreiber der modernen Zeit und Protokollant eines epochalen Umbruchs. An einem Mikrokosmos wollte ich mich als ein Historiker der Gegenwart versuchen. Mir stand dabei ein Wort von Albert Camus vor Augen. Als Sohn eines französischen Landarbeiters und einer Spanierin, die nicht lesen konnte, hatte er in seiner Kindheit in Algerien die Armut derjenigen kennengelernt, deren Los es ist, »aus der Geschichte zu verschwinden, ohne Spuren zu hinterlassen«, wie er schrieb. Er nannte sie die Stummen. Mir schien, dass es das Schicksal fast aller Dorfbewohner auf der Erde war: Spurlos verschwanden sie in der Tiefe des Vergessens, weil es Geschichte nur gibt, wo etwas aufgeschrieben und überliefert wird.

Alsweiler ist dafür nur ein Beispiel, aber Alsweiler ist überall. Durch die Lektüre verschiedenster Bücher und die Teilnahme an den Dorfsymposien in Bleiwäsche bei Paderborn wurde mir rasch klar, dass die allermeisten Dörfer in Deutschland und in weiten Teilen der Welt die gleichen Probleme hatten wie mein eigenes. Gerade das ist ja einer der herausragenden Effekte der Globalisierung: Sie ist die große

Gleichschalterin. Sie beraubt die Dörfer ihrer Eigenheiten und ihrer Autonomie. Die Bewohner spüren das in aller Deutlichkeit, das hatte auch dieser Abend im Wirtshaus wieder einmal gezeigt.

Es war nass und kalt draußen, als ich »Morsche Kloos« verließ und ins Auto stieg. Ratlos steuerte ich den Wagen erst in Richtung Winterbach. Jetzt, kurz vor Mitternacht, herrschte kein Verkehr mehr. Ich passierte den Kreisel und kehrte am Friedhof um. Neonlicht erhellte die Koniferen und Büsche. Auch die Hauptstraße lag leblos da. Ein Asphaltband mit Bürgersteigen, die schon am Tag nicht zum Spazierengehen einluden. Es wäre die Stunde für einen Schwertransport gewesen, wie er vor einigen Monaten durchs Dorf gerollt war – auf einem Umweg von Dudweiler über Marpingen und Tholey zurück nach Dillingen an die Saar. Die direkte Verbindung wies zu enge Straßen und zu niedrige Unterführungen auf, deshalb wählte man diese Strecke durch Alsweiler. Auf einem Tieflader wurde ein gigantischer Reaktor für die Düngemittelproduktion auf ein Schiff geschafft, das Gerät war für Trinidad bestimmt. Von dieser Art sind heutzutage die dörflichen Sensationen, über die man dann ein paar Wochen lang spricht.

Früher waren es hausgemachte Monstrositäten, Bubenstreiche zum Beispiel, wie sie jedes Jahr in der Hexennacht auf den 1. Mai verübt wurden. Einmal, vor etwa 50 Jahren, hatten Jugendliche dem gestrengen Pfarrherrn die Eingangstür zum Pfarrhaus komplett mit aufeinandergeschichteten Holzscheiten verrammelt. Der Geistliche wetterte Zeter und Mordio von der Kanzel herab und verlangte ultimativ die umgehende Beseitigung. Ein andermal, das war schon vor dem Zweiten Weltkrieg, spielten junge Männer Hiwwel Jääb mit, dem Bauern, der damals noch das Hiwwelhaus als Wirtschaftsgebäude nutzte. Die Burschen bauten einen Wagen samt Deichsel auseinander, bildeten eine Kette und reichten einander die Einzelteile aufs Dach hinauf, wo sie das Gefährt wieder zusammensetzten. Dann beluden sie es mit Mist, den sie ebenfalls von Hand zu Hand nach oben schafften. Am anderen Morgen stand auf dem Dach des Hiwwelhauses ein voll beladener Mistwagen, ringsum war alles mit Dung verschmutzt. Jahrzehntelang hat man davon erzählt.

Jetzt lag das Hiwwelhaus stumm im Schatten der Kirche, als ich in dieser Nacht daran vorbeifuhr und in die Mühlenstraße einbog. Der Weg war mit Verbundsteinen gepflastert, ohne Bordsteine, Bäume am Rand. Ein modernes Konzept. Mischfläche nennt sich das, man wird in Schlangenlinien geleitet. Als Kind war ich hier in die Mühle getrottet, um bei Hans, dem Bäcker, frisches Brot zu holen. Auf dem Rückweg bohrten wir mit dem Finger Löcher ins Brot. Jetzt sprangen mir die Rückstrahler der zahlreichen geparkten Autos ins Auge.

Die alte Mühle hatte hier schon vor dem Dreißigjährigen Krieg gestanden, war zerstört, wieder aufgebaut und Anfang des 20. Jahrhunderts modernisiert worden. Seit 1957 lag sie still. Richard, der letzte Müller, war 2003 verstorben, seine Witwe Agnes hatte mir einmal erzählt, es sei unter anderem das billigere Mehl aus Amerika gewesen, das vor 50 Jahren zur Schließung geführt hatte. Dazu natürlich der Umstand, dass die Leute aus Alsweiler sich von der Landwirtschaft abgewandt hatten und kein Korn mehr zum Mahlen brachten.

An diesem Abend drehte ich an der Mühle um und fuhr zurück ins Dorf, um jetzt den Rechelsberg anzusteuern, der auf der gegenüberliegenden Ortsseite lag. Alsweiler by night – ich wollte es von oben sehen. Niemand begegnete mir, auch auf der Kuppe des Rechelsberges stand ich allein vor den dunklen

Feldern, die zum Weiherwald und zur »Wolfsheck« hinüberführten. Wann war hier der letzte Wolf gesehen worden? Wann hatten dort im Tal die letzten Schuljungen, so wie wir vor 50 Jahren, auf dem Bauch am Bachrand gelegen, um Frösche zu fangen und deren abgetrennte Schenkel auf Weidenruten zu spießen? Wann hatten hier die letzten Feuer bei der Kartoffelernte gebrannt? Eine Welt ist versunken, gebunden an ein technisch-kulturelles Niveau und einen Lebensstandard, die hinter uns liegen. Das Dorf und seine Bewohner haben die Verbindung zur Natur gelockert, und manche haben sie verloren. Das ist der Lauf der Zeit.

Am Hang des Rechelsberges stehen neue Häuser, man hat von dort aus einen herrlichen Blick auf den Schaumberg, dessen Turm in dieser Nacht in Helligkeit gehüllt war. The panoramic view. Um Mitternacht war Alsweiler, von oben betrachtet, nicht viel mehr als eine Lichterwirrnis im Tal, eine Vielheit von Punkten, ohne Umriss und Gestalt. Mehr eine Vorstellung als eine Realität. Ein Dorf als Idee. Eins unter zwei oder drei Millionen Dörfern auf der Welt, von denen nur wenige namentlich einem großen Publikum bekannt sind. Waterloo und Austerlitz zum Beispiel als Orte historischer Schlachten, Lidice, Oradour und Sant' Anna di Stazzema als Stätten deutscher Verbrechen, Bethlehem und Shaoshan als Geburtsorte von Jesus und Mao Zedong. Und ausnahmsweise wurde auch einmal ein Dorf wie Schengen an der luxemburgischen Mosel bekannt, weil dort auf einem Schiff ein internationaler Vertrag unterzeichnet wurde. Dörfer sind normalerweise zur Unscheinbarkeit verurteilt.

Den Rechelsberg hinab geleiteten mich wieder die Rückstrahler der parkenden Autos. Am Ende der Gartenstraße stand die Sporthalle im vollen Licht und aus der Cafeteria drangen Stimmen. Ich fuhr weiter zum Pfarrheim, auch hier herrschte noch reger Betrieb. Der große Saal war beleuchtet. War da noch ein Verein bei einer Veranstaltung oder waren das wieder Russlanddeutsche, die für das Wochenende eine Hochzeit planten?

Dunkel lag die Gärtnerei da. Jörg Hammermeister, der junge Gärtnermeister, hatte mir einmal erzählt, dass er gerade Gerbera aus Israel, Rosen aus Äthiopien und Ecuador bezog. Die Blumen kamen mit dem Flugzeug über Holland, von dort liefert sie ein Händler aus. Das Geschäft ist in der Hand einiger Großlieferanten. Wegen der hohen Heizkosten haben viele Kleinbetriebe es aufgegeben, im Winter noch selber Stecklinge zu ziehen, es lohnt sich nicht mehr. Und will ein Gärtner eine Neuzüchtung weiterpflanzen, dann zahlt er für jeden ausgezweigten Setzling eine Lizenzgebühr, weil internationale Saatgutfirmen Sortenschutzpatente angemeldet haben.

Die Hauptstraße war, als ich wieder auf sie einbog, noch immer leer. Vom Kirchturm hatte es inzwischen sicher schon Mitternacht geschlagen, aber im Auto hörte man nichts vom Dorf. Ich fuhr jetzt am Sportplatz und an der Schule vorbei. Alles war still und unauffällig. Was daran war Heimat? Heimat waren ja weniger die Straßen, die Fensterfassaden und die Bürgersteige, eher schon das Hiwwelhaus und die Kirche als historisches Ensemble, die Landschaft, die Natur, die Gewohnheiten, der Dialekt, die Lieder, das ewige Neben-, Gegen-, Mit- und Füreinander der Menschen. »Geheischnis« nannte man das im Saarland. Edgar Reitz, der Filmregisseur aus dem benachbarten Hunsrück, kannte dieses Wort. Es bedeutet so viel wie Nähe, Geborgenheit. »Es ist mit dem Wort Gehege verwandt: der abgesteckte Raum, in dem Mensch und Vieh leben«, hat Edgar Reitz einmal erklärt. »Meine Großmutter sagte beim Zubettbringen zu mir: ›Wir zwei haben ein Geheischnis.‹« Ursprünglich sollte dieses Wort »Geheischnis« auch der Titel seines großen, weltbekannten Epos aus dem Hunsrück werden, aber die Mitarbeiter seines Filmteams verstanden den Begriff nicht und schrieben auf die Klappe das Wort »Heimat«.

Die Heimat im alten Sinne jedoch ist in den Augen des Künstlers Reitz inzwischen etwas Historisches. »Heimat bleibt zwar das Land der Kindheit, aber es unterscheidet sich kaum mehr von den Kindheitsländern anderer Kinder«, schrieb er. »Die Spielzeuge, die moderne Kinder bekommen, die Filme, Videos und Computergames, die man später mit den Freunden teilt, die Inlineskates, die Lieder und Tanzstile vereinen alle Kinder in einer Weltheimat.« Es bleibt nur die Erinnerung. »Heimat ist jetzt die Zeit, nicht mehr der Ort. Aber soll man das noch Heimat nennen?«

Alles fließt, wie die alten Griechen sagten. Es fließt so schnell wie nie zuvor. Das Alte stürzt, das Neue kommt, niemand weiß, was bleibt. Im Jahr 2008 wurde im brasilianischen Urwald am Amazonas, unweit der Grenze zu Peru, ein isoliert lebender Indianerstamm entdeckt, dessen Mitglieder in sechs Hütten wohnten und ein Feld bestellten. Forscher der Indianerschutzbehörde überflogen die Siedlung und filmten sie. Ende Mai 2008 brachten Fernsehstationen und Zeitungen in aller Welt dann diese Bilder von rot und schwarz bemalten Männern und Frauen, die zwischen ihren Hütten zusammenliefen, mit Bogen, Pfeil und Lanze gegen das Fluggerät in Stellung gingen und angstvoll erregt nach oben schauten. Wie lange werden sie noch allein bleiben und so leben wie bisher?

In gewisser Weise ist es allen Dörfern der Welt so ergangen, auch Alsweiler. Und in gewisser Weise endet dieser Augenblick der Überraschung und der Überwältigung nie. Von außen bricht immer wieder der Fortschritt über die Dorfbewohner herein und verleitet sie zu einer anderen Lebensart. Wir sind alle Indianer.

Die Nacht war belanglos, leise brummte der Motor. Alsweiler schwieg. Alsweiler schlief. In der Langwiesstraße musste ich Schlangenlinien fahren, um den Blumentöpfen und den Bäumen auszuweichen, die zur Verkehrsberuhigung in die Fahrbahn hineingeschoben waren. Ein letzter Blick nach oben: Am Schaumberg war die Vorderfront des Aussichtsturms jetzt wieder angestrahlt und leuchtete unübersehbar ins Land hinaus. Arg- und reglos lag das Dorf unter dem Novemberfirmament.

# Nachbemerkung

Dieses Buch hätte ich nicht schreiben können ohne die Hilfe vieler Menschen, vor allem der Leute von Alsweiler. Ich danke ihnen allen dafür, dass sie sich die Zeit für ein längeres Gespräch, manchmal auch für mehrere Unterredungen genommen und mir ihr Vertrauen entgegengebracht haben. Dies gilt zuvörderst für alle diejenigen, die in diesem Buche namentlich genannt sind, aber auch für alle anderen, die aus Platzgründen nur in allgemeiner Form oder gar nicht mehr mit ihren Einzelaussagen vorkommen.

Den größten Dank schulde ich meinen Freunden im Verein für Heimatkunde Alsweiler, die mir in vielfältiger Weise geholfen haben. Insbesondere danke ich Paul Schäfer, Wolfgang Simon, Armin Neis, Herbert Schmidt, Raimund Kirz, Bernd Brill, Edmund Groß, Gudrun Hinsberger, Peter Ohlmann, Stefanie Risch, Thomas Störmer und Peter Trapp, ebenso dem Bürgermeister Werner Laub, dem Ortsrat Alsweiler sowie den Akteuren der anderen Vereine und Institutionen im Dorf. Unter ihnen möchte ich Bernadette Dewes, Rosemarie und Adolf Hoffmann, Paul Hoffmann, Monika Lambert, Stefan Nonnengard, Edmund Theobald, Wolfgang Trost sowie Albert Schneider und Susanne König vom Ordnungsamt der Gemeindeverwaltung Marpingen besonders hervorheben. Ich danke ferner Klaus-Peter Brachmann, Klaus Hoffmann, Winfried Maurer, Lutwin Mörsdorf, Edgar und Rosemarie Schmidt sowie Jörg

Hammermeister. Von großer Wichtigkeit war für mich auch der langjährige Austausch mit den saarländischen Historikern Johannes Naumann und Dr. Johannes Schmitt. Entscheidende Anregungen erhielt ich ferner durch die Begegnung mit dem Geografen Professor Dr. Gerhard Henkel aus Essen und dem Historiker Professor Dr. Carl-Hans Hauptmeyer aus Hannover, denen ich für die Einladung zu den Dorfsymposien in Bleiwäsche sehr verbunden bin. Für ihre Anregungen bei der Entwicklung des Stoffes und der Durchsicht des Manuskripts danke ich Dr. Rebekka Göpfert, Barbara Wenner, Professor Dr. Benno Rech und Tilo Eckardt.

Nicht zuletzt danke ich meiner Mutter Irmgard, meinen Schwestern Roswitha und Margret sowie meinen Schwägern Helmut und Rudolph für ihre Hinweise und ihre Anteilnahme an meiner Arbeit. Meiner Ehefrau Christiane Kohl danke ich für ihre vielfältige Unterstützung und für die kritische Diskussion des Manuskripts. Bei aller Sorgfalt wäre es ein Wunder, wenn in solch einer umfangreichen Darstellung keine Fehler oder Ungenauigkeiten enthalten wären. Sie gehen ausschließlich zu meinen Lasten.

# Literaturhinweise

Chinua Achebe, Okonkwo oder Das Alte stürzt, Frankfurt 1958

Jacques Aldebert, Johan Bender u. a., Das Europäische Geschichtsbuch, Stuttgart 1998

Alsweiler Almanach, Heimatkundliche Beiträge Nr. 10, Alsweiler 2007

Herbert Ames, Ei, dann verzehl emol, Anekdoten aus dem alten Alsweiler; mit Zeichnungen von Hans-Jakob Trost und einem Nachwort von Gunter Altenkirch, Heimatkundliche Beiträge Nr. 9, Alsweiler 2006

Hans Herbert von Arnim, Vom schönen Schein der Demokratie, Frankfurt 2000

Marc Augé, Non-Lieux, Introduction à une anthropologie de la surmodernité, Paris 1992

Hermann Bausinger, Typisch deutsch, München 2005 (IV)

Berlin-Institut für Bevölkerung und Entwicklung, Die demographische Lage der Nation, München 2006

Bertelsmann-Stiftung (Hrsg.), Wegweiser Demographischer Wandel 2020, Analysen und Handlungskonzepte für Städte und Gemeinden, Gütersloh 2006

David Blackbourn, Wenn ihr sie wieder seht, fragt, wer sie sei – Marienerscheinungen in Marpingen, Aufstieg und Niedergang des deutschen Lourdes, Reinbek 1997

Thilo Bode, Abgespeist, Wie wir beim Essen betrogen werden und was wir dagegen tun können, Frankfurt 2007

Pierre Bourdieu, Le bal des célibataires, Crise de la société paysanne en Béarn, Paris 2002; ders., Die feinen Unterschiede – Kritik der gesellschaftlichen Urteilskraft, Frankfurt 1987; ders., Ein soziologischer Selbstversuch, Frankfurt 2002

Franz Josef Bruch, Die Geschichte der Firma Franz Bruch St. Wendel, Eine Dokumentation, St. Wendel 1995

Paul Burgard, Ludwig Linsmayer, 50 Jahre Saarland – Von der Eingliederung in die Bundesrepublik bis zum Landesjubiläum, Historische Reihe des Landesarchivs Saarbrücken, Band 5, Saarbrücken 2007

Albert Camus, Der erste Mensch, Reinbek bei Hamburg 1997

Richard Critchfield, The villagers, Changed values, altered lives, The closing of the Urban-Rural Gap, New York, London, Toronto, Sydney, Auckland 1994

H. Peter Dörrenbächer, Olfa Kühne, Juan Manuel Wagner (Hrsg.), 50 Jahre Saarland im Wandel, Saarbrücken 2007

Richard van Dülmen (Hrsg.), Industriekultur an der Saar, Leben und Arbeit in einer Industrieregion 1840–1914, München 1989; Richard van Dülmen, Reinhard Klimmt (Hrsg.), Saarländische Geschichte, Eine Anthologie, St. Ingbert 1995

Rüdiger Glaser, Hans Gebhardt, Winfried Schenk, Geografie Deutschlands, Darmstadt 2007

Edmund Groß, Versunkene Welten, Alsweiler gestern und vorgestern – Historische Dokumentation der Besiedlung und Bebauung eines saarländischen Dorfes, Alsweiler 2004

Robert Groß, Familienbuch Alsweiler, Alsweiler 1992

Wolfgang Haubrichs, Gert Hummel (Hrsg.), Tholey 634–1984, Wissenschaftliche Vorträge gehalten aus Anlass des 1350-jährigen Jubiläums von Ort und Abtei Tholey, Sonderdruck St. Ottilien 1985

Makarios Hebler, Tholey, in: Germania Benedictina Bd. IX, Die Männer- und Frauenklöster der Benediktiner in Rheinland-Pfalz und Saarland, in Verbindung mit Regina Elisabeth Schwerdtfeger bearbeitet von Friedhelm Jürgensmeier, hrsg. von der Bayerischen Benediktiner-Akademie, München 1999, S. 849–894

Heimatbuch des Kreises St. Wendel, versch. Jahrgänge 1948 bis 2006

Gerhard Henkel, Der Ländliche Raum, Gegenwart und Wandlungsprozesse seit dem 19. Jahrhundert in Deutschland, 4. ergänzte und bearbeitete Auflang, Berlin-Stuttgart 2004

Heudorf – historische Dorfanalyse 1999–2003, hrsg. von der Gemeinde Dürmentingen, dem Schwäbischen Heimatbund und der Akademie Ländlicher Raum Baden-Württemberg, erstellt von einer neunköpfigen Projektgruppe in Zusammenarbeit mit zahlreichen Bürgern und Behörden, Heudorf 2003

Rudolf Hinsberger, Die Mühle meines Großvaters, Aus der Geschichte der Alsweiler Dorfmühle, Heimatkundliche Beiträge Nr. 3, Alsweiler 1993

Kurt Hoppstädter und Hans-Walter Herrmann (Hrsg.), Geschichtliche Landeskunde des Saarlandes Band I + II, Saarbrücken 1960 + 1977

Ryszard Kapuściński, Notizen eines Weltbürgers, München 2008

Raimund Kirz, Die Kirche im Dorf, Geschichte der Pfarrei St. Mauritius Alsweiler 1805–2005, Heimatkundliche Beiträge Nr. 8, Alsweiler 2005; ders., Uhs Alsweller Platt, Ein Beitrag über die Alsweiler Mundart, Heimatkundliche Beiträge Nr. 4, Alsweiler 1995; ders., Namen erzählen, Alsweiler 1976

Dietmar Klenke, Der singende »deutsche Mann«, Gesangvereine und deutsches Nationalbewusstsein von Napoleon bis Hitler, Münster 1998.

Deutscher Chorverband, Handbuch Chormanagement 2006, Köln 2005

Johannes Kühn, Nie verließ ich den Hügelring, Blieskastel 2002; ders., Meine Wanderkreise, Saarbrücken 1990; ders., Em Guguck lauschdre, Blieskastel 1999

Landkreis St. Wendel, Vergangenheit und Gegenwart, St. Wendel 1968

Eugène Leguen de Lacroix (Hrsg.), Generaldirektion Landwirtschaft und ländliche Entwicklung der Europäischen Kommission, GAP – Die gemeinsame Agrarpolitik erklärt, Brüssel 2005

Elisabeth Lichtenberger, Europa – Geografie, Geschichte, Wirtschaft, Politik, Darmstadt 2005

Geert Mak, Wie Gott verschwand aus Jorwerd, Der Untergang des Dorfes in Europa, deutsche Fassung, Berlin 1999

Jerry Mander, Edward Goldsmith (Hrsg.), Schwarzbuch Globalisierung – Eine fatale Entwicklung mit vielen Verlierern und wenigen Gewinnern, München 2002

Johannes Naumann, Das verlorene Archiv der Benediktinerabtei St. Mauritius zu Tholey, Bearbeitung des Archivinventars aus den 1770er Jahren, Tholey 2004

Robert D. Putnam, Bowling alone, The collapse and revival of american community, New York 2000

Josef H. Reichholf, Eine kurze Naturgeschichte des letzten Jahrtausends, Frankfurt am Main 2007; ders., Stadtnatur, Eine neue Heimat für Tiere und Pflanzen, München 2007

Edgar Reitz, Die Heimat-Trilogie, München 2004

Jeremy Rifkin, Das Imperium der Rinder, Frankfurt, New York 1992

Christina Schirra, Politik in einer Gemeinde – Eine Untersuchung am Beispiel von Marpingen, Dissertation der Universität Saarbrücken, Frankfurt a. M. 1989

Johannes Schmitt, Revolutionäre Saarregion 1789–1850, Gesammelte Aufsätze, St. Ingbert 2005

Harald Schumann u. Christane Grefe, Der globale Countdown, Köln 2008

Franz Staab, Wann beginnt die monastische Tradition Tholeys? – zu einem neuen Buch von Wolfgang Haubrichs, in: Zeitschrift für die Geschichte der Saargegend, Band 36, Saarbrücken 1988, S. 17–25

Joseph Stiglitz, Die Schatten der Globalisierung, Berlin 2002

P. Ambrosius Stock OSB, Die Abtei St. Mauritius zu Tholey in Geschichte und Gegenwart, in: Tholey im Wandel der Zeiten, Tholey 1981

Peter Winterhoff-Spurk, Unternehmen Babylon – wie die Globalisierung die Seele gefährdet, Stuttgart 2008

Hans Jürgen Witthöft, Container – Die Mega-Carrier kommen, Hamburg 2004